PASTELES
de Martha Stewart

PASTELES
de Martha Stewart

Nuestro primer libro de bundts, bizcochos, pasteles de capas, pasteles para el café y mucho más

MARTHA STEWART LIVING

EJ
editorial juventud
Barcelona

Título original:

MARTHA STEWART'S CAKES

Publicado por acuerdo con Clarkson Potter / Publishers, un sello de Crown Publishing Group, una división de Random House LLC
© de la traducción española:
EDITORIAL JUVENTUD, S.A., 2014
Provença, 101 - 08029 Barcelona
info@editorialjuventud.es
www.editorialjuventud.es
Traducción de SUSANA TORNERO
Primera edición, 2014
DL B 15830-2014
ISBN 978-84-261-4079-1
Núm. de edición de E. J.: 12.860
Printed in Spain
Impuls, 45, Granollers

Agradecimientos

Muchas personas con talento han trabajado en equipo para crear este libro, en particular Jennifer Aaronson, directora editorial de gastronomía, y Ellen Morrissey, directora editorial del departamento de Proyectos Especiales en Martha Stewart Living Omnimedia. La directora ejecutiva Evelyn Battaglia, la directora gerente Susanne Ruppert y la directora general Amy Conway también trabajaron con esmero en las recetas y el texto complementario de todo el libro. Queremos agradecer la contribución del director de arte Michel Outland por su hermoso diseño del libro y por la dirección de arte de las fotografías, en particular, el nuevo trabajo de los fotógrafos Jonathan Lovekin y Con Poulos, que pusieron a disposición de este proyecto su extraordinario talento (en la pág. 346 aparece una lista completa de los fotógrafos que han colaborado). Miller Mobley hizo el hermoso retrato de Martha que aparece en la portada. Gracias también a la directora de diseño Jennifer Wagner y a la directora de arte asociada Gillian MacLeod por su trabajo, especialmente por el diseño de la cubierta del libro. Como siempre, queremos agradecer al director editorial y de marca Eric A. Pike por su asesoramiento, al adjunto de producción de diseño John Myers por su ayuda con el voluminoso material fotográfico, y a la asistente de fotografía Anna Ross por sus valiosas aportaciones. También proporcionaron ideas y apoyo, entre otras, las siguientes personas:

El equipo de Martha Stewart Living Omnimedia

Kate Bittman
Jessi Blackham
Jana Branson
Denise Clappi
Nicole Coppola
Janine Desiderio
Alison Vanek Devine
Beth Eakin
Stephanie Fletcher
Tanya Graff
Aida Ibarra
Kiyomi Marsh
Kelsey Mirando
Ryan Monaghan
Ayesha Patel
Gertrude Porter
Lucinda Scala Quinn
Michelle Wong

Nuestro equipo de Clarkson Potter

Angelin Borsics
Doris Cooper
Carly Gorga
Derek Gullino
Linnea Knollmueller
Pam Krauss
Maya Mavjee
Mark McCauslin
Marysarah Quinn
Patricia Shaw
Jane Treuhaft
Kate Tyler

Este libro está dedicado a todos aquellos que para cualquier ocasión especial desean crear el pastel perfecto.

CONTENIDO

Bizcochos

Bundts & Coronas

En la foto, de izquierda a derecha: Bizcocho de 1 libra marmolado, Pastel de mandarina, Pastel de migas al estilo de Nueva York y Pastel de mantequilla bretón

Pasteles para el café

Pasteles de una capa

Tartas heladas

Pasteles de queso

En la foto, de izquierda a derecha: Pastel de queso y remolinos de frambuesa, Tarta helada de chocolate, Pastel al revés de piña y Pastel de suero de leche con cobertura de chocolate

Pasteles de Fruta

Pasteles de capas

Introducción

En la vida de cada persona hay muchísimas cosas que merecen ser celebradas, multitud de ritos de paso que requieren «algo especial»: cumpleaños y aniversarios, graduaciones, fiestas de compromiso, bodas y fiestas premamá, celebraciones por un nuevo trabajo o una jubilación, y muchas más... Un pastel casero, horneado y decorado en casa, ayuda a que estos eventos sean aún más felices. Pero no necesitas esperar una ocasión especial para hacer un pastel. Un bizcocho, un bundt o un pastel para el café son perfectos para servirlos con el té de la tarde, llevarlos al *brunch* de un amigo, o como simple tentempié. Estos pasteles de «cada día» son tan memorables como los que hacemos y decoramos para decir «Enhorabuena», «Feliz cumpleaños» o «Buen viaje».

Siguiendo la tradición de *Cookies*, *Cupcakes* y *Pies and Tarts*, el libro *Pasteles* de Martha Stewart abarca una amplio surtido de pasteles con más de 150 recetas y técnicas infalibles que te permitirán elaborar y decorar todo tipo de pasteles, tradicionales y modernos, durante años. Pasteles sabrosos e inolvidables, elaborados con los mejores ingredientes, rellenos o con cobertura (o ambas cosas), tiernos, de miga perfecta y textura delicada, sencillos, elegantes, o exquisitamente soberbios.

Prueba algunos. Pruébalos todos. Tu familia y tus amigos te adorarán, y podrás conservar ese título de «héroe de la cocina» que todos ansiamos alcanzar.

Martha Stewart

LAS REGLAS DE ORO DE LOS PASTELES

1 **Lee toda la receta antes de empezar,** mide los ingredientes y procura tener a mano todo lo que necesitas. Organízate con antelación para que los ingredientes estén a la temperatura adecuada y puedan enfriarse o descongelarse si es necesario.

2 **Elige los ingredientes con sensatez.** Es muy importante utilizar huevos, mantequilla, chocolate, vainilla (y otros extractos), frutos secos y especias que sean frescos y de la mejor calidad.

3 **Fíjate en los detalles de la receta.** Si utilizas las medidas de volumen americanas y en la lista de ingredientes pone «1 taza[1] de harina tamizada», entonces deberás tamizarla primero antes de medirla. Si pone «1 taza de harina, tamizada», entonces mídela antes de tamizarla.

4 **No aceleres el proceso de mezcla** de la masa o la cobertura. Raspa las paredes del bol para eliminar los grumos y conseguir una masa fina o una cobertura cremosa. Procura no batir en exceso la mezcla cuando ya esté unida.

5 **Prepara tus moldes adecuadamente.** A menos que se especifique otra cosa, pincela el molde con mantequilla ablandada (nunca fundida), fórralo con papel de hornear, pincélalo con más mantequilla, y por último, enharínalo y sacude la harina sobrante. (Utiliza cacao en polvo para espolvorear los moldes de los pasteles de chocolate.)

6 **Un buen termómetro para hornos es fundamental.** Las temperaturas de un horno pueden variar hasta unos 50°; utiliza un termómetro independiente que te garantice precisión.

7 **Gira los moldes de los pasteles** transcurrida la mitad del tiempo de cocción para garantizar un horneado uniforme.

8 **Observa los detalles** que muestran si un pastel está hecho (en lugar de confiar únicamente en el tiempo de horneado de la receta). Cuando un pastel empieza a separarse de las paredes del molde y el probador de pasteles sale limpio, sabrás que ya está listo.

9 **Deja enfriar completamente los pasteles** antes de glasearlos; una rejilla enfriadora de buena calidad permitirá circular el aire por debajo de los moldes mientras se enfrían. Asegúrate de que la cobertura esté a temperatura ambiente para conseguir un acabado descendente, de remolinos o liso.

10 **Sirve el pastel a la temperatura adecuada.** Algunos pasteles, como los pasteles de queso o las tartas heladas, están mucho mejor fríos; otros, especialmente los de cobertura de crema de mantequilla o de ganache, deberían dejarse a temperatura ambiente para conseguir la consistencia y el contraste de texturas óptimo entre el pastel y la cobertura.

1. Cuando se habla de «taza» se hace referencia a la unidad de volumen americana *cup (N. de la T.)*

Bizcochos

Estos son pasteles para cualquier ocasión que puedes hacer de improviso y guardarlos en el mostrador de la cocina para disfrutarlos a la hora del desayuno, para cortar unas rebanadas como refrigerio, o para acompañar una taza de té. Los bizcochos de 1 libra posiblemente sean los más populares, pero existen multitud de masas diferentes que también se pueden hornear en los moldes tradicionales de forma rectangular. Puedes decorarlos en un momento, rociándolos con fruta fresca, salsa, curd, compota o nata montada, y obtendrás un postre la mar de completo.

BIZCOCHO DE 1 LIBRA BÁSICO, PÁG. 17

Bizcocho de 1 libra básico

Con un ligero esfuerzo, una satisfacción de peso. El bizcocho de 1 libra debe su nombre a los ingredientes tradicionales que lo conforman: 1 libra (450 g) de harina, mantequilla, azúcar y huevos, que siguen siendo prácticamente los mismos en la actualidad. Con esta masa se consigue un delicioso bizcocho de 1 libra clásico, y también es la base para las variantes de las páginas siguientes. He aquí un par de consejos para un buen resultado: saca la mantequilla y los huevos de la nevera y déjalos a temperatura ambiente una hora antes de mezclarlos; si están fríos, la masa no quedará lo suficientemente homogénea. Batir la mantequilla y el azúcar cuidadosamente resulta crucial, pues es lo que proporciona a la masa el volumen necesario. **PARA DOS BIZCOCHOS DE 23X13 CM**

- 460 g (2 tazas) de mantequilla sin sal, a temperatura ambiente, y un poco más para los moldes.
- 450 g (unas 3 tazas) de harina normal
- 1 cucharadita de sal gruesa
- 450 g (2 ¼ tazas) de azúcar
- 1 cucharadita de extracto de vainilla
- 9 huevos grandes, a temperatura ambiente, ligeramente batidos
- Nata montada para acompañar (opcional; pág. 333)
- Frutas del bosque maceradas para acompañar (opcional; pág. 333)

1. Precalienta el horno a 170 °C. Engrasa dos moldes de bizcocho de 23× 13 cm. Mezcla la harina y la sal en un cuenco mediano.

2. Con una batidora eléctrica a velocidad alta, bate la mantequilla y el azúcar hasta obtener una mezcla blanquecina y esponjosa, unos 8 minutos. Raspa las paredes del cuenco. Reduce a velocidad media e incorpora la vainilla. Añade los huevos en 4 tandas, batiendo bien tras cada incorporación y raspando las paredes del cuenco. Reduce a velocidad baja; añade la mezcla de harina en 4 tandas, batiendo solo hasta ligarlo.

3. Divide la masa entre los moldes preparados. Golpea suavemente los moldes sobre el mostrador de la cocina y alisa la superficie con una espátula acodada. Hornea los bizcochos hasta que al introducir un probador de pasteles, salga limpio, unos 65 minutos. Traslada los moldes a una rejilla enfriadora 30 minutos. Voltea los bizcochos sobre la rejilla y deja que se enfríen por completo. Puedes servirlos acompañados de nata montada y frutas del bosque maceradas.

Cinco bizcochos de 1 libra más

BIZCOCHO DE 1 LIBRA DE VAINAS DE VAINILLA Y JENGIBRE
Sigue la receta del bizcocho de 1 libra (pág. 17), y sustituye el extracto de vainilla por las semillas de una vaina de vainilla (pártela a lo largo y raspa). Hornea y deja enfriar como se indica. Para el glaseado de jengibre, calienta 90 ml (¼ de taza más 2 cucharadas) de leche y 60 g (¼ de taza) de jengibre en rodajas en un cazo a fuego medio hasta que la leche empiece a hervir. Deja enfriar y retira el jengibre. Incorpora 200 g (2 tazas) de azúcar glas. Rocía sobre los bizcochos cuando ya estén fríos y espolvoréalos con jengibre escarchado picado.

BIZCOCHO DE 1 LIBRA DE PEPITAS DE CHOCOLATE
Sigue la receta del bizcocho de 1 libra (pág. 17), e incorpora 360 g (2 tazas) de pepitas o cachitos de chocolate semiamargo o amargo a la masa. Hornea los bizcochos y déjalos enfriar según lo indicado. Sírvelos con la salsa de chocolate y licor de café (pág. 333) y helado de vainilla.

BIZCOCHO DE 1 LIBRA DE CREMA AGRIA Y ARÁNDANOS NEGROS

Sigue la receta del bizcocho de 1 libra (pág. 17) y sustituye 120 g (1/2 taza) de mantequilla por 120 ml (1/2 taza) de crema agria. Mezcla 300 g (2 tazas) de arándanos negros frescos con 2 cucharadas de harina e incorpóralos a la masa. Antes de hornear, espolvorea 2 cucharadas de azúcar de grano grueso sobre cada bizcocho. Hornéalos y déjalos enfriar como se indica. Sírvelos con nata montada (variante de limón; pág. 333).

BIZCOCHO DE 1 LIBRA DE COCO TOSTADO

Sigue la receta del bizcocho de 1 libra (pág. 17) y añade 150 g (2 tazas) de coco desecado y azucarado a la masa. Antes de hornear, espolvorea 25 g (1/3 de taza) de coco adicional sobre cada bizcocho. Hornéalos envueltos con aluminio y déjalos enfriar como se indica. Salsa de lima y mango: con un mango picado y deshuesado, 2 cdas de zumo de lima, 1 cdta de azúcar y una pizca de sal en un procesador de alimentos hasta conseguir una mezcla homogénea. Incorpora 124 g (3/4 de taza) de mango en dados y 1 cdta de lima rallada.

BIZCOCHO DE 1 LIBRA MARMOLADO

Sigue la receta del bizcocho de 1 libra (pág. 17) omitiendo la harina y la sal, y divide la masa por la mitad después de incorporar los huevos a la masa en el paso 2. Mezcla 200 g (1 1/2 tazas más 2 cdas) de harina y 1 1/2 cdtas de sal con la mitad de la masa. Mezcla 100 g (1 taza) de cacao en polvo sin azúcar y 1 1/2 cdtas de sal con la otra mitad. Vierte las masas en el molde preparado, por tandas de 120 g (1/2 taza), alternando la masa normal y la masa con chocolate. Forma remolinos con un cuchillo. Hornea y deja enfriar como se indica.

Bizcochos de 1 libra de limón

Este bizcocho sin duda será el favorito de muchos lectores: la ralladura de limón de la masa, el almíbar que empapa los bizcochos calientes, el glaseado goteando... por no mencionar una hermosa decoración de rodajas de limón confitadas. **PARA DOS BIZCOCHOS DE 23X13 CM**

PARA LOS BIZCOCHOS

230 g (1 taza) de mantequilla sin sal, a temperatura ambiente, y un poco más para los moldes

360 g (3 tazas) de harina normal, y un poco más para los moldes

¾ de cucharadita de sal

½ cucharadita de bicarbonato sódico

2 cucharadas de piel de limón rallada fina (de 2 limones)

500 g (2 ½ tazas) de azúcar granulado

6 huevos grandes

1 cucharadita de extracto de vainilla

240 ml (1 taza) de crema agria

PARA LAS RODAJAS DE LIMÓN CONFITADAS Y EL ALMÍBAR

200 g (1 taza) de azúcar granulado

240 ml (1 taza) de agua

2 limones en rodajas de 0,3 cm de grosor o más finas, sin semillas

80 ml (⅓ de taza) y 120 ml (½ taza) de zumo de limón recién exprimido (3-4 limones)

PARA EL GLASEADO

200 g (2 tazas) de azúcar glas

4-6 cucharadas de zumo de limón recién exprimido (unos 2 limones)

1. Haz los bizcochos: precalienta el horno a 180 °C. Engrasa dos moldes de de 23x13 cm; enharínalos y sacude la harina sobrante. En un cuenco mediano, mezcla la harina, la sal, el bicarbonato sódico y la ralladura de limón.

2. Con una batidora eléctrica a alta velocidad, bate la mantequilla y el azúcar granulado hasta conseguir una mezcla blanquecina y esponjosa, unos 5 minutos. Añade los huevos de 1 en 1, batiendo bien tras cada incorporación. Agrega la vainilla. Cambia a velocidad baja e incorpora la mezcla de harina en 3 tandas, alternando con 2 tandas de crema agria.

3. Divide la masa entre los moldes preparados y alisa la superficie con una espátula acodada. Hornea los bizcochos hasta que el probador de pasteles salga limpio (55-65 minutos). Cubre holgadamente los bizcochos con papel de aluminio si la superficie empieza a dorarse demasiado rápidamente.

4. Mientras, prepara las rodajas de limón y el almíbar: en una olla mediana, mezcla el azúcar y el agua; lleva a ebullición removiendo hasta disolver el azúcar. Añade las rodajas de limón y deja cocer suavemente a fuego medio/bajo, removiendo con movimientos envolventes de vez en cuando, hasta que las rodajas estén completamente opacas, unos 35 minutos. Retira del fuego y traslada las rodajas con una cuchara ranurada a una hoja de papel encerado. Incorpora zumo de limón al gusto en el almíbar.

5. Saca los bizcochos del horno. Mientras aún están en los moldes, con un pincho de madera o palillo practica algunos agujeros en la superficie. Reserva 60 ml (¼ de taza) de almíbar de limón y vierte el almíbar restante sobre los bizcochos. Traslada los moldes a una rejilla y deja enfriar por completo, unas 2 horas. Voltea los bizcochos sobre la rejilla y colócala sobre una bandeja de horno con borde, forrada de papel de hornear. Pinta con un pincel toda la superficie y los laterales de los bizcochos con el almíbar reservado.

6. Prepara el glaseado: en un cuenco pequeño, bate el azúcar glas y 4 cucharadas de zumo de limón, añade 2 cucharadas más de zumo hasta que el glaseado espese, pero pueda rociarse. Rocía el glaseado sobre los bizcochos (aún sobre la rejilla), dejando que gotee por los laterales. Déjalo cuajar unos 30 minutos, y adórnalos con las rodajas de limón confitadas.

Bizcocho de naranja sanguina y aceite de oliva

La combinación deliciosa de chocolate y naranja da un nuevo giro: un bizcocho con el sabor de la piel y el zumo de la naranja sanguina y el aceite de oliva, rociado generosamente con un suculento glaseado de chocolate negro. Cada rodaja de bizcocho se corona con una pizca de compota de naranja sanguina endulzada con miel. **PARA UN BIZCOCHO DE 23X13 CM**

- Mantequilla sin sal, a temperatura ambiente, para engrasar el molde
- 210 g (1 ¾ tazas) de harina normal, y un poco más para el molde
- 6 naranjas sanguinas
- 200 g (1 taza) de azúcar
- 12 ml (½ taza) de suero de leche
- 3 huevos grandes
- 160 ml (⅔ de taza) de aceite de oliva virgen extra
- 1 ½ cucharaditas de polvo de hornear
- ¼ de cucharadita de bicarbonato sódico
- ¼ de cucharadita de sal
- 60 ml (¼ de taza) de miel
- 60 g de chocolate amargo (mejor 70% de cacao), picado fino (⅓ de taza)
- 60 ml (¼ de taza) de nata para montar

1. Precalienta el horno a 180 °C. Engrasa con mantequilla un molde de bizcocho alargado de 23x13 cm; enharínalo y sacude la harina sobrante. Con un pelador de verduras, retira la parte coloreada de la piel una naranja, desechando la parte blanca. Con un cuchillo de mondar, corta la piel en palitos delgados, aproximadamente dos cucharadas. Ralla finamente la piel de las naranjas restantes hasta conseguir una cucharada compacta de ralladura.

2. Pela 6 naranjas y a continuación, trabajando sobre un cuenco, corta los gajos, retirando las membranas. Exprime el zumo de naranja de las membranas dentro de un cuenco: necesitarás 300 ml (1 ¼ tazas) de zumo. Corta los gajos por la mitad y colócalos en el cuenco con los palitos de piel de naranja.

3. En otro cuenco, mezcla el azúcar y la ralladura y mezcla bien ambos ingredientes con los dedos. Incorpora el zumo y el suero de leche; bátelos para ligarlos. Añade los huevos y el aceite y bate todo para unirlo. Tamiza la harina, el polvo de hornear, el bicarbonato sódico y la sal en un cuenco; añádelo a la mezcla de suero de leche y bate todo hasta conseguir una mezcla homogénea.

4. Vierte la masa en el molde preparado. Hornea el bizcocho hasta que se dore y el probador de pasteles salga limpio (35-40 minutos). Traslada el molde a una rejilla enfriadora durante 15 minutos. Voltea el pastel sobre la rejilla y deja que se enfríe por completo. El pastel se puede guardar a temperatura ambiente, envuelto en film transparente, máximo 2 días.

5. Mezcla la miel en el cuenco con los gajos de naranja. Mete el chocolate en un cuenco resistente al calor. Calienta la nata a fuego muy lento en una olla pequeña. Vierte encima el chocolate, déjalo unos 5 minutos y luego bátelo hasta conseguir una mezcla homogénea. Rocía la ganache sobre el pastel frío y deja que cuaje (alrededor de 1 hora). Sírvelo con la compota de naranja.

Bizcocho de 1 libra de queso crema

La incorporación del queso crema a la receta clásica del bizcocho de 1 libra le aporta una untuosidad y un sabor irresistibles. En lugar de hacer dos bizcochos, puedes hacer uno solo horneando la masa en un molde de tubo o un molde Bundt de 4 litros: aumenta el tiempo de cocción unos 5 minutos. Estos pasteles saben mejor al día siguiente, y se guardan en excelentes condiciones en el congelador (máximo 3 meses), bien envueltos en film transparente y papel de aluminio **PARA DOS BIZCOCHOS ALARGADOS DE 23X13 CM**

- 360 g (3 tazas) de harina normal
- 2 cucharaditas de sal
- 350 g (1 ½ tazas) de mantequilla sin sal, a temperatura ambiente
- 230 g de queso crema, a temperatura ambiente
- 600 g (3 tazas) de azúcar
- 6 huevos grandes
- 1 cucharadita de extracto de vainilla
- Espray para cocinar de aceite vegetal

1. Precalienta el horno a 180 °C. Rocía generosamente dos moldes de bizcocho de 23×13 cm con espray para cocinar. Mezcla la harina y la sal en un cuenco mediano.

2. Con una batidora eléctrica a velocidad alta, bate la mantequilla y el queso crema hasta que esté suave. Añade poco a poco el azúcar, batiendo hasta obtener una mezcla blanquecina y esponjosa, unos 5 minutos. Añade los huevos de 1 en 1, batiendo bien tras cada incorporación. Agrega la vainilla. Cambia a velocidad baja, añade la mezcla de harina en 2 tandas y bate solo hasta unirlo.

3. Divide la masa entre los moldes preparados (los dos moldes deben parecer llenos). Golpea suavemente los moldes sobre el mostrador de la cocina y alisa la superficie con una espátula acodada. Hornea los bizcochos hasta que estén dorados y el probador de pasteles salga del interior solo con unas migas (70-85 minutos). Cúbrelos con papel de aluminio si la superficie se dora demasiado rápidamente. Traslada los moldes a una rejilla enfriadora 10 minutos. Voltea los bizcochos sobre la rejilla y deja que se enfríen por completo.

Pan de especias

El pan de especias ha sido relegado en cierto modo a las fiestas, pero este bizcocho es tan sencillo y delicioso que merece la pena hacerlo durante todo el año. Espolvorea el pastel con azúcar glas antes de servirlo y corona cada rebanada con nata montada (pág. 333) espolvoreada con las especias utilizadas en el pastel si te apetece. **PARA UN BIZCOCHO DE 23X13 CM**

- 230 g (1 taza) de mantequilla sin sal, a temperatura ambiente, y un poco más para el molde
- 150 g (1 ¼ tazas) de harina normal
- 1 cucharadita de sal
- ½ cucharadita de bicarbonato sódico
- ½ cucharadita de polvo de hornear
- 1 cucharadita de canela en polvo
- ¾ de cucharadita de jengibre en polvo
- ¾ de cucharadita de nuez moscada recién rallada
- ¼ de cucharadita de clavo en polvo
- 90 g (½ taza) de azúcar moreno oscuro «compacto» (véase la pág. 320)
- 100 g (½ taza) de azúcar granulado
- 4 huevos grandes
- 1 cucharadita de extracto de vainilla
- Azúcar glas para espolvorear

1. Precalienta el horno a 180 °C. Engrasa con mantequilla un molde de bizcocho de 23×13 cm. Tamiza la harina, la sal, el bicarbonato sódico, el polvo de hornear, la canela, el jengibre, la nuez moscada y el clavo en un cuenco grande.

2. Con la batidora eléctrica a velocidad media, bate la mantequilla, el azúcar moreno y el azúcar granulado hasta conseguir una mezcla blanquecina y esponjosa (2-3 minutos). Añade los huevos de 1 en 1, mezclando bien tras cada incorporación. Agrega la vainilla. Cambia a velocidad baja y añade gradualmente la mezcla de harina batiendo solo hasta unirlo.

3. Vierte la masa en el molde preparado y alisa la superficie con una espátula acodada. Hornea el bizcocho hasta que el probador de pasteles salga limpio (50-55 minutos). Traslada el molde a una rejilla enfriadora y deja que se enfríe por completo. Desliza un cuchillo fino alrededor del borde del pastel para que se suelte. Voltea el pastel sobre una bandeja de servir y espolvoréalo generosamente con azúcar glas.

Bizcocho de calabacín bicolor

Cuando llega el verano y los mercados están repletos de calabacines, es el momento de preparar este excelente bizcocho para picar entre horas. Dos variedades de calabacín, el verde y el amarillo, se combinan aquí con los frutos secos, originando un sabroso bizcocho. **PARA 1 BIZCOCHO DE 23X13 CM**

- 150 g (½ taza más 2 cucharadas) de mantequilla sin sal, a temperatura ambiente, y un poco más para el molde
- 240 g (2 tazas) de harina normal, y un poco más para el molde
- 4 calabacines (mezcla de calabacines verdes y amarillos)
- 150 g (1 taza) de pistachos sin cáscara y sin sal, picados toscamente
- 1 cucharadita de sal
- 1 ½ cucharaditas de polvo de hornear
- 150 g (1 ¼ tazas) de azúcar
- 4 huevos grandes
- 1 cucharadita de extracto de vainilla
- 2 cucharaditas de semillas de hinojo

1. Precalienta el horno a 220 °C. Engrasa generosamente con mantequilla un molde de bizcocho alargado de 23×13 cm; enharínalo y sacude la harina sobrante. Con la ayuda de un rallador, ralla a trozos grandes los dos tipos de calabacín. Coloca el calabacín rallado sobre un paño de muselina (o un paño de secar los platos fino y limpio); y exprímelo para eliminar todo el líquido posible.

2. Extiende los pistachos sobre una bandeja de horno con borde y tuéstalos en el horno 5 minutos. Traslada la bandeja a una rejilla enfriadora. Tamiza la harina, la sal y el polvo de hornear sobre un cuenco mediano.

3. Con una batidora eléctrica a velocidad media/alta, bate la mantequilla y el azúcar hasta obtener una mezcla blanquecina y esponjosa (3-5 minutos). Añade los huevos de 1 en 1, batiendo bien tras cada incorporación. Agrega la vainilla. Añade la mezcla de harina y bate solo hasta unirlo. Incorpora el calabacín, los pistachos y las semillas de hinojo.

4. Vierte la masa en el molde preparado. Hornea durante 10 minutos y reduce la temperatura a 180 °C. Sigue horneando el pastel hasta que esté dorado y el probador de pasteles salga limpio, alrededor de 1 hora. Traslada el molde a una rejilla enfriadora durante 10 minutos. Voltea el bizcocho sobre la rejilla y deja que se enfríe por completo. El bizcocho puede guardarse a temperatura ambiente, envuelto en film transparente, máximo 2 días.

Bizcocho de vainas de vainilla y mandarinas

Este fragante bizcocho es el mejor modo de sacar partido a una abundante cosecha de dulces mandarinas: piel, zumo y gajos. Las vainas de vainilla le aportan sabor a lo grande. Guarda las vainas vacías para hacer azúcar avainillado: guárdalas en un bote con azúcar, sella la tapa y déjalas mínimo 1 semana; el azúcar aguantará algunos meses. **PARA UN BIZCOCHO DE 23X13 CM**

- 120 g (½ taza) de mantequilla sin sal y un poco más para el molde
- 240 g (2 tazas) de harina normal, y un poco más para el molde
- 10 mandarinas
- 180 ml (¾ de taza) de nata para montar
- 1 cucharada de extracto de vainilla
- ¼ de cucharadita de polvo de hornear
- ¼ de cucharadita de bicarbonato sódico
- ¼ de cucharadita de sal
- 250 g (1 ¼ tazas) de azúcar
- 2 vainas de vainilla (córtalas a lo largo, raspa las semillas del interior y reserva las vainas para otro uso)
- 2 huevos grandes

1. Precalienta el horno a 180 °C. Engrasa con mantequilla un molde de bizcocho alargado de 23×13 cm, enharínalo y sacude la harina sobrante. Ralla finamente la piel de 4 mandarinas hasta reunir una cucharada de ralladura. Pela 2 de las mandarinas ralladas y luego corta la fruta siguiendo las membranas, soltando los gajos encima de un cuenco. Desecha las membranas y las semillas. Exprime las 8 mandarinas restantes (incluidas las ralladas) hasta conseguir 180 ml (¾ de taza) de zumo.

2. Mezcla 60 ml (¼ de taza) de zumo de mandarina, la nata y el extracto de vainilla en un cuenco mediano. En otro cuenco, mezcla la harina, el polvo de hornear, el bicarbonato sódico y la sal.

3. Con una batidora eléctrica a velocidad media, bate la mantequilla, la ralladura, 200 g (1 taza) de azúcar y las semillas de vainilla hasta obtener una mezcla blanquecina y esponjosa, unos 4 minutos. Añade los huevos de 1 en 1, batiendo bien tras cada incorporación. Reduce a baja velocidad e incorpora la mezcla de harina en 3 tandas, alternando con 2 tandas de la mezcla de nata. Incorpora los gajos de mandarina a la masa.

4. Vierte la masa en el molde y alisa con una espátula. Coloca el molde sobre una bandeja con borde. Hornéalo hasta que el probador salga limpio (55-65 minutos). Mientras, lleva a ebullición 120 ml (½ taza) de zumo de mandarina y 50 g (¼ de taza) de azúcar en una olla pequeña. Reduce la temperatura y déjalo cocer 3 minutos.

5. Retira el bizcocho del horno. Practica agujeros por toda la superficie del bizcocho con un pincho de madera y pincélalo con la mitad del almíbar de mandarina. Traslada el molde a una rejilla enfriadora 15 minutos. Luego voltea el bizcocho sobre la rejilla y deja que se enfríe por completo.

6. Pincela el almíbar de mandarina restante por los laterales y la superficie del bizcocho. El bizcocho se puede envolver en film transparente y guardar a temperatura ambiente durante toda la noche. Aguanta en la nevera máximo 5 días, o bien congelado 2 semanas máximo; déjalo descongelar a temperatura ambiente antes de servirlo.

Bizcochitos para el té de ruibarbo

A pesar de que antaño era conocido como *pie plant*, es decir, «planta para tartas», el ruibarbo es lo suficientemente versátil como para figurar en otras recetas, incluidos estos encantadores bizcochitos. La planta troceada no solo se mezcla en la masa, sino que también se cuece a fuego lento con agua y azúcar y se rocía con ella la nata montada que corona el bizcocho.

PARA 8 UNIDADES

PARA LOS PASTELES

- 120 g (½ taza) de mantequilla sin sal a temperatura ambiente, y un poco más para los moldes
- 180 g (1 ½ tazas) de harina normal
- ½ cucharadita de sal gruesa
- ¼ de cucharadita de polvo de hornear
- ¼ de cucharadita de bicarbonato sódico
- 200 (1 taza) de azúcar
- 2 huevos grandes
- 1 cucharadita de extracto de vainilla
- 120 ml (½ taza) de crema agria
- 200 g (2 tazas) de ruibarbo cortado a dados (de 6 mm)

PARA LA GUARNICIÓN

- 1 vaina de vainilla cortada por la mitad
- 240 ml (1 taza) de agua
- 200 (1 taza) de azúcar
- 100 g (1 taza) de ruibarbo cortado a dados (de 6 mm)
- Nata montada para acompañar (pág. 333)

1. Haz los pasteles: precalienta el horno a 180 °C. Engrasa con mantequilla 4 moldes de bizcocho alargados de 10x6 cm, fórralos con papel de hornear y engrasa también el papel. En un cuenco mezcla la harina, la sal, el polvo de hornear y el bicarbonato sódico.

2. Con una batidora eléctrica a velocidad media/alta, bate la mantequilla y el azúcar hasta obtener una mezcla blanquecina y esponjosa, unos 3 minutos. Añade los huevos de 1 en 1, batiendo bien tras cada incorporación. Agrega la vainilla. Reduce a velocidad baja y añade la mezcla de harina en 2 tandas, alternando con la crema agria, pero empezando y acabando con la harina; bate todo solo hasta unirlo. Incorpora el ruibarbo.

3. Divide la masa entre los moldes preparados. Colócalos sobre una bandeja de horno con borde y hornéalos hasta que el probador de pasteles salga limpio, unos 40 minutos. Traslada los moldes a una rejilla enfriadora y deja que se enfríen por completo. Los pasteles se pueden guardar a temperatura ambiente en recipientes herméticos máximo 3 días.

4. Prepara la guarnición: con la punta de un cuchillo de mondar afilado, raspa las semillas de vainilla y mételas en una olla, reservando las vainas para otro uso (véase nota pág. 30). Añade el agua y el azúcar y déjalo hervir a fuego lento, removiendo hasta disolver el azúcar. Retira del fuego e incorpora el ruibarbo. Déjalo enfriar. Retira el ruibarbo con una cuchara ranurada y resérvalo. Vuelve a poner el líquido a fuego lento y déjalo hasta que se haya reducido a la mitad (5-8 minutos). Déjalo enfriar un poco, reincorpora el ruibarbo al almíbar y déjalo enfriar a temperatura ambiente. El ruibarbo y el almíbar se pueden guardar en la nevera, en un recipiente hermético, máximo 1 semana. Llévalo a temperatura ambiente antes de servirlo.

5. Sirve cada pastel con una cantidad generosa de nata montada encima y corónala con el ruibarbo y el almíbar.

Bizcocho de 1 libra de pistacho

Para aportar a este pastel un pronunciado sabor a frutos secos, los pistachos se trituran formando una pasta en un procesador de alimentos antes de incorporarlos a la masa. Compra pistachos de la mejor calidad y elige los más verdes (¡puedes picotear el resto!). Corona el bizcocho con un glaseado blanco y cremoso y con pistachos fileteados. **PARA DOS BIZCOCHOS DE 23X13 CM**

PARA LOS BIZCOCHOS

- 290 g (1 ¼ tazas) de mantequilla sin sal, a temperatura ambiente, y un poco más para los moldes
- 360 g (3 tazas) de harina normal, y un poco más para los moldes
- 170 g (¾ de taza) de queso crema, a temperatura ambiente
- 150 g (1 taza) de pistachos salados sin cáscara y picados formando una pasta en un procesador de alimentos, más 115 g (¾ de taza) de pistachos salados sin cáscara picados toscamente
- 600 g (3 tazas) de azúcar granulado
- 6 huevos grandes, a temperatura ambiente
- 2 cucharaditas de extracto de vainilla
- 1 cucharada de sal gruesa

PARA EL GLASEADO

- 240 g (1 taza más 3 cucharadas) de azúcar glas
- 180 ml (¾ de taza) de nata para montar
- 1 cucharadita de zumo de limón recién exprimido
- 225 g (1 ½ tazas) de pistachos fileteados sin salar

1. Haz los bizcochos: precalienta el horno a 170 °C. Engrasa con mantequilla dos moldes de bizcocho alargados de 23×13 cm, fórralos con papel de hornear y engrasa también el papel. Enharínalo y sacude la harina sobrante.

2. Con una batidora eléctrica a velocidad media, bate la mantequilla, el queso crema y la pasta de pistacho hasta obtener una mezcla esponjosa, unos 3 minutos. Reduce la velocidad a media/baja. Incorpora gradualmente el azúcar granulado y bate hasta obtener una mezcla fina. Raspa las paredes del cuenco. Agrega los huevos de 1 en 1, batiendo bien tras cada incorporación. Agrega la vainilla y reduce a baja velocidad. Añade la harina y la sal y bate solo hasta ligarlo. Incorpora los pistachos picados.

3. Divide la masa entre los moldes preparados y alisa la superficie con una espátula acodada. Hornea los bizcochos hasta que el probador de pasteles salga limpio, alrededor de 1 hora y 35 minutos. Traslada los moldes a una rejilla enfriadora 20 minutos. Luego voltea los bizcochos sobre la rejilla y deja que se enfríen por completo. Los bizcochos se pueden guardar a temperatura ambiente envueltos en film trasparente máximo un día.

4. Prepara el glaseado: bate el azúcar glas, la nata para montar y el zumo de limón en un cuenco pequeño hasta obtener una mezcla homogénea. Pasa la mezcla a otro cuenco mediante un colador. Rocía de inmediato los bizcochos con el glaseado y espolvoréalos con pistachos fileteados.

Bizcocho de frutas

Desde principios del siglo XVIII el bizcocho de frutas ha estado presente en las fiestas, especialmente en Navidad, convirtiéndose en una especie de broma recurrente, pero no debería ser así. En esta receta no es preciso remojar el bizcocho en licor durante semanas como las versiones más antiguas, y hace buen uso de frutos secos de la mejor calidad, no de las típicas de supermercado que han contribuido a forjar la mala fama del bizcocho de frutas.

PARA DOS BIZCOCHOS ALARGADOS DE 23X13 CM

- 150 g (1 taza) de pasas sultanas
- 165 g (1 taza) de higos secos Calimyrna picados
- 150 g (1 taza) de albaricoques secos (orejones) picados
- 180 g (1 taza) de peras secas picadas
- 80 g (1/3 de taza) de jengibre confitado picado
- 30 g (1/4 de taza) de piel de naranja confitada picada
- 180 ml (3/4 de taza) de Cointreau y un poco más (opcional) para pincelar
- 360 g (3 tazas) de harina normal, y un poco más para los moldes
- 1 1/2 cucharadita de polvo de hornear
- 1 cucharadita de canela en polvo
- 1/2 cucharadita de jengibre en polvo
- 1/2 cucharadita de clavo en polvo
- 1/2 cucharadita de sal
- 230 g (1 taza) de mantequilla sin sal, fundida, y un poco más para los moldes
- 300 g (1 1/2 taza) de azúcar granulado
- 135 g (3/4 de taza) de azúcar moreno oscuro «compacto» (véase la pág. 320)
- 4 huevos grandes
- 2 cucharadas de melaza oscura sin clarificar (no melaza final)
- 1 cucharada de extracto de vainilla
- 150 g (1 taza) de nueces tostadas y picadas (véase la pág. 344)
- 75 g (1 taza) de copos de coco azucarado
- 160 g (1/2 taza) de mermelada de albaricoque
- 5 cucharadas de agua
- aceite vegetal en espray

1. Mezcla los frutos secos, el jengibre confitado, la piel de naranja confitada y 180 ml (3/4 de taza) de licor. Déjalo macerar a temperatura ambiente 3 horas, o bien toda la noche.

2. Precalienta el horno a 170 °C. Engrasa 2 moldes para bizcocho alargados de 23×13 cm, fórralos con papel de hornear y engrasa también el papel. Enharínalos y sacude la harina sobrante. En un cuenco mediano mezcla la harina, el polvo de hornear, las especias y la sal.

3. Con una batidora eléctrica a velocidad media, bate la mantequilla y los dos tipos de azúcar hasta obtener una mezcla homogénea, unos 2 minutos. Incorpora los huevos de 1 en 1, seguidos de la melaza y la vainilla. Añade gradualmente la mezcla de harina y mezcla todo hasta que esté homogéneo. Incorpora la mezcla de fruta, nueces y coco.

4. Divide la masa entre los moldes preparados y hornéalos hasta que el probador de pasteles salga limpio, alrededor de 1 hora y 35 minutos. Traslada los moldes a una rejilla enfriadora. Si lo deseas, pincela la superficie con 120 ml (1/2 taza) de licor y déjalos enfriar 15 minutos. Voltea los bizcochos sobre la rejilla. Los bizcochos enfriados y sin glasear se pueden guardar envueltos en film trasparente a temperatura ambiente máximo 3 días, o en la nevera hasta 1 mes.

5. Calienta la mermelada y el agua en una olla pequeña hasta que se deshaga. Pincela la mitad del glaseado sobre los bizcochos calientes. Deja enfriar por completo los bizcochos y vuelve a pincelarlos con el glaseado restante.

Bizcochitos de calabaza, salvia y mantequilla dorada

Calabaza y especias calientes, salvia y mantequilla dorada: una combinación de sabores de otoño que se materializa en estos bizcochos en miniatura con muy buenos resultados. La mantequilla dorada establece un equilibrio perfecto entre dulce y salado. Para hacer un bizcocho grande en lugar de varios bizcochitos, utiliza un molde de bizcocho alargado de 23x13 cm y hornéalo durante 40 minutos.

PARA 8 UNIDADES

- 170 g (¾ de taza) de mantequilla sin sal y un poco más para los moldes
- 200 g (1 ⅔ tazas) de harina normal, y un poco más para los moldes
- 10 g (¼ de taza) de salvia fresca, cortada a tiras, más unas hojas de salvia enteras para adornar (opcional)
- 2 cucharaditas de polvo de hornear
- ½ cucharadita de canela en polvo
- ¼ de cucharadita de nuez moscada recién rallada
- ⅛ de cucharadita de clavo en polvo
- 1 cucharadita de sal
- 200 g (1 taza) de puré de calabaza cocida (no relleno para pastel de calabaza)
- 180 g (1 taza) de azúcar moreno claro «compacto» (véase la pág. 320)
- 2 huevos grandes

1. Precalienta el horno a 180 °C. Engrasa ocho moldes para bizcocho alargados de 10x6 cm, enharínalos y sacude la harina sobrante. Funde la mantequilla en una olla a fuego medio/bajo. Añade las tiras de salvia y cuece hasta que la mantequilla se vuelva de color marrón dorado (5-8 minutos). Vierte la mezcla a un cuenco y déjala enfriar un poco.

2. Mientras tanto, mezcla la harina, el polvo de hornear, la canela, la nuez moscada, el clavo y la sal. En otro cuenco mezcla la calabaza, el azúcar moreno, los huevos y la mezcla de mantequilla y salvia. Añade la mezcla de harina y bate hasta incorporarlo.

3. Divide la masa entre los moldes preparados y alisa las superficies con una espátula acodada. Coloca los moldes sobre una bandeja de horno con borde y hornéalos hasta que el probador de pasteles salga limpio, unos 30 minutos. Traslada los moldes a una rejilla enfriadora durante 15 minutos. Luego voltea los bizcochos sobre la rejilla y deja que se enfríen por completo. Los pasteles se pueden envolver en film transparente y guardarse a temperatura ambiente durante la noche, o bien refrigerarse máximo 5 días. Puedes adornarlos con hojas de salvia enteras antes de servirlos.

Bizcocho de harina de maíz y suero de leche

Este tierno bizcocho constituye una base excelente para nectarinas u otras frutas de verano. Sustitúyelas por albaricoques o melocotones, o por las frutas del bosque más grandes y jugosas que encuentres en el mercado. Ajusta la cantidad de azúcar en función del dulzor de la fruta en el paso 5 si es necesario. **PARA UN BIZCOCHO DE 23X13 CM**

- 170 g (3/4 de taza) de mantequilla sin sal, a temperatura ambiente, y un poco más para el molde
- 225 g (1 taza y 2 cucharadas) de azúcar, y un poco más para el molde
- 170 g (1 1/4 tazas y 2 cucharadas) de harina normal, y un poco más para el molde
- 100 g (1/2 taza más 2 cucharadas) de harina de maíz amarilla
- 1 cucharada de ralladura de limón, más 2 cucharadas de zumo de limón recién exprimido
- 1 1/2 cucharaditas de polvo de hornear
- 1 cucharadita de bicarbonato sódico
- 1/2 cucharadita de sal
- 3 huevos grandes
- 180 ml (3/4 de taza) de suero de leche
- 4 nectarinas medianas partidas por la mitad, deshuesadas y cortadas en rodajas de 6 mm de grosor
- 2 cucharadas de agua

1. Precalienta el horno a 180 °C. Engrasa generosamente con mantequilla un molde alargado de 23×13 cm. Espolvoréalo con azúcar y harina, y sacude el exceso. Mezcla en un cuenco la harina normal, la harina de maíz, la ralladura de limón, el polvo de hornear, el bicarbonato sódico y la sal.

2. Con una batidora eléctrica a velocidad media/alta, bate la mantequilla hasta que esté fina, unos 2 minutos. Añade 200 g (1 taza) de azúcar y bate hasta que la mezcla esté blanquecina y esponjosa, unos 3 minutos. En un cuenco aparte, bate los huevos, el suero de leche y el zumo de limón.

3. Reduce a velocidad baja y añade la mezcla de harina a la mezcla de mantequilla en 2 tandas, alternando con la mezcla de suero de leche y empezando y acabando con la harina. Bate solo hasta ligarlo, raspando las paredes del cuenco si es necesario.

4. Vierte la masa en el molde preparado y golpéalo suavemente sobre el mostrador de la cocina. Hornea el bizcocho hasta que el centro esté mullido al tacto, unos 55 minutos (cúbrelo con papel de aluminio si la parte superior empieza a dorarse demasiado pronto). Traslada el molde a una rejilla enfriadora 10 minutos. Luego voltea el bizcocho sobre la rejilla y deja que se enfríe por completo. El bizcocho se puede guardar a temperatura ambiente, envuelto en film transparente, máximo 2 días.

5. Mezcla en una sartén las nectarinas y las dos cucharadas restantes de azúcar y añade el agua. Cuécelo removiendo hasta que la fruta esté blanda y el líquido adquiera la consistencia de un almíbar, unos 5 minutos. Déjalo enfriar antes de servirlo con el bizcocho.

Bizcochos de 1 libra de romero

Estos bizcochos resultan excelentes servidos calientes, cuando los delicados aromas de la miel y el romero están más pronunciados. Puedes emplear la infusión de hierbas y miel sobrante para rociarla sobre queso ricota u otros quesos tiernos similares, o bien añadirla a una taza de té caliente.

PARA DOS BIZCOCHOS DE 23X13 CM

PARA LA MIEL DE ROMERO

300 g (1 taza) de miel de sabor ligero, como por ejemplo, de trébol

5 ramitos de romero (de 8 cm cada uno)

PARA LOS BIZCOCHOS

230 g (1 taza) de mantequilla sin sal, a temperatura ambiente, y un poco más para los moldes

330 g (2¾ tazas) de harina normal, y un poco más para los moldes

120 g (1 taza) de harina pastelera (no leudante)

1 cucharada de polvo de hornear

1 cucharada de sal

250 g (2¼ tazas) de azúcar

3 cucharadas de romero fresco picado fino

1 ½ cucharaditas de extracto de vainilla

3 huevos enteros grandes más 1 clara de huevo grande

240 ml (1 taza) de leche

1. Haz la miel de romero: lleva a ebullición la miel y el romero en una olla pequeña y hiérvelo 5 minutos. Retíralo del fuego y déjalo en infusión hasta que se enfríe, unos 45 minutos. Retira el romero, o bien déjalo si prefieres un sabor más fuerte. La miel se puede guardar en un recipiente hermético a temperatura ambiente máximo 1 semana.

2. Haz los bizcochos: precalienta el horno a 180 °C. Engrasa 2 moldes alargados de 23×13 cm y fórralos con papel de hornear, dejando sobresalir un trozo de 2,5 cm por cada extremo largo. Engrasa con mantequilla el papel de hornear, enharínalo y sacude la harina sobrante. En un cuenco mediano, mezcla las dos harinas, el polvo de hornear y la sal.

3. Con una batidora eléctrica a velocidad media, bate la mantequilla, el azúcar, el romero picado y la vainilla hasta obtener una mezcla blanquecina y esponjosa, unos 4 minutos. Añade los huevos enteros y la clara de huevo de 1 en 1, batiendo bien tras cada incorporación. Reduce a velocidad baja y añade la mezcla de harina en 2 tandas, alternando con la leche y empezando y finalizando con la harina; bate solo hasta ligarlo.

4. Divide la masa entre los moldes preparados. Hornea los bizcochos, girándolos a media cocción hasta que estén muy dorados y el probador de pasteles salga con solo unas pocas migas (50-60 minutos). Retíralos del horno; pincela la parte superior de los bizcochos con 180 ml (¾ de taza) de miel de romero. Traslada los moldes a una rejilla enfriadora 10 minutos. Con la ayuda del papel de hornear, retira los bizcochos de los moldes y déjalos enfriar sobre la rejilla 15 minutos más. Sírvelos calientes, rociando miel sobre cada rebanada. Los bizcochos fríos se pueden guardar a temperatura ambiente, envueltos en film transparente, máximo 3 días.

Bizcochos marmolados de chocolate y jengibre

El chocolate y el jengibre aúnan sus fuerzas en estos bizcochos, que son perfectos para las fiestas. **PARA DOS BIZCOCHOS DE 23X13 CM**

PARA LOS BIZCOCHOS

- 230 g (1 taza) de mantequilla sin sal, a temperatura ambiente, y un poco más para los moldes
- 360 g (3 tazas) de harina normal, y un poco más para los moldes
- 1 cucharadita de sal
- 1 cucharadita de bicarbonato sódico
- 1 cucharada de jengibre en polvo
- 115 g de chocolate semiamargo o amargo picado
- 400 g (2 tazas) de azúcar
- 6 huevos grandes, a temperatura ambiente
- 1 cdta de extracto de vainilla
- 240 ml (1 taza) de crema agria

PARA EL GLASEADO

- 225 g de chocolate semiamargo picado
- 180 ml ($^3/_4$ de taza) de nata para montar
- Jengibre confitado para adornar

DIBUJAR ESPIRALES EN LA MASA

1. Haz los pasteles: precalienta el horno a 180 °C. Engrasa con mantequilla 2 moldes de 23×13 cm, enharínalos y sacude la harina sobrante. En un cuenco mediano, mezcla la harina, la sal, el bicarbonato sódico y el jengibre.

2. Introduce el chocolate en un cuenco mediano resistente al calor y sitúalo encima (no dentro) de una olla de agua hirviendo a fuego lento. Remueve de vez en cuando hasta que esté fundido el chocolate (4-5 minutos), retíralo del fuego y deja que se enfríe ligeramente.

3. Con una batidora eléctrica a velocidad media/alta, bate la mantequilla y el azúcar hasta obtener una mezcla blanquecina y esponjosa (4-5 minutos). Añade los huevos de 1 en 1, batiendo bien tras cada incorporación, y agrega la vainilla. Reduce a velocidad baja y añade la mezcla de harina en 3 tandas, alternando con 2 tandas de crema agria. Bate solo hasta ligarlo (no lo mezcles en exceso)

4. Añade la mitad de la masa al chocolate fundido y mézclalo. Vierte porciones alternas de masa normal y masa con chocolate en cada molde. Arrastra un cuchillo de mondar hacia delante y hacia atrás por toda la masa unas cuantas veces, formando remolinos. Hornea los bizcochos hasta que el probador de pasteles salga limpio (60-65 minutos). Si los bizcochos empiezan a dorarse demasiado pronto, cúbrelos holgadamente con papel de aluminio. Traslada los moldes a una rejilla enfriadora durante 30 minutos. Luego voltea los bizcochos sobre la rejilla y deja que se enfríen por completo.

5. Prepara el glaseado: introduce el chocolate en un cuenco resistente al calor. Hierve a fuego lento la nata en una olla pequeña. Vierte encima el chocolate y déjalo reposar 2 minutos; luego bátelo hasta conseguir una mezcla homogénea. Déjalo enfriar hasta que haya espesado un poco, pero que aún se pueda rociar. Coloca los pasteles, que siguen en la rejilla, sobre una bandeja de horno con borde. Vierte glaseado sobre la parte superior y déjalo gotear por los lados; deja que el glaseado cuaje unos 30 minutos. Adorna los bizcochos con tiras de jengibre confitado.

Bizcochitos para el té de arándanos rojos, naranja y nueces

Envueltos en papel *glassine* rosa y atados con cordel encerado, estos mini bizcochos constituyen un estupendo regalo de bienvenida para tus huéspedes, tanto en los días festivos como en cualquier época del año. Para hacer un bizcocho grande en lugar de varios, utiliza un molde alargado de 23x13 cm y hornéalo durante 55 minutos. **PARA 9 UNIDADES**

- 115 g (½ taza) de mantequilla sin sal, a temperatura ambiente, y un poco más para los moldes
- 240 g (2 tazas) de harina normal, y un poco más para los moldes
- 180 ml (¾ de taza) de nata para montar
- La piel de una naranja rallada fina
- 2 cucharadas de zumo de naranja recién exprimido
- 1 cucharadita de extracto de vainilla
- ¼ de cucharadita de polvo de hornear
- ¼ de cucharadita de bicarbonato sódico
- ¼ de cucharadita de sal
- 200 g (1 taza) de azúcar
- 2 huevos grandes
- 90 g (¾ de taza) de arándanos rojos frescos o congelados (ya descongelados)
- 75 g (½ taza) de nueces tostadas (véase la pág. 344) picadas toscamente

1. Precalienta el horno a 180 °C. Engrasa con mantequilla nueve moldes alargados de 10×6 cm, enharínalos y sacude la harina sobrante. Mezcla la nata, el zumo de naranja y la vainilla en un cuenco pequeño. Mezcla en un cuenco mediano la harina, el polvo de hornear, el bicarbonato sódico y la sal.

2. Con una batidora eléctrica a velocidad media, bate la mantequilla, la ralladura de naranja y el azúcar hasta obtener una mezcla blanquecina y esponjosa (3-5 minutos). Reduce a velocidad baja y añade los huevos de 1 en 1, batiendo bien tras cada incorporación. Agrega la mezcla de harina en 3 tandas, alternando con 2 tandas de la mezcla de nata y batiendo hasta ligarlo. Incorpora con cuidado los arándanos rojos y las nueces.

3. Divide la masa entre los moldes preparados y alisa las superficies con una espátula. Coloca los moldes sobre una bandeja de horno con borde y hornéalos hasta que estén dorados y el probador de pasteles salga limpio, unos 30 minutos. Traslada los moldes sobre rejillas enfriadoras 15 minutos. Luego voltea los bizcochos sobre las rejillas y deja que se enfríen por completo. Los bizcochos se pueden guardar en un recipiente hermético, a temperatura ambiente, máximo 2 días.

Bizcocho para el té de zanahoria

Esta versión en molde alargado de bizcocho del venerado pastel de capas posee su mismo sabor característico, pero resulta más sencillo de hacer. Sirve este pastel con cobertura para acompañar el té una tarde que necesites reponer fuerzas. Sin la cobertura es una agradable tentación para la hora del desayuno. **PARA UN BIZCOCHO ALARGADO DE 23X13 CM**

PARA EL BIZCOCHO

- 115 g (½ taza) de mantequilla sin sal, a temperatura ambiente, y un poco más para el molde
- 150 g (1 ¼ tazas) de harina normal, y un poco más para el molde
- 1 cucharadita de polvo de hornear
- ½ cucharadita de bicarbonato sódico
- ½ cucharadita de sal
- ½ cucharadita de canela en polvo
- ½ cucharadita de nuez moscada recién rallada
- 90 g (½ taza) de azúcar moreno oscuro «compacto» (véase la pág. 320)
- 2 huevos grandes
- 1 cucharadita de extracto de vainilla
- 50 g (1 taza) de zanahoria rallada compacta (aprox. 2 zanahorias)

PARA LA COBERTURA

- 225 g de queso crema, a temperatura ambiente
- 100 g (1 taza) de azúcar glas
- ½ cucharadita de extracto de vainilla

1. Haz el pastel: precalienta el horno a 180 °C. Engrasa con mantequilla un molde de bizcocho alargado de 23×13 cm, enharínalo y sacude la harina sobrante. En un cuenco mezcla la harina, el polvo de hornear, el bicarbonato sódico, la sal, la canela y la nuez moscada.

2. Con una batidora eléctrica a velocidad media/alta, bate la mantequilla y el azúcar moreno hasta obtener una mezcla blanquecina y esponjosa (3-5 minutos). Agrega los huevos y la vainilla, batiendo hasta incorporarlos y raspando las paredes del cuenco si es necesario. Incorpora la zanahoria. Reduce a velocidad baja. Añade gradualmente la mezcla de harina y bate solo hasta ligarlo.

3. Vierte la masa en el molde preparado y alisa la superficie con una espátula acodada. Hornea el bizcocho hasta que el probador de pasteles salga limpio (40-45 minutos). Traslada el molde a una rejilla enfriadora 15 minutos. Luego voltea el bizcocho sobre la rejilla y deja que se enfríe por completo. El bizcocho se puede guardar a temperatura ambiente, bien envuelto en film transparente, máximo 2 días.

4. Prepara la cobertura: con una batidora eléctrica a velocidad media/alta, bate el queso crema, el azúcar glas y la vainilla hasta obtener una mezcla esponjosa. Extiende la cobertura sobre la superficie del bizcocho.

Bundts y coronas

Puede que esté basado en los moldes de pasteles europeos, pero el molde Bundt es un clásico americano, tanto es así, que de hecho, uno de los primeros moldes de este tipo, fabricado en 1950, se encuentra en el Instituto Smithsonian. Desde entonces, los pasteles en forma de corona de paredes acanaladas han engalanado las mesas de todo el país, pero el molde Bundt no es el único pastel en forma de corona: a esta categoría también pertenecen los pasteles chiffon, los pasteles de ángel y otros pasteles de molde, como por ejemplo, los *canelés* franceses. Gracias a su forma característica, una pizca de azúcar o un chorrito de glaseado es la única ornamentación necesaria, lo que los sitúa entre los más sencillos de preparar.

BUNDT DE CHOCOLATE, PÁG. 58

Bundt de limón y jengibre

Una generosa ración de jengibre confitado picado diferencia del resto a este excelente pastel. El lugar de usar un cuchillo para picar el jengibre, utiliza las tijeras de cocina: ellas acabarán rápidamente con el trabajo.

PARA 12 RACIONES

- 230 g (1 taza) de mantequilla sin sal, a temperatura ambiente, y un poco más para el molde
- 360 g (3 tazas) de harina normal, y un poco más para el molde
- 2 cucharadas de ralladura de limón fina y 80 ml (1/3 de taza) de zumo de limón recién exprimido (de 2 limones)
- 80 g (1/3 de taza) de jengibre confitado picado
- 1 cucharadita de bicarbonato sódico
- 1 cucharadita de sal
- 300 g (2 1/2 tazas) de azúcar granulado
- 6 huevos grandes
- 240 ml (1 taza) de crema agria
- Azúcar glas para espolvorear

1. Precalienta el horno a 180 °C. Engrasa con mantequilla un molde Bundt de 25x9 cm; enharínalo y sacude la harina sobrante. En un cuenco mediano mezcla la harina, la ralladura de limón, el jengibre, el bicarbonato sódico y la sal.

2. Con una batidora eléctrica a velocidad media/alta, bate la mantequilla y el azúcar granulado hasta obtener una mezcla blanquecina y esponjosa (3-5 minutos). Añade los huevos de 1 en 1, batiendo bien tras cada incorporación. Agrega el zumo de limón. Reduce a velocidad baja y añade la mezcla de harina en 3 tandas, alternando con 2 tandas de crema agria; bate hasta incorporarlo todo (no lo mezcles en exceso).

3. Vierte la masa en el molde preparado, golpea suavemente el molde sobre el mostrador y alisa la superficie con una espátula acodada. Hornéalo hasta que esté ligeramente dorado y el probador de pasteles salga limpio (55-60 minutos). Si empieza a dorarse demasiado rápido, cubre la superficie con papel de aluminio. Traslada el molde a una rejilla enfriadora 30 minutos. Luego voltea el pastel sobre la rejilla y deja que se enfríe por completo. El pastel se puede guardar a temperatura ambiente, envuelto en film transparente, máximo 3 días. Espolvoréalo con azúcar glas antes de servir.

Bundt de melocotones con nata

Prueba una nueva versión de una de las combinaciones de sabores predilecta: melocotones con nata. La fruta fresca y la crema agria contribuyen a crear un pastel exquisitamente jugoso. En lugar de glasearse, este pastel se pincela con mantequilla derretida y luego se espolvorea generosamente con azúcar y canela. La nata montada constituye el acompañamiento perfecto, aunque el helado de vainilla (o aún mejor, el de melocotón) también será bienvenido.

PARA 14 RACIONES

- 345 g (1 ½ tazas) de mantequilla sin sal, a temperatura ambiente, y un poco más para el molde
- 380 g (3 tazas y 2 cucharadas) de harina normal, y un poco más para el molde
- 1 cucharadita de bicarbonato sódico
- 1 cucharadita de sal
- 4 melocotones pelados, deshuesados y cortados a daditos
- 450 g (2 ¼ tazas) de azúcar
- 6 huevos grandes, a temperatura ambiente
- 300 ml (1 ¼ de taza) de crema agria
- 1 ¼ cucharaditas de extracto de vainilla
- 1 ¼ cucharaditas de canela en polvo
- Nata montada para acompañar (opcional; pág. 333)

1. Precalienta el horno a 180 °C. Engrasa con mantequilla un molde Bundt de 23x11 cm, enharínalo y sacude la harina sobrante. En un cuenco mediano, mezcla 360 g (3 tazas) de harina, el bicarbonato sódico y la sal. En otro cuenco reboza los melocotones con las 2 cucharadas restantes de harina.

2. Con una batidora eléctrica a velocidad media/alta, bate 230 g (1 taza) de mantequilla y 400 g (2 tazas) de azúcar hasta obtener una mezcla blanquecina y esponjosa (3-5 minutos). Añade los huevos de 1 en 1, batiendo bien tras cada incorporación. Reduce a velocidad baja y añade la mezcla de harina en 2 tandas, alternando con la crema agria y empezando y finalizando con la harina; bate hasta ligar los ingredientes. Incorpora los melocotones y la vainilla.

3. Vierte la masa en el molde preparado y golpea varias veces el molde con firmeza sobre el mostrador. Hornéalo hasta que el probador de pasteles salga limpio, unos 60 minutos. Traslada el molde a una rejilla enfriadora sobre una bandeja de horno con borde y déjalo enfriar 15 minutos.

4. Mientras tanto, funde los 115 g (½ taza) de mantequilla restante. Mezcla los 50 g (¼ de taza) de azúcar restante y la canela. Desliza una espátula acodada o un cuchillo pequeño alrededor del borde del pastel para soltarlo; voltea el pastel sobre la rejilla. Trabajando por partes, pincela el pastel con mantequilla y espolvoréalo generosamente con la mezcla de azúcar y canela. Sírvelo caliente o a temperatura ambiente; puedes acompañarlo con nata montada. El pastel se puede guardar a temperatura ambiente, tapado, máximo 3 días.

Mini bundt de ron

Ya es hora de que los antaño famosos pasteles de ron vuelvan a ponerse de moda, y estas diminutas versiones son muy buenas y tentadoras razones para que así sea. El ron añejo, madurado en barricas de madera, es el de aroma más complejo y el más apropiado para la repostería. Para llenar bien los moldes mini Bundt con la masa, utiliza una manga pastelera ajustada con tan solo un anillo de acoplamiento, o bien una bolsa de plástico hermética grande con cierre zip y una esquina cortada. Si no tienes 9 moldes, puedes hacer los pasteles por tandas. **PARA 9 UNIDADES**

PARA LOS PASTELES

- 230 g (1 taza) de mantequilla, a temperatura ambiente, y un poco más para los moldes
- 240 g (2 tazas) de harina normal, y un poco más para los moldes
- 2 cucharaditas de polvo de hornear
- ½ cucharadita de sal gruesa
- 120 ml (½ taza) de suero de leche
- 2 cucharadas de ron añejo
- 180 g (1 taza) de azúcar moreno claro «compacto» (véase la pág. 320)
- 100 g (½ taza) de azúcar granulado
- 5 huevos grandes

PARA EL GLASEADO

- 200 g (2 tazas) de azúcar glas
- 1 cucharada de ron, y hasta 1 ½ cucharaditas más, si es necesario
- 1 cucharada más 1 ½ cucharaditas de leche

1. Haz los pasteles: precalienta el horno a 170 °C. Engrasa generosamente con mantequilla 9 moldes mini Bundt de 4x10 cm, enharínalos y sacude la harina sobrante. Mezcla la harina, el polvo de hornear y la sal en un cuenco mediano. Mezcla el suero de leche y el ron en un vaso medidor de cristal.

2. Con una batidora eléctrica a velocidad alta, bate la mantequilla, el azúcar moreno y el azúcar granulado hasta obtener una mezcla blanquecina y esponjosa, unos 3 minutos. Reduce a velocidad media. Añade los huevos de 1 en 1, batiendo bien tras cada incorporación. Reduce a velocidad baja. Añade la mezcla de harina en 2 tandas, alternando con la mezcla de suero de leche y empezando y finalizando con la harina. Bate solo hasta unirlo.

3. Rellena cada molde con aproximadamente 120 ml (½ taza) de masa; golpea suavemente el molde sobre el mostrador. Hornea los moldes hasta que la superficie de los pasteles recupere su forma al tocarla ligeramente, los bordes empiecen a alejarse del molde, y el probador de pasteles salga limpio (18-25 minutos). Traslada los moldes a una rejilla enfriadora 10 minutos. Luego voltea los pasteles sobre la rejilla y deja que se enfríen por completo. Los pasteles se pueden almacenar a temperatura ambiente envueltos en film transparente máximo 3 días.

4. Prepara el glaseado: bate el azúcar glas, una cucharada de ron y otra de leche hasta conseguir una mezcla homogénea. Añade más ron si es necesario hasta alcanzar la consistencia deseada. Coloca los pasteles sobre una rejilla enfriadora situada sobre una bandeja de horno con borde. Rocía cada pastel con 1 ½ cucharadas de glaseado.

Bundt de chocolate

Garantizado para satisfacer todas las ansias de chocolate, este es un pastel excelente a tener en cuenta cuando tengas la casa repleta de invitados. Con el glaseado de ganache resulta lo bastante vistoso como postre para finalizar una cena especial. **PARA 14 RACIONES**

PARA EL PASTEL

- 230 g (1 taza) de mantequilla sin sal y un poco más para el molde
- 270 g (2 ¼ tazas) de harina normal
- 75 g (¾ de taza) de cacao en polvo sin azúcar
- 1 cucharadita de bicarbonato sódico
- 1 cucharadita de sal
- 120 ml (½ taza) de leche
- 120 ml (½ taza) de crema agria
- 300 g (1 ½ tazas) de azúcar
- 4 huevos grandes
- 1 cucharadita de extracto de vainilla

PARA EL GLASEADO

- 85 g de chocolate amargo picado
- 120 ml (½ taza) de nata para montar
- 30 g de mantequilla sin sal

1. Haz el pastel: precalienta el horno a 170 °C. Engrasa con mantequilla un molde Bundt de 23x11 cm. En un cuenco grande, mezcla la harina, el cacao, el bicarbonato sódico y la sal. Mezcla la leche y la crema agria en un vaso medidor de cristal.

2. Con una batidora eléctrica a velocidad media/alta, bate la mantequilla y el azúcar hasta obtener una mezcla blanquecina y esponjosa (3-5 minutos). Añade los huevos de 1 en 1, batiendo bien tras cada incorporación, e incorpora la vainilla. Reduce a baja velocidad y añade la mezcla de harina en 2 tandas, alternando con la mezcla de leche y empezando y finalizando con la harina. Bate solo hasta unirlo.

3. Vierte la masa en el molde preparado y alisa la superficie con una espátula acodada. Hornea el pastel hasta que el probador de pasteles salga limpio, unos 55 minutos. Traslada el molde a una rejilla enfriadora y deja que se enfríe por completo. El pastel se puede guardar a temperatura ambiente, envuelto en film transparente, máximo 1 día.

4. Prepara el glaseado: introduce el chocolate en un cuenco resistente al calor. Calienta a fuego lento la nata en una olla pequeña y vierte encima el chocolate. Déjalo 2 minutos, añade la mantequilla y remueve hasta que esté homogéneo. Déjalo reposar, removiendo de vez en cuando hasta que haya espesado ligeramente. Vierte el glaseado sobre el pastel.

Angel food cake

Los pasteles de ángel son etéreos, ligeros (la masa no lleva mantequilla ni aceite) y muy versátiles. Esta receta clásica es un buen punto de partida antes de intentar las variantes que aparecen a continuación. Como los pasteles de ángel no contienen agentes leudantes, batir el merengue perfecto resulta crucial: si se bate en exceso, puede que las claras se deshinchen, mientras que si se bate poco, no se incorporará suficiente aire. También es importante enfriar el pastel boca abajo, sobre las patas del molde, o bien sobre una botella de cristal; de lo contrario, la superficie se hundirá. Sírvelo solo o coronado de nata montada, salsa de chocolate o fruta fresca; las rebanadas de este pastel están exquisitas tostadas al día siguiente. **PARA 10-12 RACIONES**

- 120 g (1 taza) de harina pastelera (no leudante)
- 300 g (1 ½ tazas) de azúcar granulado
- 12 claras de huevo grandes, a temperatura ambiente
- 1 cucharadita de crémor tártaro
- 1 cucharada de zumo de limón recién exprimido
- 2 cucharaditas de extracto de vainilla
- ¼ de cucharadita de sal
- Azúcar glas para espolvorear

RETIRAR BURBUJAS DE AIRE DE LA MASA

1. Precalienta el horno a 170 °C con la rejilla en el tercio inferior (pero no en el de abajo). Tamiza la harina y 100 g (½ taza) de azúcar granulado sobre de papel de hornear. Coloca el colador sobre un cuenco y tamízala de nuevo.

2. Con una batidora eléctrica a velocidad media, bate las claras de huevo hasta que estén espumosas, alrededor de 1 minuto. Añade el crémor tártaro, el zumo de limón, la vainilla y la sal; bate hasta que se formen picos suaves, alrededor de 2 ½ minutos. Con la batidora en marcha, añade poco a poco los 200 g (1 taza) de azúcar restantes, sin batir más de 1 minuto.

3. Sube a velocidad media/alta y sigue batiendo hasta que se formen picos firmes pero no fuertes (al levantar el batidor, solo la punta del pico debería caer ligeramente). Traslada con cuidado la mezcla de claras a un cuenco grande y de boca ancha. Espolvorea un tercio de la mezcla de harina reservada sobre las claras. Con una batidora de varillas, mézclalo mediante un movimiento envolvente, dejando que la masa pase a través de la batidora. Espolvorea la mezcla de harina restante sobre las claras en 2 tandas más; incorpóralas con una espátula flexible solo hasta ligar la mezcla. No mezcles en exceso, o las claras se deshincharán.

4. Vierte cuidadosamente la masa en un molde de tubo de 25 cm. Desliza suavemente una espátula acodada por el centro de la masa para eliminar todas las burbujas de aire grandes. Hornea hasta que el probador de pasteles salga limpio y el pastel esté elástico al tacto (45-50 minutos).

5. Retira el pastel del horno e invierte el molde apoyándolo sobre sus patas o sobre una botella de cristal y deja que se enfríe por completo. Voltea el molde de nuevo. Desliza un cuchillo por el borde del pastel para que se suelte. Gira el pastel sobre una bandeja de servir. El pastel se puede guardar a temperatura ambiente, envuelto en film transparente, máximo 2 días. Espolvoréalo con azúcar glas y córtalo con un cuchillo de sierra para servirlo.

Cinco pasteles de ángel más

PASTEL DE ÁNGEL DE PEPITAS DE CHOCOLATE Y MOCA
Mezcla dos cucharadas de café expreso instantáneo en polvo con una cucharada de agua. Sigue la receta del pastel de ángel (pág. 61), pero en el paso 3, después de incorporar la mezcla de harina a las claras de huevo, añade con cuidado la mezcla de expreso y 180 g (1 taza) de pepitas de chocolate en miniatura. Hornea durante 55 minutos. Remata el pastel con un glaseado de moca: calienta 60 ml (1/4 de taza) de leche, 84 g de chocolate semiamargo picado y 1 cucharadita de café expreso en polvo en una olla, removiendo hasta que el chocolate se haya fundido; rocía el pastel ya enfriado con el glaseado.

PASTEL DE ÁNGEL CON REMOLINOS DE FRAMBUESA
Tritura 100 g (unos ¾ de taza) de frambuesas frescas y pásalas por un colador, eliminando las partes sólidas; deberías obtener 60 ml (1/4 de taza) de puré. Sigue la receta del pastel de ángel (pág. 61), pero vierte solo un tercio de la masa en el molde preparado. Añade dos cucharadas de puré de frambuesas sobre la masa. Añade un tercio más de la masa, las dos cucharadas restantes de puré, y a continuación, la masa restante. Pasa un cuchillo por la masa formando remolinos. Hornea el pastel a 180 °C y sírvelo con más frambuesas frescas.

PASTEL DE ÁNGEL DE CHOCOLATE
Sigue la receta del pastel de ángel (pág. 61), y sustituye 30 g (¼ de taza) de la harina del pastel por 25 g (¼ de taza) de cacao en polvo sin azúcar tamizado. Tamiza la harina y el cacao juntos en el paso 2. Hornea unos 55 minutos. Espolvorea el pastel ya enfriado con cacao en polvo antes de servirlo.

PASTEL DE ÁNGEL DE LIMÓN
Sigue la receta del pastel de ángel (pág. 61) y añade 1 cucharada más 1 cucharadita de zumo de limón recién exprimido (de 2 limones) y reduce la vainilla a 1 cucharadita. Añade 2 cucharadas de ralladura de limón fina a la mezcla de claras de huevo en el paso 2. Hornea 40-45 minutos. Si lo deseas, prepara un glaseado combinando 200 g (2 tazas) de azúcar glas con 2 cucharadas de ralladura de limón y 60 ml (¼ de taza de zumo de limón (3-4 limones). Rocía el glaseado sobre el pastel ya enfriado antes de servirlo.

PASTEL DE ÁNGEL DE AZÚCAR MORENO
Sigue la receta del pastel de ángel (pág. 61), y sustituye el azúcar granulado por la misma cantidad de azúcar moreno claro compacto. Puedes acompañarlo de nata montada (pág. 333).

Bundt de arándanos negros y limón

Este pastel está salpicado de arándanos negros agridulces, va aderezado con limón y, lo mejor de todo, los ingredientes se mezclan en un suspiro. Aquí tienes un truco para evitar que los arándanos se hundan durante el horneado: reboza los arándanos y la ralladura con una cucharadita de harina antes de incorporarlos a la masa. **PARA 12 RACIONES**

- 230 g (1 taza) de mantequilla sin sal, a temperatura ambiente, y un poco más para el molde
- 300 g (2 ½ tazas) de harina normal, más 1 cucharadita para los arándanos y la ralladura, y un poco más para el molde
- 2 cucharaditas de polvo de hornear
- ½ cucharadita de sal
- 180 g (1 taza) de azúcar moreno claro «compacto» (véase la pág. 320)
- 200 g (1 taza) de azúcar granulado
- 4 huevos grandes
- 1 cucharadita de extracto de vainilla
- 240 ml (1 taza) de crema agria
- 300 g (2 tazas) de arándanos negros frescos
- 2 cucharadas de piel de limón rallada fina
- Azúcar glas para espolvorear (opcional)

1. Precalienta el horno a 180 °C, con la rejilla en el piso de abajo. Engrasa con mantequilla un molde Bundt de 25×9 cm, enharínalo y sacude la harina sobrante. En un cuenco mediano, mezcla 300 g (2 ½ tazas) de harina, el polvo de hornear y la sal.

2. Con una batidora eléctrica a velocidad alta, bate la mantequilla, el azúcar moreno y el azúcar granulado hasta obtener una mezcla blanquecina y esponjosa (3-5 minutos). Añade los huevos de 1 en 1, batiendo bien tras cada incorporación. Agrega la vainilla. Reduce a velocidad baja y añade la mezcla de harina en 3 tandas, alternando con 2 tandas de crema agria y batiendo solo hasta unirlo. Reboza los arándanos y la ralladura de limón con la cucharadita de harina restante e incorpóralos con cuidado a la masa.

3. Vierte la masa en el molde preparado y alisa la superficie con una espátula acodada. Hornea hasta que el probador de pasteles salga limpio (60-70 minutos). Traslada el molde a una rejilla enfriadora 20 minutos. Luego voltea el pastel sobre la rejilla y deja que se enfríe por completo. El pastel se puede guardar a temperatura ambiente, bien envuelto en film transparente, máximo 3 días. Puedes espolvorearlo con azúcar glas antes de servir.

Pasteles de ángel de pimienta de Jamaica

Esta versión tropical del pastel de ángel se caracteriza por incorporar pimienta de Jamaica en la masa. La piña, un refrescante cambio de estilo respecto al limón, se añade al curd con el cual se rocía cada pastel. **PARA 6 PASTELITOS DE 10 CM (O PARA UN PASTEL DE 25 CM)**

PARA LOS PASTELES

- 65 g (½ taza más 2 cucharadas) de harina tamizada (no leudante)
- ¼ de cucharadita de pimienta de Jamaica molida
- 1 pizca de sal
- 7 claras de huevo grandes, a temperatura ambiente
- 150 g (¾ de taza) de azúcar
- ¾ de cucharadita de crémor tártaro

PARA LAS RODAJAS DE PIÑA

- ½ piña fresca (aprox. 1 kg) pelada, cortada en rodajas finas y descorazonada

PARA EL CURD

- 7 yemas de huevo grandes
- 150 g (¾ de taza) de azúcar
- ¼ de cucharadita de sal gruesa
- 120 ml (½ taza) de zumo de piña recién exprimido
- 1 cucharada de zumo de limón recién exprimido
- 115 g (½ taza) de mantequilla sin sal cortada en trocitos

1. Haz los pasteles: precalienta el horno a 180 °C. En un cuenco mediano, mezcla la harina, la pimienta de Jamaica y una pizca de sal.

2. Con una batidora eléctrica a velocidad media, bate las claras de huevo y el azúcar hasta obtener una mezcla espumosa, alrededor de 1 minuto. Incorpora batiendo el crémor tártaro. Sube a velocidad alta y bate hasta que la mezcla este firme y brillante y haya triplicado su volumen, unos 3 minutos. Incorpora cuidadosamente la mezcla de harina en 3 tandas.

3. Vierte la masa en una bolsa con cierre zip y corta una esquina de la bolsa. Reparte la masa en seis mini moldes de tubo (de aprox. 10 cm de diámetro y 6 cm de altura), repartiéndola bien. También puedes verter la masa en un molde de tubo de 25 cm. Hornea los pasteles hasta que estén dorados y la masa recupere su forma al tocarla, unos 30 minutos (40 minutos para un pastel de 25 cm). Traslada los moldes a una rejilla enfriadora 30 minutos. Desliza un cuchillo fino alrededor de los bordes de los pasteles para que se suelten; luego voltéalos sobre la rejilla y deja que se enfríen por completo. Se pueden guardar a temperatura ambiente, en un recipiente hermético, máximo 1 día.

4. Prepara las rodajas de piña: precalienta el horno a 90 °C. Extiende las rodajas en una sola capa sobre una bandeja con borde y cubierta con una lámina para horno antiadherente. Hornéalas, girándolas una vez, hasta que estén secas, unas 2 horas. Pásalas a una rejilla enfriadora y deja que se enfríen por completo. Se pueden guardar en un recipiente hermético hasta 3 días.

5. Prepara el curd: bate las yemas, el azúcar y la sal en un cuenco grande resistente al calor hasta lograr una mezcla homogénea. Mientras bates, añade gradualmente el zumo de piña y el de limón. Sitúa el cuenco encima (no dentro) de una olla de agua hirviendo a fuego lento. Bate hasta que espese, unos 8 minutos. Retira del fuego e incorpora los trozos de mantequilla de 1 en 1, batiendo hasta obtener una mezcla homogénea. Cubre la mezcla con film transparente, presionando el plástico sobre la superficie para evitar que se forme una costra encima. Refrigera el curd mínimo 1 hora, o toda la noche.

6. Para servir, rocía el curd sobre cada pastel, y corónalo con una rodaja de piña seca. Sirve el curd restante aparte.

Pastel de ciruelas pasas especiadas

Los pasteles de ciruela gozan de una larga tradición como postre festivo, especialmente en el Reino Unido y Australia. Esta versión actualizada reduce el dulzor del pastel con una mezcla de especias y suero de leche. Asegúrate de hornear este pastel el tiempo especificado en la receta: si lo horneas menos tiempo, puede que no sea fácil despegarlo del molde. **PARA 12 RACIONES**

- Mantequilla sin sal para el molde
- 240 g (2 tazas) de harina normal, y un poco más para el molde
- 174 g (1 taza) de ciruelas pasas deshuesadas
- 400 g (2 tazas) de azúcar granulado
- 1 cucharadita de canela en polvo
- 1 cucharadita de clavo en polvo
- ½ cucharadita de nuez moscada recién rallada
- 1 cucharadita de sal
- 1 cucharadita de bicarbonato sódico
- 240 ml (1 taza) de aceite de colza o de cártamo
- 240 ml (1 taza) de suero de leche bajo en grasas
- 3 huevos grandes
- 150 g (1 taza) de nueces tostadas y picadas toscamente (véase la pág. 334)
- Azúcar glas para espolvorear (opcional)

1. Precalienta el horno a 170 °C. Engrasa con mantequilla un molde Bundt de 25×9 cm, enharínalo y sacude la harina sobrante.

2. Lleva a ebullición una olla pequeña con agua; retírala del fuego y añade las ciruelas. Tapa la olla y déjalas en remojo 10 minutos. Escurre las ciruelas y pícalas finas.

3. Mientras tanto, en un cuenco grande, bate la harina, el azúcar granulado, la canela, el clavo, la nuez moscada, la sal y el bicarbonato sódico. En un cuenco mediano bate el aceite, el suero de leche y los huevos. Añade la mezcla de aceite a la mezcla de harina y combínalo solo hasta unirlo. Incorpora las ciruelas y las nueces.

4. Vierte la masa en el molde preparado. Hornea hasta que el probador de pasteles salga limpio y el pastel se haya separado por completo de las paredes del molde (entre 1 hora y 45 minutos y 2 horas). Voltea inmediatamente el pastel sobre una rejilla enfriadora y deja que se enfríe por completo. El pastel se puede guardar a temperatura ambiente, bien envuelto en film transparente, máximo 2 días. Puedes espolvorearlo con azúcar glas antes de servirlo.

Pastel chiffon de limón

El pastel chiffon es un verdadero clásico americano, y por una buena razón: es ligero, etéreo y tierno, todo en uno. Las claras de huevo batidas se incorporan a la masa para hacerla subir. Si utilizas aceite en lugar de mantequilla, conseguirás una textura más suave y el pastel se conservará mejor. **PARA 8 RACIONES**

- 90 g (3/4 de taza) de harina (no leudante)
- 1/4 de cucharadita de bicarbonato sódico
- 1/4 de cucharadita de sal
- 160 g (3/4 de taza más 1 cucharada) de azúcar granulado
- 3 huevos grandes, separados, a temperatura ambiente
- 60 ml (1/4 de taza) de aceite de colza o de cártamo
- 80 ml (1/3 de taza) de agua
- 2 cucharadas de ralladura de limón más 1 cucharada de zumo de limón recién exprimido (unos 2 limones)
- 1/2 cucharadita de extracto de vainilla
- 1/4 de cucharadita de crémor tártaro
- Azúcar glas para espolvorear
- Curd de limón para acompañar (opcional; pág. 332)

1. Precalienta el horno a 170 °C. En un cuenco mediano, tamiza la harina, el bicarbonato sódico, la sal y 150 g (3/4 de taza) de azúcar granulado.

2. En un cuenco grande, bate las yemas de huevo, el aceite, el agua, la ralladura y el zumo de limón, y la vainilla. Añade la mezcla de harina y bate hasta conseguir una mezcla homogénea.

3. Con una batidora eléctrica a velocidad media, bate las claras de huevo hasta que estén espumosas. Añade el crémor tártaro y bate a velocidad alta hasta formar picos blandos, alrededor de 1 minuto. Añade gradualmente la cucharada de azúcar restante y bate a velocidad alta hasta que se formen picos firmes, unos 2 minutos.

4. Incorpora un tercio de la mezcla de clara de huevo a la masa, y a continuación, añade los dos tercios restantes. Vierte la masa en un molde de tubo de 18 cm sin engrasar y alisa la superficie con una espátula acodada. Hornea hasta que el probador de pasteles salga limpio y el pastel esté dorado, unos 45 minutos.

5. Retira el pastel del horno e invierte el molde colocándolo sobre sus pies o sobre una botella de cristal y deja que se enfríe por completo. Vuelve a voltear el molde y desliza un cuchillo por los bordes para soltar el pastel. Voltea el pastel sobre una bandeja para servir. Espolvorea el pastel con azúcar glas antes de servirlo. Puedes acompañarlo de curd de limón.

Canelés

La cobertura crocante oculta la suculencia de estos pastelitos y su interior extraordinariamente jugoso. Para hacer canelés, se mezcla leche, mantequilla, huevos, azúcar y harina de repostería (que tiene menos proteínas que la harina normal, pero más que la harina pastelera) y se bate formando una masa fina similar a la del budín de Yorkshire. Si se hornean en los moldes del mismo nombre, el exterior se endurece formando una capa acanalada (*cannelé* significa «acanalado» en francés), mientras que el interior conserva la consistencia de un flan. Los moldes se pueden encontrar en tiendas de artículos de repostería, o bien en páginas web de minoristas. Asegúrate de utilizar huevos extra grandes (mejor que grandes); resultan esenciales para alcanzar la perfección. **PARA UNAS 20 UNIDADES**

- 1 l (4 ¼ tazas) de leche
- 45 g de mantequilla sin sal
- 1 huevo entero extra grande más 5 yemas de huevo extra grandes
- 500 g (unas 2 ¼ tazas) más 3 cucharadas de azúcar
- 2 cucharaditas de extracto de vainilla
- 260 g (2 tazas más 2 cucharadas) de harina pastelera sin blanquear
- Espray para cocinar de aceite vegetal

1. En una olla mediana, lleva a ebullición 600 ml (2 ½ tazas) de leche y la mantequilla. Retíralo del fuego y deja que se enfríe un poco.

2. En un cuenco grande, mezcla el huevo entero, las yemas, el azúcar, la vainilla y los 420 ml (1 ¾ tazas) de leche restantes. Añade la harina para mezclarla. Añade la mezcla de leche y mantequilla con un chorro lento y regular, batiendo bien hasta que se haya mezclado. Pasa la masa a un cuenco mediano a través de un colador fino. Cúbrela y guárdala en la nevera unas 24-48 horas.

3. Precalienta el horno a 200 °C. Rocía 20 moldes canelés con espray para cocinar y congélalos 20 minutos. Coloca los moldes sobre una bandeja de horno con borde a una distancia de 4 cm entre ellos. Bate cuidadosamente la masa. Rellena cada molde hasta llegar a 3 mm del borde.

4. Hornea los pastelitos girándolos a media cocción hasta que los canelés salgan fácilmente de los moldes al golpearlos suavemente y estén dorados uniformemente, de 1 hora y 30 minutos a 1 hora y 45 minutos. Traslada la bandeja de horno a una rejilla enfriadora 15 minutos. Luego voltea los canelés sobre la rejilla y deja que se enfríen por completo. Los canelés están más sabrosos si se comen el mismo día.

Pastel chiffon de plátano

Puede que los plátanos sean un ingrediente muy habitual en la repostería, pero apostamos lo que sea a que nunca has probado un pastel exactamente como este. A diferencia de los conocidos y sustanciosos panes rápidos y magdalenas especiadas, este pastel chiffon posee el sabor sutil de un solo plátano triturado, y su altura se la debe a las claras de huevo batidas. **PARA 12 RACIONES**

- 240 g (2 tazas) de harina normal
- 300 g (1 ½ tazas) de azúcar granulado
- 1 cucharada de polvo de hornear
- 1 cucharadita de sal
- 1 plátano maduro
- 120 ml (½ taza) de aceite de colza o de cártamo
- 7 huevos grandes, separados
- 1 cucharadita de extracto de vainilla
- 180 ml (¾ de taza) de agua fría
- ½ cucharadita de crémor tártaro
- Azúcar glas para espolvorear

1. Precalienta el horno a 180 °C. En un cuenco grande, mezcla la harina, el azúcar granulado, el polvo de hornear y la sal. En un cuenco mediano, tritura el plátano. Añade el aceite, las yemas de huevo, la vainilla y el agua; lígalo todo. Añade la mezcla de harina y bate hasta obtener una mezcla homogénea.

2. Con la batidora eléctrica a velocidad media/alta, bate las claras de huevo y el crémor tártaro hasta formar picos firmes, unos 3 minutos. Incorpóralo delicadamente a la masa, solo hasta unirlo (no lo mezcles en exceso).

3. Vierte la masa en un molde de tubo de 25 cm sin engrasar. Hornea el pastel hasta que el probador de pasteles salga limpio, unos 55 minutos. Retira el pastel del horno; invierte el molde, sujetándolo sobre sus patas o sobre una botella de cristal, y deja que se enfríe por completo. Voltea de nuevo el molde. Desliza un cuchillo por los bordes del pastel para que se suelte y gira el pastel sobre una bandeja de servir. Espolvoréalo con azúcar glas antes de servirlo.

Pastel de ron con pasas y coco

Elige una de las combinaciones de sabores de helado predilectas, como el ron con pasas, añádele coco y salsa de caramelo, y tendrás una apuesta ganadora para un pastel. Las pasas maceradas en ron se esponjan y se vuelven muy sabrosas. **PARA 12 RACIONES**

PARA EL PASTEL

- 290 g (1 ¼ tazas) de mantequilla sin sal, a temperatura ambiente, y un poco más para el molde
- 360 g (3 tazas) de harina normal, y un poco más para el molde
- 150 g (1 taza) de pasas
- 120 ml (½ taza) de ron añejo
- 1 cucharadita de sal
- ½ cucharadita de polvo de hornear
- 520 g (2 ¾ tazas más 2 cucharadas) de azúcar moreno claro «compacto» (véase la pág. 320)
- 6 huevos grandes
- 2 cucharaditas de extracto de vainilla
- 180 ml (¾ de taza) de nata para montar
- 75 g (1 taza) de copos de coco azucarados

PARA EL GLASEADO

- 200 g (1 taza) de azúcar granulado
- 60 ml (¼ de taza) de agua
- 60 ml (¼ de taza) de ron añejo
- 2 cucharadas de nata para montar

1. Haz el pastel: precalienta el horno a 170 °C. Engrasa con mantequilla un molde Bundt de 25x9 cm o un molde Kugelhopf de 23x10 cm; enharínalo y sacude la harina sobrante. Introduce las pasas y el ron en un cuenco y déjalas macerar.

2. Mezcla la harina, la sal y el polvo de hornear. Con una batidora eléctrica a velocidad media, bate la mantequilla y el azúcar moreno hasta obtener una mezcla uniforme, unos 3 minutos. Añade los huevos de 1 en 1, batiendo bien tras cada incorporación. Incorpora la vainilla. Reduce a velocidad baja. Añade la mezcla de harina en 3 tandas, alternando con 2 tandas de nata; bátelo solo hasta unirlo. Añade la mezcla de pasas y ron, y también el coco.

3. Vierte la masa en el molde preparado y alisa la superficie con una espátula acodada. Hornea el pastel, girándolo a media cocción, hasta que el probador de pasteles salga limpio, 1 hora y 55 minutos más o menos. Traslada el molde a una rejilla enfriadora 20 minutos. Desliza un cuchillo fino alrededor del borde del pastel para que se suelte, voltéalo sobre la rejilla y deja que se enfríe por completo. El pastel se puede guardar a temperatura ambiente, envuelto en film transparente, máximo 2 días.

4. Prepara el glaseado: calienta el azúcar granulado y el agua en una olla pequeña a fuego medio/alto y remueve suavemente hasta que se disuelva el azúcar y se forme un almíbar claro. Déjalo cocer sin remover hasta que el almíbar entre en ebullición, limpiando las paredes de la olla con un pincel de repostería mojado para evitar que cristalice. Déjalo hervir, removiendo con cuidado hasta que la mezcla adquiera un tono ámbar medio. Retíralo del fuego. Vierte cuidadosamente el ron y la nata. Déjalo enfriar, removiendo hasta que espese. Rocíalo sobre el pastel.

Pastel de melaza y jengibre fresco

Este pastel Bundt resulta tan fácil y versátil que desearás hacerlo durante todo el año. Está igual de delicioso acompañado de compota de bayas frescas en primavera, de frutas con hueso (ciruelas y melocotones) salteadas en verano, de manzanas y peras en otoño, y de curd de limón y nata montada en invierno. **PARA 12 RACIONES**

- 225 g (más o menos 2 piezas de 15 cm) de jengibre fresco, pelado y troceado
- 360 g (3 tazas) de harina normal, y un poco más para el molde
- 2 cucharaditas de bicarbonato sódico
- 1 cucharadita de sal
- 300 g (1 ½ tazas) de azúcar granulado
- 160 ml (⅔ de taza) de melaza sin clarificar
- 2 huevos grandes
- 230 g (1 taza) de mantequilla sin sal, a temperatura ambiente, y un poco más para el molde
- 180 ml (⅓ de taza) de agua caliente
- Azúcar glas para espolvorear

1. Precalienta el horno a 180 °C. Pincela un molde Bundt de 25x9 cm con mantequilla; enharínalo y sacude la harina sobrante. En un procesador de alimentos, pica el jengibre bien fino (o pícalo a mano). Deberías obtener 230 g (1 taza).

2. En un cuenco grande, mezcla la harina, el bicarbonato sódico y la sal. En otro cuenco, bate el azúcar granulado, la melaza y los huevos hasta obtener una mezcla uniforme. Incorpora la mantequilla y el agua caliente batiendo. Añade la mezcla de harina, removiendo solo hasta ligar todo, e incorpora el jengibre.

3. Vierte la masa en el molde preparado y hornea hasta que el probador de pasteles salga limpio, unos 45 minutos. Traslada el molde a una rejilla enfriadora y deja que se enfríe por completo, alrededor de 1 hora. Desliza un cuchillo alrededor del borde del pastel para soltarlo y voltéalo sobre la rejilla. Espolvorea el pastel con azúcar glas antes de servirlo.

Savarines de guindas

Las jugosas guindas maceradas en vino captan la esencia del inicio del verano. Los Savarines son unos pasteles de levadura clásicos en Francia que tradicionalmente se hornean en moldes de corona grandes. Puedes utilizar un molde Savarín de cualquier tamaño, o bien sustituirlo por un molde Bundt de 20 cm. Te llevará unos 15 minutos hornear un pastel grande. **PARA 6 UNIDADES**

PARA LOS SAVARINES

- 1 ⅛ cdtas de levadura seca activa
- 60 ml (¼ de taza) de agua caliente (entre 43-46 °C)
- 1 cucharada de azúcar
- 150 g (1 ¼ tazas) de harina normal
- ½ cucharadita de sal
- 2 huevos grandes, a temperatura ambiente y ligeramente batidos
- 75 g de mantequilla sin sal, a temperatura ambiente, y un poco más para los moldes

PARA LAS GUINDAS Y EL GLASEADO

- 350 g (2 ½ tazas) de guindas frescas sin hueso, o 280 g (2 tazas) de congeladas, ya descongeladas
- 100 g (½ taza) de azúcar
- 120 ml (½ taza) de vino Muscat de Beaumes-de-Venise o Sauternes
- Una pizca de sal

DISPENSAR LA MASA

1. Haz los Savarines: espolvorea la levadura sobre el agua caliente en un cuenco pequeño; añade media cucharadita de azúcar y déjalo reposar hasta que espume, unos 5 minutos.

2. Mezcla la harina, la sal y las 2 ½ cucharaditas de azúcar restantes en un cuenco grande. Haz un hueco en el centro y añade la mezcla de levadura y los huevos. Con una batidora eléctrica a velocidad media, bate hasta obtener una masa pegajosa y elástica (2-4 minutos). Raspa las paredes del cuenco. Cubre la masa con film transparente y déjala reposar en un lugar cálido hasta que haya doblado su volumen, alrededor de 1 hora.

3. Precalienta el horno a 200 °C. Engrasa con mantequilla 6 moldes Savarín de 9 cm y colócalos sobre una bandeja de horno con borde. Añade la mantequilla a la masa y bátela a velocidad media/alta hasta incorporarla, alrededor de 1 minuto.

4. Con una bolsa de manga pastelera ajustada solo con una boquilla redonda lisa, dispensa la masa en los moldes, llenándolos hasta la mitad. Déjalos reposar sin taparlos en un lugar cálido hasta que la masa suba y prácticamente llene los moldes (25-30 minutos).

5. Hornea los Savarines hasta que estén dorados y empiecen a despegarse de las paredes del molde (10-12 minutos). Traslada los moldes a una rejilla enfriadora para que se enfríen un poco, unos 5 minutos. Luego voltea los pasteles sobre la rejilla y deja que se enfríen por completo.

6. Prepara las guindas y el glaseado: lleva a ebullición las guindas, el azúcar, el vino y la sal en una olla pequeña. Reduce el fuego y déjalo cocer suavemente 2 minutos. Retira las guindas con una cuchara ranurada y deja cocer el líquido restante hasta que reduzca formando un glaseado, unos 5 minutos (deberías obtener unos 180 ml). Vierte el glaseado sobre los pasteles calientes y corónalos con las cerezas. Sírvelos inmediatamente.

Pastel glaseado de pasas y nueces pecán

Repleto de pasas y nueces, y aromatizado con brandy y nuez moscada, esta es una alternativa fácil al bizcocho de frutas. Aguantará unos cuantos días después del horneado, así que es una excelente opción como postre preparado con antelación. **PARA 10-12 RACIONES**

PARA EL PASTEL

- 460 g (2 tazas) de mantequilla sin sal, a temperatura ambiente, y un poco más para el molde
- 480 g (4 tazas) de harina normal, y un poco más para el molde
- 2 cucharadas de nuez moscada recién rallada
- 1 cucharadita de polvo de hornear
- 450 g (unas 2 ¼ tazas) de azúcar moreno claro «compacto» (véase la pág. 320)
- 6 huevos grandes
- 120 ml (½ taza) de brandy
- 340 g (3 tazas) de nueces pecán picadas
- 450 g (3 tazas) de pasas

PARA EL GLASEADO

- 100 g (1 taza) de azúcar glas
- 1 cucharada más 1 cucharadita de zumo de naranja recién exprimido

1. Haz el pastel: precalienta el horno a 180 °C. Engrasa con mantequilla un molde Bundt de 25x9 cm; enharínalo y sacude la harina sobrante. En un cuenco grande, bate la harina, la nuez moscada y el polvo de hornear.

2. Con una batidora eléctrica a velocidad media/alta, bate la mantequilla y el azúcar moreno hasta obtener una mezcla blanquecina y esponjosa (3-5 minutos). Añade los huevos de 1 en 1, batiendo bien tras cada incorporación. Añade el brandy y bate hasta ligarlo. Reduce a velocidad baja. Incorpora gradualmente la mezcla de harina y bate solo hasta unirlo (no lo mezcles en exceso). Incorpora las nueces pecán y las pasas.

3. Vierte la masa en el molde preparado y alisa la superficie con una espátula acodada. Hornea hasta que el pastel se despegue de las paredes del molde y el probador de pasteles salga limpio, 1 hora y 30 minutos más o menos. Voltea inmediatamente el pastel sobre una rejilla enfriadora y deja que se enfríe por completo. El pastel se puede guardar a temperatura ambiente, envuelto en film transparente, máximo 3 días.

4. Prepara el glaseado: en un cuenco pequeño, bate el azúcar glas y el zumo de naranja hasta obtener una mezcla uniforme y rocíalo sobre el pastel.

Mini Bundts de aceite de oliva y anís

La combinación de anís y aceite de oliva es típica de la repostería italiana, y obra maravillas en esta remesa de pasteles en miniatura moderadamente dulces. El hecho de tostar las semillas de anís ayuda a que liberen su aroma: calienta las semillas en seco sobre una sartén a fuego medio, sacudiendo suavemente la sartén solo hasta que estén fragantes y empiecen a chisporrotear, unos 3 minutos, luego déjalas enfriar un poco. Esta receta se puede doblar fácilmente. **PARA 4 UNIDADES**

- Mantequilla sin sal para el molde
- 80 g (2/3 de taza) de harina (no leudante) y un poco más para los moldes
- 2 huevos grandes más 1 yema de huevo grande
- 100 g (1/2 taza) de azúcar granulado
- 1 cucharadita colmada de piel de naranja rallada fina
- 1 1/2 cucharaditas de semillas de anís tostadas
- 120 ml (1/2 taza) de aceite de oliva virgen extra
- 1/2 cucharadita de sal gruesa
- 1/2 cucharadita de polvo de hornear
- Azúcar glas para espolvorear

1. Precalienta el horno a 170 °C. Engrasa con mantequilla 4 moldes mini Bundt de 4x10 cm; enharínalos y sacude la harina sobrante. Bate los huevos enteros, la yema, el azúcar granulado, la ralladura de naranja y las semillas de anís hasta obtener una mezcla espumosa. Añade el aceite con un chorro lento y constante, batiendo constantemente hasta unirlo.

2. Mezcla la harina, la sal y el polvo de hornear en un cuenco pequeño. Incorpora la mezcla de harina a la mezcla de huevo en 3 tandas.

3. Divide la masa entre los moldes preparados y alisa las superficies con una espátula acodada. Hornea hasta que estén ligeramente dorados y el probador de pasteles salga limpio, unos 20 minutos. Traslada los moldes a una rejilla enfriadora 10 minutos. Luego voltea los pasteles y sírvelos calientes, espolvoreados con azúcar glas.

Pastel de mandarina

Ahuyenta la melancolía invernal con una rebanada de este pastel brillante y soleado. Las mandarinas son una original alternativa a otros cítricos, y gracias a su piel fina, es fácil exprimirlas a mano. (Si no puedes encontrar mandarinas, este pastel resulta igual de delicioso hecho con naranjas). Los dos ingredientes del glaseado proporcionan un acabado infalible. Para conseguir un glaseado fino, cuela el zumo con un colador de malla fina antes de mezclarlo con el azúcar. **PARA 12 RACIONES**

PARA EL PASTEL

- 230 g (1 taza) de mantequilla sin sal, a temperatura ambiente, y un poco más para el molde
- 360 g (3 tazas) de harina normal, y un poco más para el molde
- 1 cucharadita de bicarbonato sódico
- 1 cucharadita de sal
- 400 g (2 tazas) de azúcar granulado
- 6 huevos grandes
- 2 cucharadas de piel de mandarina rallada, más 120 ml (½ taza) de zumo de mandarina fresco (de 6 mandarinas)
- 2 cucharadas de licor de naranja, tipo Grand Marnier
- 1 cucharadita de extracto de vainilla
- 200 g (¾ de taza) de yogur natural

PARA EL GLASEADO Y EL ACOMPAÑAMIENTO

- 150 g (1 ½ tazas) de azúcar glas
- 3 cucharadas de zumo de mandarina recién exprimido (de 2 mandarinas)
- Grosellas azucaradas (opcional; véase «Adornos azucarados», pág. 327)

1. Haz el pastel: precalienta el horno a 180 °C. Engrasa un molde Bundt de 25x9 cm; enharínalo y sacude la harina sobrante. En un cuenco mediano, mezcla la harina, el bicarbonato sódico y la sal.

2. Con una batidora eléctrica a velocidad media/alta, bate la mantequilla y el azúcar granulado hasta obtener una mezcla blanquecina y esponjosa (3-5 minutos). Añade los huevos de 1 en 1, batiendo bien tras cada incorporación. Sigue batiendo y añade la ralladura y el zumo de mandarina, el licor y la vainilla. Reduce a velocidad baja. Añade la mezcla de harina en 3 tandas, alternando con 2 tandas de yogur y batiendo para ligarlo todo.

3. Vierte la masa en el molde preparado, alisa la superficie con una espátula acodada y golpea con firmeza el molde sobre el mostrador. Hornea el pastel hasta que el probador de pasteles salga limpio (50-55 minutos). Traslada el molde a una rejilla enfriadora 30 minutos. Luego voltea el pastel sobre la rejilla y deja que se enfríe por completo. El pastel se puede guardar a temperatura ambiente, envuelto en film transparente, máximo 2 días.

4. Prepara el glaseado: bate el azúcar glas y el zumo de mandarina hasta obtener una mezcla fina. Si es necesario, recorta la base del pastel para que se asiente bien. Coloca el pastel sobre una rejilla situada sobre una bandeja de horno con borde. Vierte el glaseado uniformemente sobre el pastel y deja que cuaje antes de servirlo. Puedes adornarlo con grosellas azucaradas.

Bundt de calabacín

Aquí tienes otra manera de emplear una buena cosecha de calabacines (aparte de hacer magdalenas y panes rápidos): transformarlos en un pastel aromatizado con naranja y especias: canela, anís y cardamomo. El calabacín tiene de por sí un alto contenido en agua; asegúrate de extraer toda la humedad posible en el paso 2. Puedes utilizar esta receta para hacer un pastel grande, o bien dos pequeños, como aquí. **PARA 10 RACIONES**

PARA EL PASTEL

- 170 g (¾ de taza) de mantequilla sin sal, fundida, y un poco más para el molde
- 300 g (2 ½ tazas) de harina normal, y un poco más para el molde
- 2 ½ cucharaditas de polvo de hornear
- ¼ de cucharadita de canela en polvo
- ¼ de cucharadita de semillas de anís
- ⅛ de cucharadita de cardamomo molido (opcional)
- 1 cucharadita de sal gruesa
- 450 g de calabacín (aprox. 2 medianos)
- 3 huevos grandes
- 300 g (1 ½ tazas) de azúcar granulado
- ½ cucharadita de piel de naranja rallada, más 1 cucharada de zumo de naranja recién exprimido

PARA EL GLASEADO

- 125 g (1 ¼ tazas) de azúcar glas, tamizado
- 2 pizcas de cardamomo molido (opcional)
- ¼ de cucharadita de piel de naranja rallada, más 3 cucharadas de zumo de naranja recién exprimido
- Leche entera para diluir, si es necesario

1. Haz el pastel: precalienta el horno a 170 °C. Pincela un molde Bundt de 23x11 cm o 2 moldes Bundt de 15x8 cm con mantequilla. Enharínalo y sacude la harina sobrante. Mezcla la harina, el polvo de hornear, las especias y la sal.

2. Ralla los calabacines con un rallador de agujeros grandes y prénsalos sacándoles la humedad con un trapo de cocina limpio: necesitarás unos 375 g (2 ½ tazas). En un cuenco grande, mezcla los huevos y el azúcar granulado; añade la mantequilla fundida, los calabacines, la ralladura y el zumo de naranja. Incorpora la mezcla de harina.

3. Vierte la masa en el molde preparado y hornea hasta que el probador de pasteles salga limpio, unos 60 minutos para un pastel de 23x11 cm, o unos 48 minutos para los pasteles de 15x8 cm (el pastel sobresaldrá un poco por encima del molde, pero sin rebosar). Traslada el pastel a una rejilla enfriadora 10 minutos. Desliza un cuchillo por los bordes del pastel para soltarlo, voltéalo sobre la rejilla y deja que se enfríe por completo. El pastel se puede guardar envuelto en film transparente y a temperatura ambiente máximo 1 día, o se puede congelar hasta 1 mes.

4. Prepara el glaseado: mezcla el azúcar glas y el cardamomo, si vas a usarlo. Añade la ralladura y el zumo de naranja, mezclando hasta alcanzar la consistencia de miel espesa. Si la mezcla es demasiado espesa, añade un poco de leche, a cucharaditas. Si no vas a usarlo inmediatamente, refrigera el glaseado, cubriéndolo con film transparente para evitar que se forme una corteza, máximo 1 día. Remuévelo antes de utilizarlo. Pincela uniformemente el pastel con algunas capas de glaseado de naranja y luego rocía un poco más de glaseado en la parte de arriba.

Pasteles dorados con fruta en almíbar de jengibre

Estos pastelitos se hacen en un molde formado por seis moldes de pastel de ángel individuales. Adquieren un singular tono dorado y un exquisito sabor gracias a la incorporación de cuatro yemas de huevo (sin claras) a la masa.

PARA 6 UNIDADES

PARA LA FRUTA EN ALMÍBAR DE JENGIBRE

- 150 g (3/4 de taza) de azúcar
- 4 rodajas (de 3 mm cada una) de jengibre fresco (sin pelar)
- 4 granos de pimienta de Jamaica
- 180 ml (3/4 de taza) de agua
- 200 g (1 taza) de piña cortada a dados
- 165 g (1 taza) de mango cortado a dados (de 2 mangos pequeños deshuesados)
- 1 cucharada de ron añejo

PARA LOS PASTELES

- 115 g (1/2 taza) de mantequilla sin sal, a temperatura ambiente, y un poco más para el molde
- 250 g (2 tazas) de harina normal, y un poco más para el molde
- 1 3/4 cdtas de polvo de hornear
- 1/4 de cucharadita de bicarbonato sódico
- 1/2 cucharadita de sal
- 1/8 de cucharadita de nuez moscada recién rallada
- 200 g (1 taza) de azúcar
- 4 yemas de huevo grandes
- 1 1/2 cdtas de extracto de vainilla
- 160 ml (2/3 de taza) de suero de leche

PARA ACOMPAÑAR

- 1 l de sorbete de coco

1. Prepara la fruta en almíbar de jengibre: lleva a ebullición el azúcar, el jengibre, la pimienta de Jamaica y el agua en una olla mediana removiendo durante 1 minuto. Añade la piña, el mango y el ron y vuelve a llevar a ebullición. Retíralo del fuego y déjalo enfriar 1 hora. Retira el jengibre y la pimienta de Jamaica. La fruta en almíbar puede refrigerarse en un recipiente hermético máximo 1 semana.

2. Haz los pasteles: precalienta el horno a 180 °C. Engrasa con mantequilla un molde de 6 mini pasteles de ángel, enharínalo y sacude la harina sobrante. Mezcla la harina, el polvo de hornear, el bicarbonato sódico, la sal y la nuez moscada hasta unirlos.

3. Con una batidora eléctrica a velocidad media/alta, bate la mantequilla y el azúcar hasta obtener una mezcla blanquecina y esponjosa, unos 3 minutos. Sigue batiendo y añade las yemas de huevo de 1 en 1. Incorpora la vainilla. Añade la mezcla de harina en 3 tandas, alternando con 2 tandas de suero de leche, y bate solo hasta unirlo.

4. Con una bolsa de manga pastelera ajustada solo con un acoplador, dispensa la masa en los moldes, llenándolos hasta la mitad. Hornea los pasteles hasta que estén dorados y elásticos al tacto, unos 25 minutos. Traslada el molde a una rejilla enfriadora 10 minutos. Desliza un cuchillo por los bordes de los pasteles para soltarlos; voltea el molde sobre la rejilla y deja que se enfríen por completo.

5. Para servirlos, corta un hueco en la parte superior de cada pastel para poner el sorbete. Coloca una bola de sorbete sobre cada plato. Voltea los pasteles y coloca el hueco sobre el sorbete. Corona cada pastel con otra bola de sorbete, añade una cucharada de fruta y almíbar, y sírvelo inmediatamente.

Pasteles para el café

Estas delicias con cobertura de migas llevan el nombre de la bebida con la que combinan tan bien. Debemos agradecer a los emigrantes europeos la tradición de deleitarse con pasteles y dulces para acompañar un café y una buena charla (el término alemán *kafeeklatsch*, utilizado para definir una charla informal para tomar café, incluye la palabra *klatsch*, que significa «chisme»). Prepara uno de estos pasteles para comerlo sin prisas durante un desayuno, un brunch, o cualquier tarde de reunión familiar o con amigos, acompañado de una taza, o dos, de café recién hecho.

BUCKLE DE ARÁNDANOS NEGROS SILVESTRES, PÁG. 107

Pastel de migas al estilo de Nueva York

En cuanto hagas un pastel de migas, no volverás a comprarlo hecho. A esta versión no le falta de nada: un pastel de delicioso suero de leche, coronado por una contundente capa de migas azucaradas con mantequilla y pinceladas de canela. Solo para complicar un poco las cosas, prueba a añadir una taza de mermelada de fruta entre la masa y la cobertura antes de hornear el pastel.

PARA 10-12 RACIONES

PARA LA CAPA DE MIGAS

420 g (3 ½ tazas) de harina pastelera (no leudante)

130 g (⅔ de taza) de azúcar granulado

120 g (⅔ de taza) de azúcar moreno oscuro «compacto» (véase la pág. 320)

1 ½ cucharaditas de canela en polvo

½ cucharadita de sal gruesa

290 g (1 ¼ tazas) de mantequilla sin sal, fundida

PARA EL PASTEL

170 g (¾ de taza) de mantequilla sin sal, a temperatura ambiente, y un poco más para el molde

300 g (2 ½ tazas) de harina pastelera (no leudante)

½ cucharadita de polvo de hornear

½ cucharadita de sal gruesa

200 g (1 taza) de azúcar granulado

2 huevos enteros grandes más 2 yemas de huevo grandes

1 cdta de extracto de vainilla

180 ml (⅔ de taza) de suero de leche

Azúcar glas para espolvorear

1. Prepara la capa de migas: mezcla la harina, el azúcar granulado, el azúcar moreno, la canela y la sal en un cuenco mediano. Vierte encima la mantequilla fundida caliente y mezcla todo con las manos, formando grumos medianos y grandes.

2. Haz el pastel: precalienta el horno a 170 °C. Engrasa con mantequilla un molde para horno de 23x33 cm y fórralo de papel de hornear, dejando que sobresalga por los dos extremos más largos. Engrasa con mantequilla el papel de hornear. Mezcla la harina, el polvo de hornear y la sal en un cuenco mediano.

3. Con una batidora eléctrica a velocidad media, bate la mantequilla y el azúcar granulado hasta obtener una mezcla blanquecina y esponjosa, unos 2 minutos. Añade los huevos y las yemas de 1 en 1, batiendo bien tras cada incorporación. Agrega la vainilla. Incorpora la mezcla de harina en 3 tandas, alternándolas con 2 tandas de suero de leche; bate hasta que esté todo bien mezclado.

4. Vierte la masa en el molde preparado y extiéndela uniformemente con una espátula acodada. Esparce la capa de migas sobre la masa. Hornea el pastel hasta que esté dorado y el probador de pasteles salga limpio, alrededor de 1 hora. Traslada el molde a una rejilla enfriadora unos 15 minutos. Espolvoréalo con azúcar glas. Coloca el pastel con el papel de hornear sobre la rejilla enfriadora. Sírvelo caliente o a temperatura ambiente. El pastel se puede guardar a temperatura ambiente, tapado, máximo 5 días.)

Pastel de *streusel* definitivo

Un pastel para el café de medidas generosas es más sencillo de preparar para un *brunch* que un montón de magdalenas o *scones*. He aquí una corona *streusel* de nueces pecán oculta bajo la apariencia de un pastel dorado de crema agria. Guarda la mezcla de *streusel* dentro del congelador hasta que estés a punto de esparcirla sobre el molde; esto evitará que se funda con demasiada rapidez en el horno caliente. **PARA 10-12 RACIONES**

PARA EL *STREUSEL*

- 370 g (1 ½ tazas) de azúcar moreno claro, ligeramente «compacto» (véase la pág. 320)
- 100 g (½ taza) de azúcar granulado
- 180 g (1 ½ tazas) de nueces pecán picadas
- 60 g (½ taza) de harina normal
- 1 cucharada de canela en polvo
- 1 pizca de clavo en polvo
- 115 g (½ taza) de mantequilla a temperatura ambiente

PARA EL PASTEL

- 145 g (½ taza más 2 cucharadas) de mantequilla sin sal, a temperatura ambiente, y un poco más para el molde
- 300 g (2 ½ tazas) de harina normal
- 1 cucharadita de bicarbonato sódico
- 1 cucharadita de polvo de hornear
- ¼ de cucharadita de sal gruesa
- 200 g (1 taza) de azúcar granulado
- 3 huevos grandes
- 1 cucharadita de extracto de vainilla
- 300 ml (1 ¼ tazas) de crema agria, o bien 240 ml (1 taza) de suero de leche

PARA EL GLASEADO

- 250 g (2 ½ tazas) de azúcar glas, tamizado
- 60 ml (¼ de taza) de leche

1. Prepara el *streusel*: mezcla el azúcar moreno, el azúcar granulado, las nueces pecán, la harina, la canela, y el clavo en un cuenco mediano. Mezcla la mantequilla con un mezclador de repostería, o bien deshazla con los dedos hasta que la mezcla esté bien combinada y desmigajada. Cubre la mezcla y guárdala en la nevera hasta el momento de utilizarla (máximo 3 días).

2. Haz el pastel: precalienta el horno a 180 °C. Engrasa con mantequilla un molde Bundt de 25 cm. Tamiza la harina, el bicarbonato sódico, el polvo de hornear y la sal en un cuenco.

3. Con una batidora eléctrica a velocidad media, bate la mantequilla y el azúcar granulado hasta obtener la mezcla blanquecina y esponjosa, unos 4 minutos. Añade los huevos de 1 en 1, batiendo bien tras cada incorporación. Añade la vainilla y bate hasta mezclarla bien. Añade la mezcla de harina en 2 tandas, alternando con la crema agria y empezando y finalizando con la harina; bate solo hasta que esté bien mezclado.

4. Vierte la mitad de la masa en el molde preparado. Haz un hueco en la masa y desmenuza dos tercios de la mezcla de *streusel* dentro del hueco. Vierte encima la masa restante y alisa la superficie con una espátula acodada. Reparte la mezcla de *streusel* restante esparciéndola por encima. Hornea el pastel hasta que esté dorado y el probador de pasteles salga limpio, unos 60 minutos. Traslada el pastel a una rejilla enfriadora 10 minutos y luego voltea el pastel sobre la rejilla.

5. Mientras tanto, prepara el glaseado: en un cuenco mediano, bate el azúcar glas y la leche hasta que estén bien mezclados. Rocía el glaseado sobre el pastel ligeramente caliente antes de servirlo.

Pastelitos para el café de almendras

Estas pequeñas delicias saben como el mejor pastel para el café. Llevan almendras tostadas en el *streusel* de azúcar moreno en el centro y la mantequilla marrón aromatiza el glaseado de la cobertura. Prepara un par de hornadas si son para una feria benéfica o un *brunch*. Para un pastel grande, dobla los ingredientes y hornea en un molde Bundt de 25 cm durante 45-50 minutos. **PARA 6 UNIDADES**

- 145 g (½ taza más 2 cucharadas) de mantequilla sin sal, a temperatura ambiente, y un poco más para los moldes
- 180 g (1 ½ tazas) de harina normal, y un poco más para los moldes
- 50 g (⅓ de taza) de almendras enteras
- 47 (¼ de taza más 2 cucharadas) de almendras fileteadas
- 5 cucharadas de azúcar moreno claro «compacto» (véase la pág. 320)
- 1 cucharadita de canela en polvo
- ⅛ de cucharadita de nuez moscada recién rallada
- 1 cucharadita de polvo de hornear
- ½ cucharadita de bicarbonato sódico
- ¼ de cucharadita de sal
- 150 g (¾ de taza) de azúcar granulado
- 1 huevo grande
- 3 cucharaditas de extracto de vainilla
- 180 ml (¾ de taza) de crema agria o yogur natural
- 200 g (2 tazas) de azúcar glas tamizada
- 3-4 cucharadas de leche

1. Precalienta el horno a 180 °C. Engrasa generosamente con mantequilla 6 moldes Bundt de 4×10 cm, enharínalos y sacude la harina sobrante. Extiende las almendras enteras sobre una bandeja de horno con borde y tuéstalas hasta que estén fragantes, unos 10 minutos. Mientras tanto, extiende las almendras fileteadas en una sola capa sobre otra bandeja de horno y tuéstalas hasta que estén doradas (5-7 minutos). Déjalas enfriar y pica las almendras enteras.

2. En un cuenco mediano, mezcla las almendras picadas, el azúcar granulado, la canela y la nuez moscada. En otro cuenco mezcla la harina, el polvo de hornear, el bicarbonato sódico y la sal.

3. Con una batidora eléctrica a velocidad media, bate 90 g de mantequilla y el azúcar granulado hasta obtener una mezcla ligera y esponjosa, unos 3 minutos. Añade el huevo y bátelo hasta ligarlo. Añade 1 cucharadita de vainilla y bate hasta que la mezcla sea uniforme. Añade la mezcla de harina en 3 tandas, alternando con 2 tandas de crema agria; bate hasta ligarlo.

4. Llena cada molde Bundt con 3 cucharadas de masa. Extiende bien la masa con una espátula. Espolvorea cada molde con 2 cucharadas de almendras con especias. Reparte la masa restante entre los moldes.

5. Hornea hasta que estén dorados y el probador salga limpio (20-25 minutos). Traslada los moldes a una rejilla enfriadora 10 minutos. Voltea los pasteles sobre la rejilla y deja que se enfríen por completo.

6. Coloca la rejilla sobre una bandeja de horno con borde. Calienta los 60 g de mantequilla restantes a fuego medio/alto, hasta que adquiera un tono marrón avellana, unos 5 minutos. Vierte la mantequilla sobre un cuenco mediano, retirando los sedimentos oscuros. Incorpora el azúcar glas, las 2 cucharaditas restantes de vainilla y 3 cucharadas de leche hasta obtener una mezcla homogénea; añade una cucharada de leche adicional si es necesario, para poder rociar el glaseado. Rocía el glaseado sobre los pasteles y espolvorea encima las almendras fileteadas antes de servir.

Pastel para el café con *streusel* de canela

Con *streusel* en la cobertura y en el interior, y rociado con un sencillo glaseado de leche, este pastel es lo más parecido al clásico ejemplo de pastel para el café sueco que puedes encontrar. Para hacer una variante de plátano y coco, sustituye las nueces normales por nueces pecán y añade unos 3 plátanos maduros triturados y 56 g (3/4 de taza) de coco rallado sin azúcar a la masa al final del paso 3. Luego hornéalo siguiendo las indicaciones. **PARA 12 RACIONES**

PARA EL *STREUSEL*

- 210 g (1 3/4 tazas) de harina normal
- 180 g (1 taza) de azúcar moreno claro «compacto» (véase la pág. 320)
- 1 1/4 cdtas de canela en polvo
- 1 cucharadita de sal gruesa
- 170 g (3/4 de taza) de mantequilla sin sal fría cortada en trocitos
- 225 g (1 1/2 tazas) de nueces tostadas picadas toscamente (véase la pág. 344)

PARA EL PASTEL

- 115 g (1/2 taza) de mantequilla sin sal, a temperatura ambiente, y un poco más para el molde
- 250 g (2 tazas) de harina normal
- 1 1/4 cdtas de polvo de hornear
- 1/2 cucharadita de bicarbonato sódico
- 1/2 cucharadita de sal gruesa
- 200 g (1 taza) de azúcar granulado
- 2 huevos grandes
- 1 1/2 cdtas de extracto de vainilla
- 240 ml (1 taza) de crema agria

PARA EL GLASEADO

- 100 g (1 taza) de azúcar glas
- 2 cucharadas de leche entera

1. Prepara el *streusel*: mezcla la harina, 135 g (3/4 de taza) de azúcar moreno, 1 cucharadita de canela y la sal. Mezcla la mantequilla con un mezclador de repostería, o bien deshazla con los dedos hasta formar grumos pequeños y medianos. Mezcla 75 g (1/2 taza) de nueces. Refrigera la cobertura hasta el momento de utilizarla. Prepara el centro de *streusel*: mezcla los 45 g (1/4 de taza) de azúcar moreno restante, 1/4 de cucharadita de canela, 150 g (1 taza) de nueces, y resérvalo para colocarlo formando una capa en el centro de la masa.

2. Haz el pastel: precalienta el horno a 180 °C. Engrasa con mantequilla un molde de tubo de base desmontable de 23 cm. Tamiza la harina, el polvo de hornear, el bicarbonato sódico y la sal en un cuenco mediano.

3. Con una batidora eléctrica a velocidad media, bate la mantequilla y el azúcar granulado hasta obtener una mezcla blanquecina y esponjosa, unos 2 minutos. Añade los huevos de 1 en 1, batiendo bien tras cada incorporación. Agrega la vainilla. Añade la mezcla de harina en 3 tandas, alternando con 2 tandas de crema agria; bate hasta que esté bien mezclado.

4. Vierte la mitad de la masa en el molde preparado. Esparce uniformemente el *streusel* sobre la masa del molde y cúbrelo con la masa restante. Extiende bien la masa con una espátula acodada. Esparce el *streusel* de la cobertura encima de la masa.

5. Hornea hasta que esté dorado y el probador salga limpio, unos 55 minutos. Traslada el molde a una rejilla enfriadora y deja que se enfríe por completo. Retira el pastel del molde y pásalo a una superficie de trabajo cubierta con papel de hornear, o bien a una bandeja de servir.

6. Prepara el glaseado: mezcla el azúcar glas con la leche y rocía el glaseado sobre el pastel, dejándolo gotear por ambos lados. Déjalo cuajar 5 minutos antes de servir. El pastel se puede guardar a temperatura ambiente, cubierto, máximo 5 días.

Pastel para el café de compota de manzanas

Este rústico pastel para el café es una forma estupenda de aprovechar una abundante cosecha de manzanas (sobre todo las magulladas o con alguna imperfección) tras una excursión al huerto. Si no hay más remedio, puedes usar compota de manzana sin azúcar ya preparada. **PARA 10-12 RACIONES.**

PARA LA CAPA DE MIGAS

- 60 g de mantequilla sin sal, a temperatura ambiente
- 90 g (½ taza) de azúcar moreno oscuro «compacto» (véase la pág. 320)
- 22 g (¼ de taza) de copos de avena tradicionales
- ¾ de cucharadita de canela en polvo
- ¼ de cucharadita de sal
- 60 g (½ taza) de nueces pecán tostadas (véase la pág. 344)

PARA EL PASTEL

- 115 g (½ taza) de mantequilla sin sal, a temperatura ambiente, y un poco más para el molde
- 240 g (2 tazas) de harina normal, y un poco más para el molde
- 1 cucharadita de bicarbonato sódico
- ½ cucharadita de nuez moscada recién rallada
- ⅛ de cucharadita de clavo en polvo
- 2 cucharaditas de canela en polvo
- ¾ de cucharadita de sal
- 200 g (1 taza) de azúcar granulado
- 90 g (½ taza) que azúcar moreno claro «compacto» (véase la pág. 320)
- 4 huevos grandes
- Compota de manzana y sidra (pág. 341) o bien 360 ml (1 ½ tazas) de compota comprada
- 180 g (1 ½ tazas) de nueces pecán tostadas y picadas (véase la pág. 334)
- 2 manzanas pequeñas y jugosas, por ejemplo, McIntosh, peladas, descorazonadas y cortadas en rodajas de 6 mm de grosor

1. Precalienta el horno a 180 °C. Prepara la capa de migas: mezcla la mantequilla, el azúcar moreno oscuro, la avena, la canela y la sal en un cuenco mediano hasta conseguir una consistencia desmigajada. Incorpora las nueces pecán.

2. Haz el pastel: engrasa con mantequilla un molde de tubo con base desmontable de 25 cm, enharínalo y sacude la harina sobrante. Tamiza la harina, el bicarbonato sódico, la nuez moscada, el clavo, la canela y la sal en un cuenco mediano. Con una batidora eléctrica a velocidad media, bate la mantequilla y los dos tipos de azúcar hasta obtener una mezcla uniforme, unos 3 minutos. Añade los huevos de 1 en 1, batiendo bien tras cada incorporación. Reduce a baja velocidad e incorpora la compota de manzana y luego la mezcla de harina. Añade las nueces pecán.

3. Vierte la masa en el molde preparado y luego esparce la capa de migas sobre la masa. Coloca los trozos de manzana encima, hundiendo algunos en la masa. Hornea el pastel hasta que el probador de pasteles salga limpio, unos 70 minutos. Traslada el pastel a una rejilla enfriadora y deja que se enfríe por completo. El pastel se puede guardar a temperatura ambiente, cubierto con film trasparente, máximo 3 días.

Buckle de ciruelas y nectarinas

De todos los postres tradicionales con nombres extraños (como *grunts*, *slumps*, *betties* y *cobblers*), el *buckle* es el más parecido a un pastel, con su masa densa, repleta de fruta y coronada de *streusel*. Cuando se hornea, se forman grietas y rajas que «rompen» la masa a medida que sube (de ahí su nombre, pues *buckle* significa «romperse» en inglés). La masa, ligeramente aromatizada con vainilla y pimienta de Jamaica, está cubierta de rodajas de ciruelas y nectarinas, pero puedes sustituirlas por otras frutas con hueso, frutas del bosque, o bien por una combinación de ambas. **PARA 8-10 RACIONES**

PARA EL *STREUSEL*

- 90 g de mantequilla sin sal, a temperatura ambiente
- 35 g (¼ de taza) de azúcar moreno claro «compacto» (véase la pág. 320)
- 120 g (1 taza) de harina normal
- Una pizca de sal

PARA EL PASTEL

- 90 g de mantequilla sin sal, fundida
- 180 g (1 ½ tazas) de harina normal
- 225 g (1 taza más 2 cucharadas) de azúcar granulado
- 1 ½ cdtas de polvo de hornear
- ⅛ de cucharadita de pimienta de Jamaica molida
- ¾ de cucharadita + 1 pizca de sal
- 1 huevo grande
- 180 ml (⅔ de taza) de leche
- 1 cdta de extracto de vainilla
- 337 g de ciruelas cortadas por la mitad, deshuesadas y cortadas en rodajas de 1 mm de grosor (2 tazas)
- 337 g de nectarinas cortadas por la mitad, deshuesadas y cortadas en rodajas de 1 mm de grosor (2 tazas)
- 1 cucharada de zumo de limón recién exprimido

1. Prepara el *streusel*: con una batidora eléctrica a velocidad media, bate la mantequilla y el azúcar moreno hasta que éste cremoso, unos 3 minutos. Incorpora la harina y la sal. Trabaja la mezcla con los dedos hasta formar migas que vayan del tamaño de un guisante al de una bola de chicle.

2. Haz el pastel: precalienta el horno a 180 °C. Pincela un molde cuadrado de 23 cm, o bien una sartén de hierro de 25 cm con 2 cucharadas de mantequilla. Mezcla la harina, 150 g (¾ de taza) de azúcar granulado, el polvo de hornear, la pimienta de Jamaica y ¾ de cucharadita de sal en un cuenco mediano.

3. Bate el huevo, la leche, la vainilla y los 60 g de mantequilla restantes en otro cuenco mediano. Añádelo a la mezcla de harina y remueve hasta ligarlo. Vierte la masa en el molde preparado, extendiéndola con una espátula acodada.

4. Mezcla las ciruelas, las nectarinas, el zumo de limón, los 74 g (¼ de taza más 2 cucharadas) de azúcar restante y la pizca de sal en un cuenco grande. Esparce la mezcla de fruta uniformemente sobre la masa y luego esparce encima la capa de migas. Hornea hasta que el probador de pasteles salga con migas húmedas, alrededor de 1 hora y 15 minutos. Traslada el pastel a una rejilla enfriadora y deja que se enfríe 1 hora antes de servirlo.

Buckle de arándanos negros silvestres

Esta receta fue creada en la casa de Martha en Maine, y hace un buen uso de los arándanos negros silvestres, que son más pequeños y tienen un sabor más concentrado que las variedades cultivadas más habituales. Si no puedes encontrar arándanos silvestres frescos, utiliza arándanos negros descongelados, o bien arándanos cultivados, de venta en mercados o supermercados.

PARA 8-10 RACIONES

PARA EL *STREUSEL*

- 1 cucharadita de canela en polvo
- ¼ de cucharadita de sal
- 45 g (¼ de taza) de azúcar moreno claro «compacto» (véase la pág. 320)
- 120 g (1 taza) de harina normal
- 90 g de mantequilla sin sal, a temperatura ambiente

PARA EL PASTEL

- 60 g de mantequilla, a temperatura ambiente, y un poco más para el molde
- 180 g (1 ½ tazas) de harina normal, y un poco más para el molde
- 1 ½ cucharaditas de polvo de hornear
- ¼ de cucharadita de sal gruesa
- 150 g (¾ de taza) de azúcar granulado
- 1 huevo
- 1 cucharadita de extracto de vainilla
- 180 ml (⅔ de taza) de leche
- 750 g (5 tazas) de arándanos negros frescos, silvestres o cultivados

1. Prepara el *streusel*: en un cuenco mediano mezcla la canela, la sal, el azúcar moreno y la harina. Incorpora la mantequilla hasta formar migas finas. Con ayuda de las manos, presiona la mayor parte de la mezcla formando grumos grandes. Refrigera la mezcla en un recipiente hermético hasta que estés a punto de utilizarla (máximo 3 días).

2. Haz el pastel: precalienta el horno a 180 °C. Engrasa con mantequilla un molde desmontable de 25 cm, enharínalo y sacude la harina sobrante. En un cuenco mediano, mezcla la harina, el polvo de hornear y la sal.

3. Con una batidora eléctrica a velocidad media, bate la mantequilla y el azúcar granulado hasta obtener una mezcla blanquecina y esponjosa, unos 3 minutos. Reduce a velocidad baja, y añade el huevo y la vainilla. Incorpora la mezcla de harina en 2 tandas, alternando con la leche y empezando y finalizando con la harina. Bate solo hasta ligarlo. Agrega los arándanos.

4. Vierte la masa en el molde preparado y esparce la cobertura sobre la masa. Hornea hasta que el probador de pasteles salga limpio, unos 60 minutos. Trasládalo a una rejilla enfriadora 10 minutos. Desliza un cuchillo alrededor del borde del molde para que se suelte. Desmonta la pared del molde y deja enfriar el pastel 15 minutos antes de servir.

Pastel para el café de limón Meyer

Se cree que el limón Meyer es cruce entre el limón y la mandarina, y es más dulce y aromático que los limones normales. Aquí se cortan a rodajas casi transparentes con una mandolina (u otro cortador de hoja ajustable), pero un cuchillo de cocinero bien afilado también servirá. **PARA 10-12 RACIONES**

PARA EL *STREUSEL*

- 210 g (1 ³/₄ tazas) de harina normal
- 135 g (³/₄ de taza) de azúcar moreno claro «compacto» (véase la pág. 320)
- 1 cucharadita de sal gruesa
- 170 g (³/₄ de taza) de mantequilla sin sal fría

PARA EL PASTEL

- 5 limones Meyer cortados en rodajas finas como el papel, desechados los extremos
- 115 g (¹/₂ taza) de mantequilla sin sal, a temperatura ambiente, y un poco más para el molde
- 240 g (2 tazas) de harina normal
- 1 cdta de polvo de hornear
- 1 cdta de bicarbonato sódico
- 1 ¹/₂ cdtas de sal gruesa
- 200 g (1 taza) de azúcar granulado
- 3 cucharadas de ralladura fina de piel de limón Meyer (4-5 limones)
- 2 huevos grandes
- 1 cucharadita de extracto de vainilla
- 240 ml (1 taza) de crema agria

PARA EL GLASEADO

- 100 g (1 taza) de azúcar glas
- 3-4 cucharadas de zumo de limón Meyer

1. Prepara el *streusel*: mezcla la harina, el azúcar moreno y la sal. Mezcla la mantequilla con un mezclador de repostería, o bien deshazla con los dedos hasta formar grumos. Cubre la mezcla y guárdala en la nevera hasta el momento de utilizarla (máximo 3 días).

2. Haz el pastel: escalda las rodajas de limón en una olla mediana de agua hirviendo durante 1 minuto. Escúrrelas y repite el proceso. Colócalas formando una sola capa sobre una bandeja de horno forrada de papel de hornear.

3. Precalienta el horno a 180 °C. Engrasa con mantequilla un molde de tubo con base desmontable de 23 cm. Tamiza la harina, el polvo de hornear, el bicarbonato sódico y la sal en un cuenco mediano. Con una batidora eléctrica a velocidad media, bate la mantequilla, el azúcar granulado y la ralladura de limón hasta obtener una mezcla blanquecina y esponjosa, unos 2 minutos. Añade los huevos de 1 en 1, batiendo bien tras cada incorporación, y luego añade la vainilla. Reduce a velocidad baja. Añade la mezcla de harina en 3 tandas, alternando con 2 tandas de crema agria; bate solo hasta unirlo.

4. Vierte la mitad de la masa en el molde preparado. Coloca la mitad de las rodajas de limón formando una sola capa sobre la masa. Añade la masa restante y extiéndela uniformemente con una espátula acodada. Cubre la masa con las rodajas de limón restantes formando una sola capa. Esparce el *streusel* refrigerado encima, repartiéndolo bien.

5. Hornea hasta que esté dorado y el probador salga limpio, unos 55 minutos. Traslada el molde a una rejilla enfriadora encima de una bandeja de horno forrada con papel de hornear y déjalo enfriar 15 minutos. Desliza un cuchillo alrededor de los bordes del pastel para soltarlo. Déjalo enfriar sobre la rejilla 15 minutos más. Desliza un cuchillo alrededor del tubo del centro. Desliza 2 espátulas anchas entre la base del pastel y el molde y levanta el pastel para despegarlo del tubo del centro. Déjalo enfriar por completo sobre la rejilla.

6. Prepara el glaseado: justo antes de servir, mezcla el azúcar glas y el zumo de limón en un cuenco mediano. Rocía el glaseado sobre el pastel frío y deja que gotee por los lados. Deja cuajar el glaseado antes de cortar el pastel, unos 5 minutos. El pastel se puede guardar a temperatura ambiente, tapado, máximo 3 días. El sabor de limón se intensifica con el tiempo.

Bizcochitos de *streusel*, cerezas y nueces pecán

Hay pasteles para el café de todas las formas y tamaños posibles, incluidos estos bizcochos en miniatura. Pruébalos utilizando en la misma proporción otros frutos secos en lugar de cerezas y nueces pecán. **PARA 6 UNIDADES**

PARA EL *STREUSEL*

- 60 g (½ taza) de harina normal
- 90 g (½ taza) de azúcar moreno claro «compacto» (véase la pág. 320)
- 60 g (½ taza) de nueces pecán picadas
- 60 g de mantequilla sin sal, fría, cortada a trocitos

PARA EL PASTEL

- 115 g (½ taza) de mantequilla sin sal, fundida, y un poco más para los moldes
- 300 g (2 ½ tazas) de harina normal, y un poco más para los moldes
- 1 ½ cucharaditas de polvo de hornear
- ¾ de cucharadita de sal gruesa
- ½ cucharadita de bicarbonato sódico
- 300 g (1 ½ tazas) de azúcar granulado
- 240 ml (1 taza) de crema agria
- 2 huevos grandes
- ½ cucharadita de extracto de vainilla
- 230 g (1 ½ tazas) de cerezas secas
- 120 g (1 taza) de nueces pecán picadas toscamente

1. Prepara el *streusel*: mezcla en un cuenco la harina, el azúcar moreno, las nueces pecán y la mantequilla con la punta de los dedos hasta formar grumos húmedos. Cúbrelos y congélalos hasta el momento de usarlos.

2. Haz el pastel: precalienta el horno a 180 °C. Engrasa con mantequilla 6 moldes de bizcochitos de 15x8 cm, enharínalos y sacude la harina sobrante. En un cuenco mediano, mezcla la harina, el polvo de hornear, la sal y el bicarbonato sódico. En un cuenco grande, mezcla la mantequilla, el azúcar granulado, la crema agria, los huevos y la vainilla hasta obtener una mezcla homogénea. Incorpora los ingredientes secos hasta humedecerlos. Añade las cerezas secas y las nueces pecán.

3. Divide la masa entre los moldes preparados; extiéndela para llenar las esquinas y alisa la superficie con una espátula acodada. Coloca los moldes sobre una bandeja de horno con borde. Hornéalos 15 minutos y luego retíralos del fuego. Esparce en seguida la cobertura de streusel encima de los bizcochos, repartiéndola uniformemente.

4. Devuelve los bizcochos al horno y hornéalos hasta que estén dorados y el probador de pasteles salga con solo unas cuantas migas húmedas enganchadas (25-30 minutos). Traslada los moldes a una rejilla enfriadora 10 minutos, voltéalos sobre la rejilla y deja que se enfríen por completo.

Pastel de trigo sarraceno meloso

Unos ingredientes de repostería probadamente compatibles: manzanas, pasas, nueces pecán, canela y azúcar moreno, unidos para crear la cobertura de este pastel de jengibre rústico que se vuelve aún más sustancioso gracias a la harina de trigo sarraceno. Lo mejor es hornearlo en una sartén de hierro fundido bien curado, al revés, y servirlo cuando aún está caliente, así podrás aprovechar hasta la última gota de su glaseado almibarado. **PARA 8-10 RACIONES**

PARA LA CAPA SUPERIOR

- 75 g (½ taza) de pasas
- 120 ml (½ taza) de brandy
- 15 g de mantequilla sin sal
- 90 g (½ taza) de azúcar moreno oscuro «compacto» (véase la pág. 320)
- 1 ½ cdtas de canela en polvo
- 160 ml (⅔ de taza) de sirope de maíz claro
- 60 g (½ taza) de nueces pecán picadas toscamente
- 1 manzana, pelada, deshuesada y cortada en cubos de 1 mm

PARA EL PASTEL

- 172 g (¾ de taza) de mantequilla sin sal, a temperatura ambiente
- 225 g (1 ¼ tazas) de azúcar moreno claro «compacto» (véase la pág. 320)
- 3 huevos grandes
- 210 g (1 ¾ tazas) de harina normal
- 95 g (1 taza) de harina de trigo sarraceno
- 1 ½ cucharaditas de jengibre en polvo
- 1 cucharada de polvo de hornear
- ½ cucharadita de sal
- 240 ml (1 taza) de leche
- 1 cucharada de jengibre fresco pelado y rallado

1. Prepara la cobertura: mezcla en un cuenco las pasas y el brandy y déjalo macerar hasta que las pasas estén hinchadas, unos 20 minutos. Escurre las pasas y desecha el líquido.

2. En una sartén de hierro fundido bien curado de 25 cm, funde la mantequilla a fuego medio. Espolvoréala con el azúcar moreno y la canela y retíralo del fuego. Rocíalo con el sirope de maíz. Esparce las nueces pecán, la manzana y las pasas sobre el almíbar.

3. Haz el pastel: precalienta el horno a 180 °C. Con una batidora eléctrica a velocidad media, bate la mantequilla hasta que esté suave, unos 2 minutos. Añade el azúcar moreno y bate hasta obtener una mezcla blanquecina y esponjosa. Añade los huevos de 1 en 1, batiendo bien tras cada incorporación.

4. En un cuenco grande, tamiza las dos harinas, el jengibre en polvo, el polvo de hornear y la sal. En otro cuenco mezcla la leche y el jengibre fresco. Añade la mezcla de harina a la mezcla de mantequilla en 3 tandas, alternando con 2 tandas de la mezcla de leche y batiendo bien tras cada incorporación.

5. Vierte la masa sobre la cobertura en la sartén preparada y alisa la superficie con una espátula acodada. Hornea el pastel hasta que esté dorado y el probador de pasteles salga limpio, unos 50 minutos. Traslada el pastel a una rejilla enfriadora 5 minutos antes de volcarlo sobre una bandeja de servir. Sírvelo caliente o a temperatura ambiente.

Pastel para el café de frutas del bosque y almendras

Un modo de actualizar un pastel es incorporar frutas de temporada en la mezcla. Aquí las frambuesas frescas y la mermelada de arándanos negros forman un anillo en el centro. También se puede hacer con otras combinaciones de fruta y mermelada, como dados de melocotón y mermelada de albaricoque, o dados de ciruelas y mermelada de uva Concord. **PARA 10-12 RACIONES**

PARA EL *STREUSEL*

- 120 g (1 taza) de harina normal
- 120 g (2/3 de taza) de azúcar moreno claro «compacto» (véase la pág. 320)
- 1/4 de cdta de canela en polvo
- 1/2 cucharadita de sal
- 75 g (3/4 de taza) de almendras fileteadas tostadas (véase la pág. 334)
- 115 g (1/2 taza) de mantequilla sin sal, a temperatura ambiente
- 1/4 de cucharadita de extracto de almendra

PARA EL PASTEL

- 300 g (2 1/2 tazas) de harina normal
- 1 cdta de polvo de hornear
- 1/2 cdta de bicarbonato sódico
- 1/2 cdta de sal
- 168 g de frambuesas frescas (unas 1 1/2 tazas)
- 216 g (2/3 de taza) de mermelada de arándanos negros
- 172 g (3/4 de taza) de mantequilla sin sal, a temperatura ambiente
- 250 g (1 1/4 tazas) de azúcar granulado
- 1 1/4 cdtas de ralladura de limón fina
- 3 huevos grandes
- 2 cdtas de extracto de vainilla
- 300 ml (1 1/4 tazas) de crema agria

1. Prepara el *streusel*: mezcla la harina, el azúcar moreno, la canela, la sal y las almendras en un cuenco mediano. Incorpora la mantequilla con los dedos hasta formar migas grandes. Espolvorea la mezcla con extracto de almendra y revuélvelo para que se mezcle.

2. Haz el pastel: precalienta el horno a 180 °C. Engrasa con mantequilla un molde de tubo con base desmontable de 25 cm, enharínalo y sacude la harina sobrante. Coloca el molde sobre una bandeja de horno. Tamiza la harina, el polvo de hornear, el bicarbonato sódico y la sal en un cuenco. Mezcla las frambuesas con la mermelada en otro cuenco.

3. Con una batidora eléctrica a velocidad media/alta, bate la mantequilla, el azúcar granulado y la ralladura de limón hasta obtener una mezcla blanquecina y esponjosa (3-4 minutos). Reduce a velocidad media. Añade los huevos de 1 en 1, batiendo bien tras cada incorporación y raspando las paredes del cuenco si es necesario. Añade la vainilla. Reduce a velocidad baja. Añade la mezcla de harina en 2 tandas, alternando con la crema agria empezando y finalizando con la harina; bate solo hasta unirlo.

4. Vierte la mitad de la masa en el molde preparado. Coloca la mezcla de frutas del bosque formando un anillo en el centro de la masa y cúbrela con la masa restante. Alisa la superficie con una espátula acodada. Esparce el *streusel* sobre la masa.

5. Hornea el pastel hasta que esté dorado y el probador de pasteles salga limpio (65-70 minutos). Traslada el molde a una rejilla enfriadora para que se enfríe un poco (10-15 minutos). Desliza un cuchillo alrededor del borde del pastel para soltarlo. Mueve el tubo para separar el pastel del anillo exterior. Déjalo enfriar sobre la rejilla 15 minutos (con el tubo aún pegado al pastel). Desprende el pastel del tubo y déjalo enfriar por completo sobre la rejilla. El pastel se puede guardar a temperatura ambiente, cubierto, máximo 3 días.

Pasteles de una capa

Aunque estos pasteles pueden parecer sencillos, todos ellos destacan en cuanto a sabor, encanto y versatilidad. Cualquier cosa que te apetezca, la encontrarás aquí: limón o chocolate, coco o manzana; casero o elegante; crujiente o meloso. Ninguno de estos pasteles requiere mucho tiempo ni ingredientes especiales para hacerlos, así que cuando tengas un antojo, simplemente ponte manos a la obra.

PASTEL DE ARCE, PÁG. 120

Pastel de chocolate sabroso

Este pastel denso de una capa resulta genial para principiantes: se supone que debe parecer imperfecto, y sencillamente se ha espolvoreado con azúcar glas, sin cobertura. Está divino servido con café o helado de caramelo.

PARA 8-10 RACIONES

- 400 g (1 3/4 tazas) de mantequilla sin sal, a temperatura ambiente, a cucharadas, y un poco más para el molde
- 340 g de chocolate semiamargo picado fino
- 3 cucharadas de agua
- 12 huevos grandes, separados, a temperatura ambiente
- 400 g (2 tazas) de azúcar granulado
- 2 cucharaditas de extracto de vainilla
- 1 cucharada de ron añejo
- 30 g (1/4 de taza) de harina normal
- 50 g (1/2 taza) de cacao en polvo sin azúcar
- 1/2 cucharadita de sal
- Azúcar glas para espolvorear

1. Precalienta el horno a 170 °C. Engrasa con mantequilla un molde de base desmontable de 25 cm. Introduce el chocolate y el agua en un cuenco resistente al calor situado encima (no dentro) de una olla de agua hirviendo a fuego lento. Remueve hasta que esté fundido y sin grumos; déjalo enfriar ligeramente.

2. Con una batidora eléctrica a velocidad alta, bate las yemas de huevo y el azúcar hasta obtener una mezcla blanca y espesa, unos 3 minutos. Reduce a velocidad media/baja y añade la vainilla y el ron. Aumenta a velocidad media. Añade gradualmente la mezcla de chocolate y mantequilla y mezcla todo hasta que esté homogéneo. Pasa la mezcla a un cuenco más grande. Tamiza la harina, el cacao y la sal encima de la mezcla, incorporando delicadamente estos ingredientes a la masa con ayuda de una espátula flexible.

3. En el recipiente limpio de una batidora eléctrica, bate las claras de huevo hasta que se formen prácticamente picos firmes. Incorpóralas a la mezcla de chocolate en 2 tandas (no lo mezcles en exceso).

4. Vierte con cuidado la masa en el molde preparado y hornéalo hasta que se hinche, se agriete y cuaje, alrededor de 1 hora y 20 minutos. Traslada el molde a una rejilla enfriadora para que se enfríe por completo. Justo antes de servir, desliza un cuchillo alrededor del borde del molde y retira el pastel. Espolvoréalo con azúcar glas.

Pastel de arce

El incomparable sabor del sirope de arce puro es razón suficiente para hacer este delicioso bocado, y es muy rápido de preparar, lo cual también es un plus. El sirope de arce se clasifica según su color, de claro a oscuro: cuanto más oscuro es el color del sirope, más intenso es su sabor. Si puedes encontrar un sirope de grado B, úsalo aquí tanto para la masa como para la cobertura. **PARA 16 RACIONES**

PARA EL PASTEL

- 230 g (1 taza) de mantequilla sin sal, a temperatura ambiente, y un poco más para el molde
- 300 g (2 ½ tazas) de harina normal, y un poco más para el molde
- 2 cucharaditas de polvo de hornear
- ½ cucharadita de bicarbonato sódico
- ½ cucharadita de sal gruesa
- 180 ml (¾ de taza) de sirope de arce puro
- 100 g (½ taza) de azúcar granulado
- 2 huevos grandes
- 1 cucharadita de extracto de vainilla
- 180 ml (¾ de taza) de crema agria

PARA LA COBERTURA

- 80 ml (⅓ de taza) de sirope de arce puro, y un poco más si es necesario
- 45 g de mantequilla sin sal, fundida
- 250 g (2 ½ tazas) de azúcar glas, y un poco más si es necesario

1. Haz el pastel: precalienta el horno a 180 °C. Engrasa con mantequilla un molde de pastel cuadrado de 23 cm, fórralo con papel de hornear y engrasa también el papel. Enharínalo y sacude la harina sobrante. En un cuenco mediano, bate la harina, el polvo de hornear, el bicarbonato sódico y la sal.

2. Con una batidora eléctrica a velocidad media, bate la mantequilla, el sirope de arce y el azúcar granulado hasta obtener una mezcla blanquecina y esponjosa (3-5 minutos). Añade los huevos de 1 en 1, batiendo bien tras cada incorporación. Incorpora la vainilla. Reduce a velocidad baja. Añade la mezcla de harina en 3 tandas, alternando con 2 tandas de crema agria; bate solo hasta unirlo.

3. Vierte la masa en el molde preparado y alisa la superficie con una espátula acodada. Hornea el pastel hasta que el probador de pasteles salga limpio, unos 40 minutos. Traslada el molde a una rejilla enfriadora 10 minutos. Voltea el pastel sobre la rejilla y deja que se enfríe por completo.

4. Prepara la cobertura: mezcla el sirope de arce y la mantequilla en un cuenco. Tamiza encima el azúcar glas y bate hasta unirlo. Ajusta la consistencia añadiendo más sirope o azúcar si es necesario. Extiende la cobertura de sirope de arce sobre la superficie del pastel y deja que cuaje por lo menos 15 minutos antes de servirlo.

Pastel de fuente de hornear de vainilla con chocolate malteado

Los pasteles de fuente de hornear, un referente en los puestos de venta de pasteles y comidas informales, son fáciles de hacer y aún más de transportar. Asegúrate de dejar que el pastel se enfríe por completo antes de poner la cobertura. Una vez extendida la cobertura, puedes cubrir pastel con film trasparente y guardarlo a temperatura ambiente hasta 3 días. **PARA 12 RACIONES**

PARA EL PASTEL

- 135 g (1/2 taza más 1 cucharada) de mantequilla sin sal, a temperatura ambiente, y un poco más para el molde
- 270 g (2 1/4 tazas) de harina normal, y un poco más para el molde
- 2 1/4 cdtas de polvo de hornear
- 3/4 de cucharadita de bicarbonato sódico
- 1/2 cucharadita de sal
- 225 g (1 taza más 2 cucharadas) de azúcar
- 3 huevos grandes
- 240 ml (1 taza) de suero de leche
- 1 1/8 cdtas de extracto de vainilla

PARA LA COBERTURA

- 3 cucharadas de cacao en polvo sin azúcar
- 240 g (1 3/4 tazas más 2 cdas) de leche malteada en polvo
- 90 ml (1/4 de taza más 2 cdas) de agua hirviendo
- 200 g (3/4 de taza más 1 1/2 cdas) de mantequilla sin sal, a temperatura ambiente
- 300 g de chocolate con leche, fundido y enfriado
- Una pizca de sal
- Bolas de leche malteada picadas (opcional), para decorar

1. Haz el pastel: precalienta el horno a 180 °C. Engrasa ligeramente con mantequilla un molde para pastel de 23×33 cm, enharínalo y sacude la harina sobrante. En un cuenco grande mezcla la harina, el polvo de hornear, el bicarbonato sódico y la sal.

2. Con una batidora eléctrica a velocidad alta, bate la mantequilla y el azúcar hasta obtener una mezcla blanquecina y esponjosa, unos 5 minutos. Incorpora los huevos, batiéndolos de 1 en 1 hasta ligarlos. Reduce a velocidad baja. Añade la mezcla de harina en 3 tandas, alternando con 2 tandas de suero de leche; bate todo para mezclarlo, raspando las paredes del cuenco si es necesario. Incorpora la vainilla.

3.Vierte la mezcla en el molde preparado y alisa la superficie con una espátula acodada. Hornea el pastel girándolo a media cocción, hasta que esté dorado e hinchado y el probador de pasteles salga limpio, unos 30 minutos. Traslada el molde a una rejilla enfriadora y deja que se enfríe por completo.

4. Mientras tanto, prepara la cobertura: en un cuenco mediano, mezcla el cacao y la leche malteada en polvo. Añade el agua hirviendo, bate hasta que esté homogéneo y déjalo enfriar. Con la batidora a velocidad alta, bate la mantequilla hasta que esté suave. Añade la mezcla de cacao y bate todo hasta unirlo. Incorpora el chocolate y la sal. Sube a velocidad media/alta y bate hasta que la cobertura esté suave y forme picos, unos 3 minutos. Extiende la cobertura sobre el pastel y espolvoréala con las bolas de leche malteada si quieres.

Pastel bretón de mantequilla

Elaborado con poco más que mantequilla, harina, azúcar y huevos, este postre proviene de Bretaña, la región más occidental de Francia. Al hornear la masa en un molde de tarta acanalado se obtiene un atractivo dibujo: el estampado de líneas cruzadas característico de la superficie se realiza con las puntas de un tenedor. El nuestro lo hemos servido con compota de fresas frescas rociada con Grand Marnier, pero solo también está perfecto. **PARA 8-10 RACIONES**

PARA EL PASTEL

- 230 g (1 taza) de mantequilla sin sal, a temperatura ambiente, y un poco más para el molde
- 200 g (1 taza) de azúcar
- 1 cucharada de extracto de vainilla
- 1 huevo entero grande, ligeramente batido, más 6 yemas de huevo grandes
- 330 g (2 ³/₄ tazas) de harina normal
- ¹/₄ de cucharadita de sal

PARA LA COMPOTA

- 700 g de fresas frescas sin el tallo y cortadas en rodajas longitudinales
- 2 cucharadas de Grand Marnier
- 1 cda de piel de naranja rallada fina, más 360 ml (1 ¹/₂ tazas) de zumo de naranja recién exprimido, colado

MARCAR EL DIBUJO DE LÍNEAS CRUZADAS

1. Haz el pastel: precalienta el horno a 180 °C. Con una batidora eléctrica a velocidad media, bate la mantequilla y el azúcar hasta obtener una mezcla blanquecina y esponjosa, unos 6 minutos. Sigue batiendo e incorpora la vainilla y las yemas de 1 en 1, batiendo bien tras cada incorporación. Añade la harina y la sal, y bátelo solo hasta unirlo (no lo mezcles en exceso).

2. Vierte la masa en un molde de tarta de 23 cm de base desmontable; extiende la masa y alisa la superficie con una espátula acodada pequeña. (Si es necesario, refrigera la masa 10 minutos antes de alisarla.) Refrigérala 15 minutos.

3. Pincela la superficie con huevo batido y haz el dibujo de líneas cruzadas con un tenedor. Vuelve a pintar la superficie con huevo. Hornea el pastel hasta que adquiera un tono dorado tostado y los bordes se separen de las paredes del molde, unos 50 minutos. Traslada el molde a una rejilla enfriadora para que se enfríe un poco.

4. Mientras el pastel está en el horno, prepara la compota: revuelve las fresas, el Grand Marnier y la ralladura de naranja en un cuenco mediano y déjalo macerar 30 minutos. Lleva a ebullición el zumo de naranja en una olla pequeña. Reduce el fuego y deja que hierva hasta que el líquido se reduzca a 60 ml (¹/₄ de taza), unos 20 minutos. Retíralo del fuego y déjalo enfriar. Vierte el zumo sobre las fresas y revuelve todo para que se mezcle.

5. Retira el pastel del molde y sírvelo caliente acompañado de la compota de fresas.

Pastel de chocolate ligero

Anímate: puedes cambiar la mantequilla y los huevos por aceite y agua para hacer una versión más ligera (y vegana) del Pastel del Diablo que siga pareciendo pecaminosa. El acabado es una fina capa de glaseado de chocolate negro. Si lo prefieres, espolvoréalo solo con cacao en polvo o azúcar glas, en un ejercicio de derroche contenido. **PARA 8-10 RACIONES**

PARA EL PASTEL

- 240 ml (1 taza) de agua caliente
- 50 g (1/2 taza) de cacao en polvo sin azúcar
- 180 g (1 1/2 tazas) de harina normal
- 200 g (1 taza) de azúcar granulado
- 3/4 de cucharadita de bicarbonato sódico
- 1/2 cucharadita de sal
- 120 ml (1/2 taza) de aceite de colza o de cártamo
- 1 cucharada de extracto de vainilla
- 2 cucharadas de vinagre blanco destilado
- Espray para cocinar de aceite vegetal

PARA EL GLASEADO

- 60 de chocolate negro (mínimo con un 70% de cacao) picado fino
- 50 g (1/2 taza) de azúcar glas, tamizado
- 2 cucharadas de agua

1. Haz el pastel: precalienta el horno a 190 °C. Cubre con espray para cocinar un molde de pastel redondo de 20 cm. Bate el agua y el cacao en un cuenco pequeño hasta que esté homogéneo. Mezcla la harina, el bicarbonato sódico y la sal en un cuenco grande; y practica un hueco en el centro. Añade la mezcla de cacao, aceite y vainilla. Bate todo hasta que esté homogéneo. Incorpora el vinagre.

2. Vierte la masa en el molde preparado. Hornea el pastel hasta que el probador de pasteles salga limpio (30-35 minutos). Traslada el molde a una rejilla enfriadora 20 minutos. Desliza un cuchillo alrededor del borde del pastel para que se suelte. Voltea el pastel sobre la rejilla y deja que se enfríe por completo. Traslada el pastel a una bandeja para servir o un expositor de pasteles.

3. Prepara el glaseado: funde el chocolate en un cuenco resistente al calor encima (no dentro) de una olla con agua hirviendo fuego lento, y remueve hasta que esté homogéneo. Déjalo enfriar un poco.

4. Bate el azúcar glas y el agua hasta que esté homogéneo. Añade el chocolate fundido, incorporándolo con un chorro lento y constante, batiendo hasta que esté espeso y se pueda extender. Vierte inmediatamente el glaseado sobre el centro del pastel ya frío. Con la ayuda de una espátula acodada, extiende delicadamente el glaseado sobre la superficie y los lados del pastel. El pastel se puede guardar a temperatura ambiente, cubierto, máximo 2 días.

Pastel de nueces y aceite de oliva

Esta receta fue creada para un almuerzo en un olivar. El Nocello, las nueces finamente picadas que contiene la masa. El resto de acompañamientos (la compota de manzana y la *crème fraîche*) son totalmente opcionales, pero muy recomendables. **PARA 8-10 RACIONES**

PARA LA COMPOTA DE MANZANA

- 1 1/2 kg de mezcla de manzanas: Granny Smith, Pink Lady y Rome Beauty, peladas, descorazonadas y cortadas en trozos de 2,5 cm
- 2 cucharadas de zumo de limón recién exprimido
- 1 cucharada de Calvados, brandy de manzana, o bien coñac (opcional)
- 50 g (1/4 de taza) de azúcar granulado
- 1/4 de cdta de canela en polvo

PARA EL PASTEL

- Mantequilla sin sal, para el molde
- 180 g (1 1/2 tazas) de harina normal sin blanquear
- 2 cucharadas de polvo de hornear
- 1/4 de cucharada de sal gruesa
- 3 huevos grandes, a temperatura ambiente
- 180 g (3/4 de taza más 2 cucharadas) de azúcar granulado
- 80 ml (1/3 de taza) de aceite de oliva virgen extra
- 80 ml (1/3 de taza) de licor de nueces y avellanas italiano, tipo Nocello
- 115 g (3/4 de taza) de nueces partidas por la mitad, tostadas y picadas finas (véase la pág. 334)

PARA ACOMPAÑAR

- Azúcar glas para espolvorear
- *Crème fraîche* (opcional)

1. Prepara la compota de manzana: mezcla las manzanas, el zumo de limón, el Calvados, el azúcar granulado y la canela en una olla grande. Cubre la olla y ponla a fuego bajo, removiendo de vez en cuando, hasta que las manzanas estén tiernas, unos 30 minutos. Retírala del fuego y déjala enfriar del todo. La compota de manzana se puede guardar en la nevera, en un recipiente hermético, hasta 1 semana.

2. Haz el pastel: precalienta el horno a 180 °C. Engrasa generosamente con mantequilla un molde para pastel redondo de 23 cm. Tamiza la harina, el polvo de hornear y la sal en un cuenco. Con una batidora eléctrica a velocidad alta, bate los huevos hasta que adquieran un tono claro, unos 2 minutos. Reduce a velocidad media. Añade el azúcar granulado y mézclalo hasta que la mezcla esté blanca y espesa, unos 4 minutos. Reduce a baja velocidad y mezcla el aceite y el licor. Con una espátula acodada, incorpora delicadamente la mezcla de harina en 3 tandas y agrega luego las nueces tostadas.

3. Vierte la masa en el molde preparado y hornéala hasta que el probador de pasteles salga limpio, unos 20 minutos. Traslada el molde a una rejilla enfriadora para que se enfríe 10 minutos. Voltea el pastel sobre la rejilla y deja que se enfríe por completo.

4. Sirve el pastel espolvoreado con azúcar glas, y acompáñalo si quieres con compota de manzana y *crème fraîche*.

Pastel de miel con peras

Este jugoso pastel y su exquisita cobertura se inspiran en la tradición de comer fruta con miel durante el Año Nuevo judío, que simboliza la esperanza de que el año que empieza sea dulce. Una generosa cucharada de nata montada fría constituye el complemento perfecto. Para hacer una versión *kosher* o sin lácteos, sustituye la mantequilla por margarina y la leche normal por leche de soja. **PARA 8-10 RACIONES**

PARA EL PASTEL

- Mantequilla sin sal para el molde
- 210 g (1 3/4 tazas) de harina normal, y un poco más para el molde
- 3/4 de cucharadita de polvo de hornear
- 1/2 cucharadita de bicarbonato sódico
- 1 cucharadita de sal gruesa
- 1/2 cucharadita de canela en polvo
- 2 huevos grandes
- 100 g (1/2 taza) de azúcar granulado
- 45 (1/4 de taza) de azúcar moreno claro «compacto» (véase la pág. 320)
- 120 ml (1/2 taza) más 2 cucharadas de miel
- 120 ml (1/2 taza) de leche
- 120 ml (1/2 taza) de aceite de colza o de cártamo
- 1/2 cucharadita de ralladura de piel de limón

PARA LAS PERAS CARAMELIZADAS

- 15 g de mantequilla sin sal
- 50 g (1/4 de taza) de azúcar granulado
- 800 g de peras Red Anjou cortadas en rodajas de 13 mm (o en rodajas de 6 mm si las peras son firmes)
- 60 ml (1/4 de taza) de miel

PARA ACOMPAÑAR

- Nata batida (pág. 333), o bien otra guarnición cremosa sin lácteos (opcional)

1. Haz el pastel: precalienta el horno a 170 °C. Engrasa con mantequilla un molde desmontable de 25 cm, enharínalo y sacude la harina sobrante. Mezcla la harina, el polvo de hornear, el bicarbonato sódico, la sal y la canela en un cuenco. Con una batidora eléctrica a velocidad alta, mezcla los huevos y los dos tipos de azúcar hasta obtener una mezcla blanca y espesa, unos 3 minutos.

2. Bate la miel, la leche, el aceite y la ralladura de limón. Con la batidora a velocidad baja, añade la mezcla de miel a la mezcla de huevo hasta unirlo todo, alrededor de 1 minuto. Incorpora la mitad de la mezcla de harina y mézclalo hasta que esté homogéneo. Agrega la mezcla de harina restante.

3. Vierte la masa en el molde preparado y hornea hasta que el pastel adquiera un tono dorado tostado y el probador de pasteles salga limpio, unos 50 minutos. Traslada el molde a una rejilla enfriadora 15 minutos. Desliza un cuchillo alrededor del borde del pastel para soltarlo y retira con cuidado las paredes del molde. Traslada el pastel a una fuente para servir.

4. Prepara las peras caramelizadas: calienta la mantequilla en una sartén grande a fuego medio. Añade el azúcar granulado y remueve hasta disolverlo casi por completo (1-2 minutos). Añade las peras y déjalas cocer, removiendo de vez en cuando, hasta que estén blandas y apenas doradas (12-20 minutos). Incorpora la miel y deja cocer la mezcla, removiendo hasta que las peras estén recubiertas y muy tiernas (3-5 minutos).

5. Cubre el pastel con las peras y acompáñalo si quieres con nata batida u otra guarnición cremosa.

Pastel de merengue con chocolate y avellanas

Un proceso de horneado de 2 pasos se traduce en una cobertura de merengue salpicado de trocitos de avellana y chocolate sobre un delicioso pastel de chocolate. El pastel también resulta delicioso sin la cobertura: hornéalo hasta que chisporrotee y esté un poco firme, de 40 a 45 minutos. **PARA 8-10 RACIONES**

- 150 g de mantequilla sin sal, y un poco más para el molde
- Harina normal, para el molde
- 135 g (3/4 de taza) de azúcar moreno claro «compacto»
- 6 huevos grandes enteros, separados, más 4 claras de huevo grandes, a temperatura ambiente
- 340 g de chocolate semiamargo, fundido y enfriado, más 112 g picados toscamente (1 taza)
- 1 cucharada de extracto de vainilla
- 1 cucharada de ron añejo
- Una pizca de sal
- 150 g (1 taza) de avellanas tostadas (véase la pág. 344) sin piel y picadas toscamente
- 1 cucharada de harina de maíz
- 1/4 de cdta de crémor tártaro
- 200 g (1 taza) de azúcar refinado

EXTENDER EL MERENGUE SOBRE EL PASTEL

1. Precalienta el horno a 180 °C. Engrasa con mantequilla un molde desmontable redondo de 23 cm, fórralo con un círculo de papel de hornear, y engrasa también el papel. Enharínalo y sacude la harina sobrante.

2. Con una batidora eléctrica a velocidad media/alta, bate la mantequilla y el azúcar moreno hasta obtener una mezcla blanca y suave. Añade las yemas de huevo de 1 en 1, batiendo bien tras cada incorporación, hasta que la mezcla sea esponjosa. Añade el chocolate fundido, la vainilla y el ron; bate todo hasta unirlo.

3. En un recipiente limpio y con la batidora a alta velocidad, bate las 6 claras de huevo y la sal hasta formar picos suaves, unos 2 minutos. Incorpora un tercio de las claras de huevo a la mezcla de chocolate. Agrega con una espátula flexible las claras de huevo batidas restantes, solo hasta unirlo. Vierte la masa en el molde preparado y hornéala 25 minutos.

4. Mientras tanto, mezcla las avellanas, el chocolate picado y la harina de maíz en un cuenco pequeño. En un recipiente limpio y con la batidora a alta velocidad, bate las 4 claras de huevo que quedan y el crémor tártaro hasta obtener una mezcla espumosa. Con la batidora en marcha, añade poco a poco el azúcar refinado, y sigue batiendo hasta que se formen picos firmes, unos 8 minutos. Incorpora la mezcla de avellanas.

5. Con ayuda de una espátula acodada, extiende la mezcla de merengue sobre la superficie del pastel. Hornea el pastel hasta que el merengue esté ligeramente dorado y crujiente (25-30 minutos). Traslada el molde a una rejilla enfriadora 10 minutos. Desliza un cuchillo alrededor del borde del pastel para soltarlo; retira las paredes del molde. Deja enfriar el pastel unos 30 minutos más antes de cortarlo y sírvelo caliente.

Pastel de compota de manzana

Preparar tu propia compota de manzana puede parecer algo innecesario, pero esto es precisamente lo que marca la diferencia en cuanto a sabor de este pastel, y no es nada complicado hacerla. Sin utilizas diferentes tipos de manzana, obtendrás una crema de mayor complejidad. Con la receta empleada aquí obtendrás más compota de manzana de la necesaria para el pastel: utiliza esa cantidad extra para cubrir tortitas, o bien para acompañar deliciosas chuletas y carne asada. **PARA 8 RACIONES**

PARA EL PASTEL

- 115 g (½ taza) de mantequilla sin sal, a temperatura ambiente, y un poco más para el molde
- 180 g (1 ½ tazas) de harina normal, y un poco más para el molde
- 1 cucharadita de bicarbonato sódico
- ½ cucharadita de sal
- ¾ de cucharadita de canela en polvo
- ½ cucharadita más ⅛ de cucharadita de cardamomo en polvo
- 180 g (1 taza) de azúcar moreno claro «compacto» (véase la pág. 320)
- 2 cucharadas de miel
- 1 huevo grande
- 240 ml (1 taza) de compota de manzana y sidra (pág. 341), o bien compota de manzana con trozos comprada

PARA EL GLASEADO

- 3 cucharadas de sidra
- 175 g (1 ¾ tazas) de azúcar glas
- Rodajas de manzana secas de adorno (véase la pág. 327)

1. Haz el pastel: precalienta el horno a 180 °C. Engrasa con mantequilla un molde redondo para pastel de 20 cm, fórralo con un círculo de papel de hornear y engrasa también el papel. Enharínalo y sacude la harina sobrante. En un cuenco grande mezcla la harina, el bicarbonato sódico, la sal, la canela y el cardamomo.

2. Con una batidora eléctrica a velocidad media/alta, bate la mantequilla, el azúcar moreno y la miel hasta obtener una mezcla blanquecina y esponjosa (3-5 minutos). Añade el huevo y bate hasta unirlo. Reduce a velocidad baja y añade gradualmente la mezcla de harina, batiendo solo hasta unirlo. Incorpora la compota de manzana.

3. Vierte la masa en el molde preparado y alisa la superficie con una espátula acodada. Hornea hasta que el probador de pasteles salga limpio, pero ligeramente mojado, unos 50 minutos. Traslada el molde a una rejilla enfriadora 10 minutos.Voltea el pastel sobre la rejilla y deja que se enfríe por completo.

4. Prepara el glaseado: bate la sidra y el azúcar glas hasta obtener una mezcla suave y fluida. Coloca el pastel, aún sobre la rejilla, encima de una bandeja de horno con borde. Vierte el glaseado sobre el pastel y adórnalo con las rodajas de manzana seca.

Pastel de chocolate y café expreso sin harina

Hoy en día todo el mundo necesita una receta de un buen pastel sin gluten. Este pastel está destinado a gozar de una gran difusión. **PARA 8 RACIONES**

PARA EL PASTEL

- 45 g de mantequilla sin sal, y un poco más para el molde
- 170 g de chocolate semiamargo (mejor con un 70% de cacao), picado
- 6 huevos grandes, separados, a temperatura ambiente
- 200 g (1 taza) de azúcar
- 3 cucharadas de café expreso instantáneo en polvo
- ¼ de cucharadita de sal gruesa
- 1 cucharadita de extracto de vainilla

PARA EL GLASEADO

- 90 g de chocolate semiamargo picado
- 20 g de mantequilla sin sal
- 2 cucharaditas de extracto de vainilla
- 80 ml (⅓ de taza) de nata para montar
- 60 g (⅓ de taza) de azúcar
- 1 cucharada de café expreso instantáneo en polvo
- ¼ de cucharadita de sal gruesa

ACOMPAÑAMIENTO

Helado (opcional)

1. Haz el pastel: precalienta el horno a 180 °C. Engrasa con mantequilla la base de un molde desmontable de 23 cm y fórralo con un círculo de papel de hornear. Funde la mantequilla y el chocolate en un cuenco resistente al calor situado encima (no dentro) de una olla de agua hirviendo a fuego lento.

2. Con una batidora eléctrica a velocidad media/alta, bate las yemas de huevo con 100 g (½ taza) de azúcar hasta obtener una mezcla espesa y clara, unos 3 minutos. Añade el café expreso en polvo y la sal; bátelo alrededor de 1 minuto. Añade la vainilla y la mezcla de chocolate batiendo 1 minuto más o menos.

3. En el recipiente limpio de una batidora eléctrica, bate las claras de huevo a velocidad media/alta hasta que estén espumosas. Sube a velocidad alta e incorpora lentamente los 100 g (½ taza) de azúcar restante, batiendo hasta que se formen picos firmes, unos 5 minutos. Con la ayuda de una espátula acodada, incorpora las claras a la mezcla de chocolate en 3 tandas.

4. Vierte la masa en el molde preparado y hornea hasta que cuaje (40-45 minutos). Traslada el molde a una rejilla enfriadora y deja que se enfríe por completo. Retira la pared del molde. Traslada con cuidado el pastel a una bandeja de servir.

5. Prepara el glaseado: introduce el chocolate, la mantequilla y la vainilla en un cuenco resistente al calor. Lleva los ingredientes restantes a ebullición en una olla pequeña, removiendo para disolver el azúcar y el café expreso en polvo; viértelo sobre la mezcla de chocolate. Bate hasta obtener una mezcla homogénea. Sirve el pastel con el glaseado caliente. Puedes acompañarlo de bolas de helado.

Pastel de yogur y naranja

El pastel de yogur merece ser tan famoso en los Estados Unidos como lo es en Francia. Es muy fácil de preparar (2 pasos y listo) y más ligero que los pasteles de 1 libra americanos, pero igual de sabroso. Esta receta está aromatizada con naranja y un toque de extracto de vainilla. **PARA 8 RACIONES**

- Mantequilla sin sal para el molde
- 2 naranjas grandes
- 120 g (1 taza) de harina normal
- 140 g (1/2 taza más 3 cucharadas) de azúcar granulado
- 1/2 cucharadita de polvo de hornear
- 1/8 de cucharadita de bicarbonato sódico
- Una pizca de sal
- 120 cml (1/2 taza) de yogur natural de leche entera
- 60 ml (1/4 de taza) de aceite de colza o de cártamo
- 1 huevo grande
- 1/2 cucharadita de extracto de vainilla
- Azúcar glas para espolvorear

1. Precalienta el horno a 180 °C. Engrasa con mantequilla un molde para pastel redondo de 20 cm. Ralla finamente la piel de una naranja hasta llenar 1 cucharadita, luego corta la piel restante en tiras largas y resérvalas como adorno. Pela las dos naranjas, trabajando sobre un cuenco para recoger el zumo; utiliza un cuchillo de mondar para separar los gajos enteros de las membranas. Exprime las membranas en el cuenco para extraer el zumo y reserva una cucharada.

2. En un cuenco grande, mezcla la harina, 124 g (1/2 taza más 2 cucharadas) de azúcar granulado, el polvo de hornear, el bicarbonato sódico y la sal. En un cuenco separado bate el yogur, el aceite, la ralladura y el zumo de naranja, el huevo y la vainilla. Incorpora la mezcla de yogur a la mezcla de harina solo hasta ligarla. Vierte la masa en el molde preparado. Hornea hasta que el probador de pasteles salga limpio, unos 25 minutos. Traslada el molde a una rejilla enfriadora y deja que se enfríe por completo.

3. Introduce las tiras de piel de naranja reservadas en un cuenco e incorpora los gajos de naranja y la cucharada de azúcar granulado restante. Retira el pastel del molde, espolvoréalo con azúcar glas y adórnalo con un poco de la mezcla de naranja. Sirve acompañado de la mezcla de naranja restante.

Tarta de nueces pecán sin harina

Las claras de huevo batidas y las nueces pecán molidas hacen las veces de harina y levadura en este pastel. Para convertirlo en un postre *kosher* para la Pascua judía, utiliza margarina en lugar de mantequilla para elaborar el curd de limón, y omite el azúcar glas en la cobertura. También puedes hacer tu propio azúcar glas picando 200 g (1 taza) de azúcar granulado con una cucharada de fécula de patata en un procesador de alimentos hasta convertirlo en polvo.

PARA 8-10 RACIONES

- 9 huevos grandes, separados, a temperatura ambiente
- 300 g (1 1/2 tazas) de azúcar granulado
- 1 cucharada de piel de limón rallada fina, y un poco más como adorno
- 1 cucharadita de extracto de vainilla
- 1 cucharadita de sal
- 340 g (unas 3 tazas) de nueces pecán, tostadas (véase la pág. 344) y picadas finas (3 tazas)
- Azúcar glas para espolvorear (véase el comentario de arriba)
- Curd de limón para acompañar (pág. 332)
- Mezcla de frutas del bosque para acompañar

1. Precalienta el horno a 180 °C. Con una batidora eléctrica a velocidad media/alta, bate las yemas de huevo, el azúcar granulado, la ralladura de limón, la vainilla y la sal hasta obtener una mezcla blanquecina y espesa, unos 4 minutos. Incorpora delicadamente las nueces con una espátula flexible.

2. En un recipiente mezclador limpio y la batidora a velocidad alta, bate las claras de huevo hasta obtener picos firmes, pero no secos. A continuación, incorpora las claras a la mezcla de yemas.

3. Vierte la masa en un molde desmontable de 25 cm. Hornea hasta que esté dorado, unos 60 minutos (si la superficie se tuesta demasiado rápido, cúbrela con papel de aluminio). Traslada el molde a una rejilla enfriadora 30 minutos. Desliza un cuchillo alrededor del borde del molde para soltarlo y retira la pared del molde. Deja que se enfríe por completo. Espolvorea el pastel con azúcar glas, adórnalo con la ralladura de limón y sírvelo acompañado de curd de limón y frutas del bosque.

Tarta de semillas de amapola

Los austriacos adoran las *tortes*, las tartas. Las hay de una o varias capas, sin harina, glaseadas con ganache de chocolate y espolvoreadas con azúcar glas. La tarta de semillas de amapola, o *Mohntorte*, es uno de los ejemplos más conocidos. Precisa muy poca decoración, pero para hacer una auténtica recreación vienesa, sirve una porción de la tarta *mit Schlag* (con nata montada sin azúcar) y acompañada de la imprescindible taza de café fuerte.

PARA 6-8 RACIONES

- Mantequilla sin sal para el molde
- 3 cucharadas de harina normal, y un poco más para el molde
- 80 g (1/2 taza) de semillas de amapola
- 3 cucharadas de nueces tostadas picadas finas (véase la pág. 344)
- 1/2 cucharadita de extracto de almendra
- 1/4 de cucharadita de sal
- 2 huevos grandes, separados, a temperatura ambiente
- 100 g (1/2 taza) de azúcar granulado
- Azúcar glas para espolvorear

1. Precalienta el horno a 180 °C. Engrasa con mantequilla un molde desmontable de 18 cm; fórralo con un círculo de papel de hornear y engrasa también el papel. Enharínalo y sacude la harina sobrante. En un cuenco pequeño mezcla las semillas de amapola, las nueces, la harina, el extracto de almendra y la sal.

2. Con una batidora eléctrica a velocidad media/alta, bate las yemas de huevo y 50 g (1/4 de taza) de azúcar granulado hasta obtener una mezcla blanquecina y espesa, unos 3 minutos. Vierte la mezcla en un cuenco grande. Añade la mezcla de semillas de amapola, pero sin remover.

3. Introduce las claras de huevo en un recipiente limpio y resistente al calor situado encima (no dentro) de una olla de agua hirviendo a fuego lento; bate hasta que esté caliente al tacto. Retira el recipiente del fuego y con una batidora eléctrica a velocidad alta, bátelo hasta obtener picos suaves. Añade los 50 g (1/4 de taza) de azúcar granulado restante y bate hasta formar picos firmes y brillantes. Con la ayuda de una espátula flexible, agrega las claras de huevo a la mezcla de yemas en 3 tandas, incorporando cuidadosamente la mezcla de semillas de amapola.

4. Vierte la masa en el molde preparado. Hornea hasta que la superficie esté ligeramente dorada y firme, unos 30 minutos. Traslada el molde a una rejilla enfriadora y deja que se enfríe por completo. Desliza un cuchillo alrededor del borde del molde para que se suelte. Retira con cuidado las paredes del molde y traslada la tarta a una bandeja de servir. Espolvorea el pastel con azúcar glas antes de servirlo.

Pastel de coco con frutas tropicales

Considera esta receta como una versión del Pastel de 3 Leches, uno de los postres latinoamericanos más populares. El bizcocho en sí es relativamente ligero; la jugosidad la adquiere solo después del horneado, al empaparlo de una embriagante combinación de 3 tipos de leche, en este caso, nata para montar, leche condensada azucarada y leche de coco. Sírvelo acompañado de fruta fresca y nata montada. **PARA 12-14 RACIONES**

- 115 g (½ taza) de mantequilla sin sal, fundida y enfriada, y un poco más para la fuente de horno
- 6 huevos grandes, separados y a temperatura ambiente
- ¼ de cucharadita de bicarbonato sódico
- ¼ de cucharadita de sal
- 200 g (1 taza) de azúcar
- 25 g (⅓ de taza) de copos de coco sin azúcar, tostados y molidos finos (véase la pág. 344), más copos de coco grandes tostados para el acompañamiento
- 120 g (1 taza) de harina normal
- 480 ml (2 tazas) de nata para montar
- 1 lata (unos 400 g) de leche de coco sin azúcar
- 1 lata (unos 400 g) de leche condensada azucarada
- Frutas tropicales a rodajas, como piña y carambola, para acompañar

1. Precalienta el horno a 180 °C. Engrasa generosamente con mantequilla una fuente de hornear de cristal de 23×33 cm. Con una batidora eléctrica a velocidad media, bate las claras de huevo, el bicarbonato sódico y la sal hasta formar picos suaves (4-5 minutos).

2. Añade las yemas de huevo a la mezcla de claras de huevo y bátelas hasta ligarlo bien. Incorpora gradualmente el azúcar, batiendo hasta unirlo. Agrega la mantequilla y el coco molido fino con una espátula flexible.

3. Tamiza 30 g (¼ de taza) de harina, incorporándola sobre la mezcla. Repite el proceso con la harina restante, incorporando 30 g (¼ de taza) cada vez. Vierte la masa en el molde preparado y hornea hasta que el pastel esté dorado y el probador de pasteles salga limpio (20-25 minutos).

4. Mientras tanto, bate 240 ml (1 taza) de nata para montar, la leche de coco y la leche condensada. En cuanto saques el pastel del horno, vierte la mezcla de crema sobre el pastel. Traslada el molde a una rejilla enfriadora y deja que se enfríe por completo. Cubre el pastel con film transparente y refrigéralo un mínimo de 5 y un máximo de 8 horas.

5. Justo antes de servir, bate 240 ml (1 taza) de nata para montar hasta formar picos suaves. Sirve el pastel acompañado de la nata montada, la fruta a rodajas y los copos de coco tostados.

Pasteles de chocolate fundido

¿Quién iba a imaginar que este postre estrella de los restaurantes sería tan fácil de recrear en casa? Los pasteles llevan un poco de harina, pues eso ayuda a que se forme una delicada corteza en el exterior, conservando un interior blando y fundido. En este postre la gracia está en el sabor del chocolate, así que utiliza un chocolate semiamargo de buena calidad que tenga como mínimo un 70% de cacao. **PARA 6 UNIDADES**

- 160 g (1/2 taza más 3 cucharadas) de mantequilla sin sal, cortada en trocitos, y un poco más para los ramequines
- Cacao en polvo sin azúcar para espolvorear
- 60 g (1/2 taza) de harina normal
- 170 g de chocolate semiamargo (mejor con un 70% de cacao), picado (1 1/4 tazas)
- 5 huevos grandes, a temperatura ambiente
- 150 g (3/4 de taza) de azúcar
- Una pizca de sal

1. Enharina 6 ramequines de 28 g (5 cm de profundidad). Espolvoréalos con cacao, y sacude el cacao sobrante.

2. Funde la mantequilla y el chocolate en un cuenco resistente al calor encima (no dentro) de una olla de agua hirviendo a fuego lento. Mientras tanto, bate los huevos y el azúcar hasta obtener una mezcla blanquecina y espesa, unos 4 minutos. Tamiza la harina y la sal en otro cuenco.

3. Con la ayuda de una espátula flexible, incorpora la mezcla de huevo a la mezcla de chocolate, e inmediatamente después, incorpora la mezcla de harina. Divide la masa entre los ramequines, llenándolos tres cuartos. Traslada los moldes a una bandeja de horno con borde y refrigéralos mínimo 1 hora.

4. Precalienta el horno a 200 °C. Hornea los pasteles hasta que cuajen (14-16 minutos). Traslada la bandeja de horno a una rejilla enfriadora para que se enfríen 3 minutos. Voltea los pasteles sobre los platos y sírvelos de inmediato; puedes espolvorearlos con cacao.

Pastel de especias y melaza

Las reconfortantes especias, la cordial melaza, y una porción considerable de jengibre fresco rememoran el sabor de una de las galletas tradicionales más conocidas. Puedes ofrecer este exitoso pastel como alternativa a los pasteles de calabaza y manzana, más habituales en la mesa de Acción de Gracias.

PARA 8-10 RACIONES

- 120 g (1 taza) de mantequilla sin sal, a temperatura ambiente, y un poco más para el molde
- 250 g (2 tazas) de harina normal
- 1 cucharadita de polvo de hornear
- 1/2 cucharadita de sal
- 1/2 cucharadita de canela en polvo
- 1/4 de cucharadita de macis en polvo
- 1/4 de cucharadita de pimienta negra recién molida
- Una pizca de clavo en polvo
- 4 huevos grandes, a temperatura ambiente, ligeramente batidos
- 80 ml (1/3 de taza) de crema agria, a temperatura ambiente
- 80 ml (1/3 de taza) de melaza sin clarificar
- 3 cucharadas de jengibre fresco pelado y rallado fino
- 1 cucharada de ralladura fina de limón (1-2 limones)
- 1 cucharadita de extracto de vainilla
- 200 g (1 1/3 tazas) de azúcar moreno claro «compacto» (véase la pág. 320)
- Cobertura de queso crema y crema agria (pág. 335)
- Glaseado de azúcar moreno (pág. 330)

1. Precalienta el horno a 180 °C. Engrasa con mantequilla un molde para pastel redondo de 23 cm, fórralo con un círculo de papel de hornear y engrasa también el papel. Mezcla la harina, el polvo de hornear, la sal y las especias en un cuenco grande. En otro cuenco mezcla los huevos, la crema agria, la melaza, el jengibre, la ralladura de limón y la vainilla.

2. Con una batidora eléctrica a velocidad media/alta, bate la mantequilla y el azúcar moreno hasta obtener una mezcla blanquecina y esponjosa, unos 3 minutos. Reduce a velocidad baja y añade la mezcla de harina en 3 tandas, alternando con 2 tandas de la mezcla de huevo; bate solo hasta unirlo.

3. Vierte la masa en el molde preparado. Hornea hasta que esté dorado y el probador de pasteles salga limpio (40-45 minutos). Traslada el molde a una rejilla enfriadora 15 minutos. Voltea el pastel sobre la rejilla y deja que se enfríe por completo.

4. Para servirlo, extiende la cobertura de queso crema sobre la superficie del pastel y rocíalo con el glaseado de azúcar moreno.

Pastel de fuente de hornear de chocolate y coco

Aquí está un pastel poco intimidatorio e infalible que todo el mundo puede hacer. Una generosa ración de cobertura de coco extendida sobre este jugoso pastel mientras aún está caliente le proporciona suculencia y una deliciosa textura untuosa. **PARA 10-12 RACIONES**

PARA EL PASTEL

- Mantequilla sin sal para la bandeja de horno
- 75 g (3/4 de taza) de cacao en polvo sin azúcar, y un poco más para la bandeja de horno
- 180 g (1 1/2 tazas) de harina normal
- 300 g (1 1/2 tazas) de azúcar granulado
- 1 1/2 cdta de bicarbonato sódico
- 3/4 de cdta de polvo de hornear
- 3/4 de cucharadita de sal gruesa
- 2 huevos grandes, ligeramente batidos
- 180 ml (3/4 de taza) de suero de leche
- 180 ml (3/4 de taza) de café fuerte recién hecho
- 3 cucharadas de aceite de colza o de cártamo
- 1 cdta de extracto de vainilla

PARA LA COBERTURA

- 145 g (1/2 taza más 2 cucharadas) de mantequilla sin sal
- 200 g (2 tazas) de azúcar glas
- 40 g (1/4 de taza más 2 cucharadas) de cacao en polvo sin azúcar
- 225 g (3 tazas) de coco sin azúcar rallado fino
- 180 ml (2/3 de taza) de café fuerte recién hecho caliente
- 1 cdta de extracto de vainilla

PARA ACOMPAÑAR

- Nata montada (pág. 333)
- Copos grandes de coco tostado (véase la pág. 344)

1. Haz el pastel: precalienta el horno a 180 °C. Engrasa con mantequilla una bandeja de horno de 23×33 cm, fórrala con papel de hornear y deja que sobresalga un trozo de los 2 lados más largos. Engrasa el papel de hornear y espolvoréalo con cacao, sacudiendo el cacao sobrante. Mezcla el cacao, la harina, el azúcar granulado, el bicarbonato sódico, el polvo de hornear y la sal en un cuenco grande.

2. Forma un montículo con la mezcla de harina y haz un hueco en el centro. Vierte los huevos, el suero de leche, el café, el aceite y la vainilla dentro del hueco, y bate todo hasta que esté bien mezclado y homogéneo. Vierte la masa en la fuente de hornear preparada y extiéndela uniformemente mediante una espátula acodada. Hornea el pastel hasta que cuaje y el probador de pasteles salga limpio, unos 25 minutos. Traslada la fuente de hornear a una rejilla enfriadora.

3. Prepara la cobertura: funde la mantequilla en una olla pequeña. Mezcla el azúcar glas, el cacao y el coco en un cuenco grande. Incorpora el café y la vainilla a la mantequilla, y viértelo sobre la mezcla de coco. Remueve para unirlo, e inmediatamente después extiéndelo uniformemente sobre el pastel caliente. Déjalo enfriar por completo sobre la rejilla. El pastel, en la fuente de hornear, se puede guardar en la nevera cubierto con film transparente (no dejes que el film transparente toque el pastel), máximo 3 días.

4. Para servir, utiliza el papel de hornear para trasladar el pastel a una tabla de cortar. Córtalo a trozos y sirve cada porción con nata montada y coco tostado.

Pastel de sémola y almendras

Las recetas de pastel de sémola proceden de la región del Mediterráneo. Esta receta lleva pasta de almendra en la masa y almendras laminadas a modo de cobertura. Puedes sustituir la sémola por harina de maíz amarilla si quieres; el pastel seguirá siendo delicioso, aunque se desmigajará un poco más.

PARA 8-10 RACIONES

- 115 g (1/2 taza) de mantequilla sin sal, a temperatura ambiente, y un poco más para el molde
- 120 g (1 taza) de harina normal
- 1 1/4 cucharaditas de polvo de hornear
- 3/4 de cucharadita más una pizca de sal
- 100 g (1/2 taza) de sémola fina
- 4 huevos grandes, separados, más 1 clara de huevo grande
- 70 g (3/4 de taza) de almendras laminadas con piel
- 3 cucharadas de azúcar moreno claro «compacto» (véase la pág. 320)
- 250 g (1 1/4 tazas) de azúcar granulado
- 75 g (1/3 de taza) de pasta de almendra
- 1/2 cucharadita de extracto de vainilla
- 180 ml (2/3 de taza) de leche entera

1. Precalienta el horno a 180 °C. Engrasa generosamente con mantequilla un molde desmontable de 23 cm. Tamiza la harina normal, el polvo de hornear y 3/4 de cucharadita de sal en un cuenco; incorpora la sémola fina.

2. En un cuenco pequeño, bate vigorosamente 1 clara de huevo hasta que esté espumosa. Vierte 2 cucharaditas de la clara de huevo batida en un cuenco mediano y desecha el resto. Incorpora las almendras, el azúcar moreno, una pizca de sal.

3. Con la batidora eléctrica, bate la mantequilla, 200 g (1 taza) de azúcar granulado y la pasta de almendra hasta obtener una mezcla blanquecina y esponjosa (3-4 minutos). Añade las yemas de huevo y la vainilla y mézclalo bien, unos 2 minutos.

4. Con la batidora a baja velocidad, incorpora la mezcla de harina reservada en 3 tandas, alternando con 2 tandas de leche. Mezcla todo hasta que no haya restos de harina ni de leche, unos 2 minutos. Vierte la masa en un cuenco grande.

5. En un recipiente limpio a velocidad media/alta, bate las 4 claras restantes hasta que estén espumosas. Añade gradualmente los 50 g (1/4 de taza) de azúcar granulado restantes hasta formar picos suaves, unos 2 minutos. Con una espátula flexible, incorpora la mitad de la mezcla de claras en la masa, y luego agrega delicadamente la otra mitad.

6. Vierte la masa en el molde preparado y alisa la superficie con una espátula acodada. Hornea hasta que empiece a dorarse, pero que en el centro aún esté blando (15-20 minutos). Retira del horno y esparce uniformemente la mezcla de almendras reservada sobre la superficie del pastel.

7. Devuelve el pastel al horno y hornéalo hasta que esté dorado y el probador de pasteles salga limpio, unos 25 minutos. (Comprueba el pastel 10-15 minutos antes; si la cobertura de almendras se está tostando demasiado rápido, cúbrela holgadamente con papel de aluminio.) Traslada el molde a una rejilla enfriadora y deja que se enfríe por completo. Desliza un cuchillo fino alrededor del borde del pastel para soltarlo y retira las paredes del molde. Con la ayuda de dos espátulas, traslada el pastel a una bandeja o expositor. El pastel se puede guardar a temperatura ambiente, cubierto, máximo 4 días.

Pastel de cerezas, chocolate y cerveza negra

A veces una técnica muy sencilla, como las plantillas, puede producir un efecto impactante. Deja secar por completo el glaseado antes de aplicar los diseños con cacao en polvo o azúcar glas. **PARA 8-10 RACIONES**

PARA EL PASTEL

- Mantequilla sin sal para el molde
- 120 g (1 taza) de harina normal
- 3/4 de cdta de bicarbonato sódico
- 1/2 cucharadita de sal gruesa
- 170 ml (1/2 botella) de cerveza negra, tipo Guinness
- 3 cdas de melaza sin clarificar
- 85 g de cerezas secas (aprox. 2/3 de taza)
- 40 g (1/4 de taza más 3 cucharadas) de cacao holandés en polvo sin azúcar, tamizado, y un poco más para las plantillas (opcional)
- 1 huevo grande, a temperatura ambiente
- 100 g (1/2 taza) de azúcar granulado
- 25 (1/4 de taza) de azúcar moreno oscuro «compacto»
- 120 ml (1/2 taza) de aceite de colza o de cártamo
- 3/4 de cdta de extracto de vainilla
- 90 ml (1/4 de taza más 2 cdas) de crema agria
- Azúcar glas para las plantillas (opcional)

PARA EL GLASEADO

- 1 cda más 1 1/2 cdtas de azúcar granulado
- 1 1/8 cucharaditas de harina de maíz
- 40 ml (2 cucharadas más 1 1/2 cucharaditas) de agua, y más si es necesario
- 90 g de chocolate semiamargo (mejor mínimo 61% de cacao), picado fino

1. Haz el pastel: precalienta el horno a 180 °C. Engrasa un molde redondo de 20 cm, fórralo con un círculo de papel de hornear, y engrasa también el círculo. Mezcla la harina, el bicarbonato y la sal en un cuenco mediano.

2. Hierve a fuego lento la cerveza, la melaza y las cerezas en una olla, removiendo de vez en cuando, hasta que las cerezas estén hinchadas, unos 5 minutos. Escurre las cerezas y reserva el líquido. Deja que las cerezas se enfríen por completo. Devuelve el líquido a la olla y llévalo a ebullición. Retíralo del fuego e incorpora 37 g (1/4 de taza más 2 cucharadas) de cacao hasta obtener una mezcla homogénea. Vierte la mezcla en un cuenco y deja que se enfríe un poco.

3. Con la batidora a velocidad media/alta, bate el huevo y los dos tipos de azúcar hasta ligarlo (2-3 minutos). A baja velocidad, incorpora gradualmente la mezcla de cerveza. Sube a velocidad media y bate todo hasta unirlo. Reduce a baja velocidad e incorpora el aceite y la vainilla. Añade la mezcla de harina en 3 tandas, alternando con 2 tandas de crema agria, y bate hasta unirlo. Reboza las cerezas con la cucharada restante de cacao e incorpóralas delicadamente.

4. Vierte la masa en el molde preparado. Golpea suavemente el molde sobre el mostrador. Hornea hasta que el probador de pasteles salga limpio, unos 50 minutos. Traslada el molde a una rejilla enfriadora 20 minutos. Desliza un cuchillo alrededor del borde del pastel para soltarlo, voltéalo sobre la rejilla y deja que se enfríe por completo. Con la ayuda de un cuchillo de sierra, corta la superficie del pastel para nivelarla. Traslada el pastel, con la superficie cortada hacia abajo, a una rejilla enfriadora situada sobre una bandeja de horno.

5. Prepara el glaseado: calienta el azúcar, la harina de maíz y el agua en una olla grande a fuego medio, batiendo hasta disolver el azúcar. Agrega el chocolate y llévalo al punto de hervor, batiendo constantemente y raspando las paredes de la olla si es necesario. Cuece hasta que esté suave y espeso (4-5 minutos). Retíralo del fuego. Si es necesario, incorpora más agua, cucharadita a cucharadita, hasta que el glaseado esté espeso, pero lo suficientemente fluido para verterlo sobre el pastel.

6. Vierte un cucharón de glaseado en el centro del pastel y extiéndelo con una espátula acodada. Refrigera el pastel hasta que cuaje, por lo menos 1 hora, o déjalo sin cubrir, a temperatura ambiente, durante toda la noche. Coloca una plantilla encima del pastel y tamiza encima el cacao en polvo. Retira cuidadosamente la plantilla y sirve el pastel.

Tarta de almendras con peras

Este pastel no es menos delicioso a pesar de sus dos carencias: a saber, la harina y la mantequilla. El método empleado para preparar la masa, batir las yemas de huevo con el azúcar y los extractos, y luego incorporar frutos secos picados y claras de huevo batidas firmes, es un estándar habitual en las tartas de Europa del Este como la que nos ocupa. Resumiendo, es más ligera que la mayoría de pasteles, incluso acompañado de peras en almíbar y una cucharada de nata. **PARA 8 RACIONES**

PARA EL PASTEL

- 170 g (1 1/4 tazas) de almendras crudas enteras tostadas (véase la pág. 344)
- 1 cucharadita de harina de maíz
- 4 huevos grandes, separados
- 150 g (3/4 de taza) de azúcar
- 2 cucharaditas de ralladura fina de limón (de 1 limón)
- 1/2 cucharadita de extracto de vainilla
- 1/2 cucharadita de sal gruesa

PARA LAS PERAS EN ALMÍBAR

- 960 ml (4 tazas) de agua
- 150 g (3/4 de taza) de azúcar
- 1 rama de canela
- 5 tiras anchas de piel de limón (de 1 limón)
- 4 peras firmes y maduras, tipo Anjou o Bartlett, peladas, descorazonadas y a cuartos

PARA LA GUARNICIÓN

- 240 ml (1 taza) de nata para montar
- 60 ml (1/4 de taza) de crema agria
- 2 cucharadas de azúcar

1. Haz el pastel: precalienta el horno a 180 °C. En un procesador de alimentos, mezcla las almendras y la harina de maíz hasta que estén bien molidas, unos 15 segundos. Con la batidora eléctrica a velocidad media/alta, bate las yemas de huevo, el azúcar, la ralladura de limón, la vainilla y la sal hasta obtener una mezcla blanquecina y espesa (4-5 minutos). Con la ayuda de una espátula flexible, incorpora delicadamente la mezcla de almendras.

2. En otro cuenco grande, bate las claras de huevo hasta formar picos firmes. Agrega un tercio de las claras de huevo a la mezcla de almendras; luego incorpora la mezcla de almendras a las claras de huevo restantes, solo hasta unirlas. Vierte la masa en un molde de base desmontable de 23 cm. Hornea hasta que el probador de pasteles salga limpio (25-30 minutos). Traslada el molde a una rejilla enfriadora y deja que se enfríe por completo.

3. Prepara las peras en almíbar: en una olla grande, lleva a ebullición el agua, el azúcar, la canela y la piel de limón. Déjalo cocer a fuego lento y añade las peras, cubriendo la olla con un trozo de papel de hornear para mantener las peras sumergidas. Cuece hasta que las peras estén tiernas al presionarlas con un cuchillo de mondar, unos 15 minutos. Traslada las peras a una fuente con una cuchara ranurada. Lleva a ebullición el líquido, reduciendo hasta que espese y adquiera la consistencia de un almíbar (15-20 minutos). Retíralo del fuego y déjalo enfriar por completo.

4. Prepara la cobertura: en un cuenco grande, mezcla la nata para montar hasta formar picos suaves. Añade la crema agria y el azúcar y sigue batiendo hasta volver a obtener picos suaves.

5. Sirve el pastel acompañado de las peras, el almíbar y la guarnición de nata montada.

Pastel de cítricos

Es muy posible que sientas la tentación de servir este delicioso y tierno pastel de suero de leche solo con el glaseado de limón: constituye un bocado perfecto para cada día. Pero la decoración de piel de naranja confitada tiene la virtud de transformar lo más sencillo en algo muy especial. **PARA 8-10 RACIONES**

- 115 g (½ taza) de mantequilla sin sal, y un poco más para el molde
- 180 g (1 ½ tazas) de harina pastelera (no leudante), y un poco más para el molde
- ¾ de cucharadita de polvo de hornear
- ¼ de cucharadita de bicarbonato sódico
- ¾ de cucharadita de sal
- 200 g (1 taza) de azúcar granulado
- 2 huevos grandes
- La piel de 2 limones
- 120 ml (½ taza) de suero de leche
- 100 g (1 taza) de azúcar glas
- 50 ml (2 cucharadas más 1 ½ cucharaditas) de zumo de limón recién exprimido
- 190 g (1 ½ tazas) de piel de naranja confitada, cortada en tiras de 6 mm (véase la pág. 326)

1. Precalienta el horno a 180 °C. Engrasa con mantequilla un molde de pastel redondo de 23 cm, fórralo con un círculo de papel de hornear, y engrasa también el papel. Enharínalo y sacude la harina sobrante. En un cuenco mediano, mezcla la harina, el polvo de hornear, el bicarbonato sódico y la sal.

2. Con la batidora eléctrica a velocidad media/alta, bate la mantequilla hasta que esté cremosa, unos 3 minutos. Añade gradualmente el azúcar granulado y bate hasta obtener una mezcla blanquecina y esponjosa (1-2 minutos). Agrega los huevos de 1 en 1, batiendo tras cada incorporación. Añade la piel de limón. Añade la mezcla de harina en 3 tandas, alternando con 2 tandas de suero de leche. Bate todo hasta unirlo.

3. Vierte la masa en el molde preparado. Hornea hasta que esté dorado y el probador de pasteles salga caliente, unos 30 minutos. Traslada el molde a una rejilla enfriadora y deja que se enfríe por completo. Voltea el pastel sobre una bandeja de servir.

4. Bate el azúcar glas y el zumo de limón hasta obtener una mezcla suave y opaca. Extiende el glaseado sobre la superficie del pastel con una espátula acodada, dejando gotear el glaseado por los bordes del pastel. Decora el pastel con la piel de naranja confitada y sírvelo.

Pastel de plátano y nueces pecán

A pesar de ser pequeño, este pastel resulta bastante sustancioso. Para hacerlo en un molde de 23x13 cm, dobla los ingredientes y hornéalo 55 minutos. Se parece al típico bizcocho de plátano llamado *banana bread*, pero no resulta tan denso gracias a la harina pastelera y el suero de leche que contiene la masa. El azúcar moreno le da un toque de caramelo. **PARA 4-6 RACIONES**

- 60 g de mantequilla sin sal, a temperatura ambiente, y un poco más para el molde
- 120 g (1 taza) de harina pastelera tamizada (no leudante), y un poco más para el molde
- ½ cucharadita de bicarbonato sódico
- ¼ de cucharadita de polvo de hornear
- ¼ de cucharadita de sal
- ¼ de cucharadita de canela en polvo
- Una pizca de clavo en polvo
- 1 plátano grande muy maduro, machacado (aprox. ½ taza)
- 60 ml (¼ de taza) de suero de leche
- ½ cucharadita de extracto de vainilla
- 90 g (½ taza) de azúcar moreno oscuro «compacto» (véase la pág. 320)
- 1 huevo grande
- 40 g (⅓ de taza) de nueces pecán tostadas y picadas (véase la pág. 344)
- Azúcar glas para espolvorear

1. Precalienta el horno a 180 °C. Engrasa con mantequilla un molde de pastel redondo de 15×5 cm; fórralo con un círculo de papel de hornear y engrasa también el papel. Enharínalo y sacude la harina sobrante. Mezcla en un cuenco la harina, el bicarbonato sódico, el polvo de hornear, la sal, la canela y el clavo. Mezcla el plátano, el suero de leche y la vainilla en otro cuenco.

2. Con la batidora eléctrica a velocidad media/alta, bate la mantequilla y el azúcar moreno hasta obtener una mezcla blanquecina y esponjosa (3-5 minutos). Incorpora el huevo. Añade la mezcla de harina en 2 tandas, alternando con la mezcla de plátano y empezando y finalizando con la harina; bate solo hasta unirlo. Agrega las nueces pecán.

3. Vierte la masa en el molde preparado y hornea hasta que esté dorado, unos 45 minutos. Traslada el molde a una rejilla enfriadora 10 minutos. Desliza un cuchillo alrededor del borde del pastel para soltarlo, voltéalo sobre la rejilla y deja que se enfríe por completo. Espolvorea el pastel con azúcar glas antes de servirlo.

Pastel de calabaza y especias

Un pastel que no necesita batidora (ni para la masa ni para la cobertura) merece un lugar especial en toda colección de recetas de repostería para tener a mano. Este pastel está hecho con puré de calabaza enlatado, por lo que resulta aún más sencillo. Para hacer el pastel en un molde alargado de 23x13 cm, aumenta el tiempo de horneado de 25 a 30 minutos. **PARA 9 RACIONES**

PARA EL PASTEL

- 115 g (½ taza) de mantequilla sin sal, fundida, y un poco más para el molde
- 300 g (2 ½ tazas) de harina normal
- 2 cucharaditas de bicarbonato sódico
- ½ cucharadita de sal
- 1 cucharada de especias para pastel de calabaza (o véase la nota)
- 2 huevos grandes
- 300 g (1 ½ tazas) de azúcar
- 1 lata (420 g) de puré de calabaza cocida (no de relleno para pastel de calabaza)

PARA LA COBERTURA

- 115 g (½ taza) de mantequilla sin sal, a temperatura ambiente
- 225 g de queso crema, a temperatura ambiente
- 60 ml (¼ de taza) de miel

1. Haz el pastel: precalienta el horno a 180 °C. Engrasa un molde de pastel cuadrado de 23 cm. En un cuenco mediano, mezcla la harina, el bicarbonato sódico, la sal y las especias para pastel de calabaza. En un cuenco grande mezcla los huevos, el azúcar, la mantequilla y la calabaza hasta unirlo. Añade la mezcla de harina y bátelo hasta que esté homogéneo.

2. Vierte la masa en el molde preparado y alisa la superficie con una espátula acodada. Hornea hasta que el probador de pasteles salga con solo algunas migas pegadas (45-50 minutos). Traslada el molde a una rejilla enfriadora 10 minutos. Voltea el pastel sobre la rejilla y deja que se enfríe por completo.

3. Prepara la cobertura: en un cuenco mediano, bate la mantequilla, el queso crema y la miel hasta que esté homogéneo. Con una espátula acodada, extiende la cobertura sobre la superficie del pastel frío. Corta el pastel en cuadrados para servirlo.

NOTA: Para hacer tu propia mezcla de especias para pastel de calabaza, mezcla 1 ½ cucharaditas de canela en polvo, ¾ de cucharadita de jengibre en polvo, ½ cucharadita de nuez moscada recién rallada, ⅛ de cucharadita de pimienta de Jamaica y ⅛ de cucharadita de clavo.

Pasteles de queso

No es de extrañar que el pastel de queso sea tan irresistible: sus orígenes se remontan a la antigua Roma, así que los cocineros, tanto profesionales como de andar por casa, han contado con miles de años para juguetear con ingredientes básicos, proporciones... y desarrollar innumerables versiones de la jugada. Los pasteles de queso de hoy en día nos seducen con exquisitos rellenos, crujientes cortezas de galleta, abigarradas coberturas de fruta y un montón de variantes capaces de satisfacer cualquier deseo. Puede haber debate sobre si tienen más de tarta que de pastel, pero lo que nadie pondrá en duda es que son absolutamente deliciosos.

PASTEL DE QUESO Y REMOLINOS DE FRAMBUESA, PÁG. 175

Pastel de queso al estilo de Nueva York

Puesto que no existe una sola definición del estilo de Nueva York, el término normalmente alude a un pastel de queso clásico, sin adornos. Esta espléndida versión consta de un relleno de queso crema y crema agria sobre una masa de galleta casera. **PARA 8-10 RACIONES**

PARA LA BASE

- 115 g (½ taza) de mantequilla sin sal, a temperatura ambiente
- 100 g (½ taza) de azúcar
- 2 yemas de huevo grandes
- 2 ¼ cucharaditas de extracto de vainilla
- 150 g (1 ¼ tazas) de harina normal, y un poco más para espolvorear
- Una pizca de sal

PARA EL RELLENO

- Mantequilla sin sal para el molde
- 1,6 kg de queso crema, a temperatura ambiente
- 450 g (2 ¼ tazas) de azúcar
- 60 g (½ taza) de harina normal
- 5 huevos grandes, a temperatura ambiente
- 240 ml (1 taza) de crema agria, a temperatura ambiente
- 1 ½ cucharaditas de extracto de vainilla

1. Prepara la base: con una batidora eléctrica a velocidad media, bate la mantequilla y el azúcar hasta obtener una mezcla blanquecina y esponjosa (3-5 minutos). Añade las yemas de 1 en 1, batiendo bien tras cada incorporación y raspando los bordes del cuenco si es necesario. Agrega la vainilla. Añade la harina y la sal, y bate hasta ligar la mezcla, pero que aún esté algo desmigajada.

2. Precalienta el horno a 180 °C. En una superficie ligeramente enharinada, extiende la base con el rodillo hasta un poco más de 3 mm de grosor. Coloca la base de un molde desmontable de 25 cm encima de la base del pastel y con la ayuda de un cuchillo de mondar, corta un círculo de unos 6 mm de diámetro más que el molde. Congélala 15 minutos en una bandeja al horno. Hornea hasta dorarla (12-15 minutos). Traslada la base a una rejilla enfriadora para que se enfríe por completo.

3. Prepara el relleno: pon agua a hervir. Coloca de nuevo la base del molde, engrasa con mantequilla la pared e inserta la base de masa. Con una batidora eléctrica a velocidad media, bate el queso crema hasta que esté esponjoso y suave, unos 3 minutos, raspando los lados del cuenco si es necesario. Mezcla el azúcar y la harina en un cuenco pequeño. Reduce a baja velocidad. Añade gradualmente la mezcla de azúcar al queso crema y bate hasta lograr una mezcla homogénea. Añade los huevos de 1 en 1, batiendo bien tras cada incorporación, y raspando las paredes del cuenco si es necesario. Añade la crema agria y la vainilla.

4. Vierte el relleno sobre la base. Envuelve la base y los laterales del molde con una capa doble de papel de aluminio y coloca el molde sobre una fuente de horno. Vierte cuidadosamente el agua caliente en la fuente de horno hasta alcanzar la mitad de la pared del molde. Hornea el pastel de queso hasta que cuaje, 45 minutos, y luego reduce la temperatura del horno a 170 °C. Sigue horneando el pastel hasta que se dore la superficie, pero que aún esté un poco blando en el centro, unos 30 minutos más. Cierra el horno y deja el pastel en el horno con la puerta entreabierta durante 1 hora.

5. Retira el pastel del baño María, trasládalo a una rejilla enfriadora y deja que se enfríe por completo. Refrigéralo sin tapar mínimo 6 horas, o bien toda la noche. Desliza un cuchillo alrededor del borde del pastel para que se suelte antes de desmoldar.

Pastel de queso con albaricoques en almíbar

Este pastel es extraordinario, por su forma cuadrada y los albaricoques dispuestos en pulcras hileras. Este pastel no tiene base, solo tienes que mezclar la masa y hornearla en un molde cuadrado, luego voltear el pastel sobre una bandeja y colocar encima los albaricoques, dejando gotear por los bordes un poco de su almíbar delicadamente especiado. **PARA 8 RACIONES**

PARA LOS ALBARICOQUES EN ALMÍBAR

- 640 ml (2 ⅔ tazas) de agua
- 200 g (1 taza) de azúcar
- 2 tiras (de aproximadamente 5 cm de longitud) de piel de limón fresca sin la parte blanca
- 2 rodajas de jengibre fresco pelado
- 5 vainas de cardamomo abiertas
- 1 vaina de vainilla (córtala por la mitad y retira las semillas raspando el interior)
- 8 albaricoques pequeños y maduros (unos 450 g), cortados por la mitad y deshuesados

PARA EL PASTEL DE QUESO

- Mantequilla sin sal para el molde
- 675 g de queso crema, a temperatura ambiente
- 150 g (¾ de taza) de azúcar
- 120 ml (½ taza) de crema agria, a temperatura ambiente
- 1 cucharadita de extracto de vainilla
- 3 huevos grandes, a temperatura ambiente
- 1 cucharada de zumo de limón recién exprimido

1. Prepara los albaricoques: en una olla de 3-4 litros a fuego medio, mezcla el agua con el azúcar, la piel de limón, el jengibre, el cardamomo y las semillas de vainilla. Lleva a ebullición la mezcla y déjala cocer hasta que se disuelva el azúcar, luego reduce a fuego bajo. Déjalo a fuego lento, sin tapar, hasta que el líquido espese un poco, unos 10 minutos.

2. Añade los albaricoques a la olla. Enjuaga un paño de muselina de doble grosor (también puedes utilizar un círculo de papel de hornear) con agua fría y colócalo sobre los albaricoques para que toda la fruta quede cubierta por el paño y sumergida en el líquido. Sigue cociendo a fuego lento hasta que los albaricoques estén un poco blandos (2-4 minutos). Retíralo del fuego y déjalo enfriar por completo. Úsalos inmediatamente, o bien guarda los albaricoques y el líquido de cocción en un recipiente hermético, procurando que los albaricoques queden totalmente sumergidos en el líquido. Guárdalos en la nevera hasta el momento de utilizarlos, máximo 4 días.

3. Haz el pastel de queso: precalienta el horno a 200 °C. Engrasa con mantequilla un molde de pastel cuadrado de 20 cm y fórralo con papel de hornear. Pon agua a hervir.

4. Con una batidora eléctrica a velocidad media, bate el queso crema hasta que esté esponjoso y suave, unos 3 minutos. Incorpora el azúcar, la crema agria y la vainilla. Añade los huevos de 1 en 1, batiendo cada uno hasta incorporarlo completamente antes de añadir el siguiente. Agrega el zumo de limón.

5. Vierte la mezcla de queso crema en el molde preparado y alisa la superficie con una espátula acodada. Coloca el molde en una fuente de horno grande. Vierte cuidadosamente el agua hirviendo en la fuente de horno hasta que alcance la mitad de la pared del molde del pastel. Hornea hasta que el pastel empiece a cuajar en el centro y tenga la superficie ligeramente dorada, unos 35 minutos.

6. Traslada el molde a una rejilla enfriadora 30 minutos. Voltea el pastel de queso sobre una bandeja de servir. Guárdalo toda la noche, tapado, en la nevera.

7. Para servir, coloca las mitades de albaricoque cocido con la parte cortada hacia abajo encima del pastel de queso y deja que el almíbar se extienda por la superficie y gotee por los bordes.

Pastel de queso y fresas con nata

Dos capas contrastadas de pastel de queso, una blanca y la otra moteada con fresas de intenso sabor asadas al horno, convierten este postre en una belleza rosada. Para conseguir una línea definida, utiliza una espátula acodada para extender pequeñas cucharadas de la mezcla de queso normal sobre la base de fresa. Si lo prefieres, puedes incorporar las fresas a toda la mezcla de queso crema y mascarpone y obviar el efecto de capas. **PARA 8-10 RACIONES**

PARA LAS FRESAS

- 675 g de fresas frescas, sin tallo
- 3 cucharadas de sirope de maíz claro

PARA LA BASE

- 12 galletas de harina Graham (168 g), picadas finas (1 ½ tazas)
- 3 cucharadas de azúcar
- 45 g de mantequilla sin sal, fundida

PARA EL RELLENO

- 800 g de queso crema, a temperatura ambiente
- 200 g (1 taza) de azúcar
- ¼ de cucharadita de sal
- 2 huevos grandes, a temperatura ambiente
- 1 vaina de vainilla entera (córtala por la mitad, raspa las semillas del interior y reserva la vaina para otro uso)
- 225 g (1 tarrina) de queso mascarpone a temperatura ambiente

1. Asa las fresas: precalienta el horno a 150 °C. Extiende las fresas en una sola capa sobre una bandeja de horno con borde. Rocíalas con el sirope de maíz y revuélvelas con cuidado para que se impregnen bien. Hornea hasta que el sirope se espese y las fresas se vuelvan rojo oscuro y se encojan ligeramente, alrededor de 1 hora y 30 minutos. Traslada las fresas y el sirope a un cuenco mediano y tritúralas con un pasapurés. Déjalas enfriar por completo.

2. Prepara la base: eleva la temperatura del horno a 180 °C. En un cuenco pequeño, mezcla las galletas picadas, el azúcar y la mantequilla. Presiona la mezcla uniformemente sobre la base de un molde desmontable de 23 cm. Hornea hasta que la base cuaje y empiece a oscurecerse, unos 10 minutos. Traslada el molde a una rejilla enfriadora y deja enfriar por completo.

3. Prepara el relleno: reduce la temperatura del horno a 170 °C. Envuelve la parte externa del molde desmontable con una doble capa de papel de aluminio. Pon agua a hervir. Con una batidora eléctrica a velocidad media/baja, bate el queso crema hasta que quede esponjoso y homogéneo, unos 3 minutos. Incorpora gradualmente el azúcar y la sal. Añade los huevos de 1 en 1, mezclando bien tras cada incorporación y raspando las paredes del cuenco si es necesario. Agrega las semillas de vainilla y el mascarpone y mezcla hasta que esté muy cremoso y no queden grumos, unos 3 minutos.

4. Añade aprox. 1 kg (5 tazas) de la mezcla de queso crema al cuenco de fresas hechas puré y mézclalo. Vierte esta mezcla sobre la base y alísala con una espátula acodada. Añade con cuidado cucharadas de la mezcla de queso crema normal encima, alisándolas con la espátula acodada.

5. Coloca el molde desmontable en una fuente de horno grande. Vierte con cuidado el agua hirviendo en la fuente de horno hasta alcanzar la mitad de la pared del molde. Hornea el pastel hasta que cuaje (60-70 minutos). Retira el molde del baño María, traslada el molde a una rejilla enfriadora y retira el papel de aluminio; déjalo enfriar por completo. Refrigéralo hasta que se enfríe, mínimo 4 horas, o bien toda la noche.

Pastel de queso y remolinos de limón

Nadie sería capaz de imaginar lo fácil que resulta conseguir este efecto de remolinos de dos tonos. ¿Cuál es el secreto? Pues un pincho de madera. Vierte un segundo componente (como curd de limón, en la foto de la página opuesta, o bien salsa de frambuesa, en la foto inferior) encima de la masa del pastel de queso y arrastra el palillo por la mezcla para hacer el dibujo. Encontrarás otras variantes en las páginas siguientes. **PARA 8-10 RACIONES**

PARA LA BASE

- 8 galletas de harina Graham (140 g) picadas finas (1 taza)
- 30 g de mantequilla sin sal, fundida
- 2 cucharadas de azúcar

PARA EL RELLENO

- 900 g de queso crema, a temperatura ambiente
- 325 g (1 ½ tazas más 2 cucharadas) de azúcar
- Una pizca de sal
- 1 cucharadita de extracto de vainilla
- 4 huevos grandes, a temperatura ambiente
- 240 g (1 taza) de curd de limón (pág. 332)

HACER REMOLINOS EN EL PASTEL DE QUESO

1. Precalienta el horno a 180 °C. Forra un molde de base desmontable de 23 cm con un círculo de papel de hornear.

2. Prepara la base: mezcla las galletas picadas, la mantequilla fundida y el azúcar en un cuenco mediano. Presiona la mezcla de migas firmemente sobre la base del molde y hornéala hasta que cuaje, unos 10 minutos. Traslada el molde a una rejilla enfriadora y deja que se enfríe por completo.

3. Prepara el relleno: reduce la temperatura del horno a 170 °C. Envuelve el exterior del molde de base desmontable de 23 cm con una doble capa de papel de aluminio. Pon agua a hervir. Con una batidora a velocidad media, bate el queso crema hasta que esté esponjoso y suave, unos 3 minutos. Reduce a baja velocidad y ves añadiendo el azúcar de forma lenta y regular. Añade la sal y la vainilla y bate hasta mezclar bien todo. Añade los huevos de 1 en 1, batiendo bien tras cada incorporación, pero solo hasta unirlo (no lo mezcles en exceso). Vierte el relleno de queso crema sobre la base.

4. Vierte el curd de limón a pequeñas cucharadas sobre el relleno de queso crema. Con la ayuda de un pincho o un palillo de madera, dibuja remolinos sobre el relleno.

5. Coloca el molde de base desmontable dentro de una fuente de horno grande y baja. Añade con cuidado el agua hirviendo en la fuente de horno hasta alcanzar la mitad de la pared del molde. Hornea hasta que el pastel cuaje, pero que aún esté un poco blando en el centro, unos 75 minutos.

6. Traslada el molde a una rejilla enfriadora, retira el papel de aluminio y déjalo enfriar. Refrigera el pastel sin taparlo mínimo 24 horas. Desliza un cuchillo alrededor del borde del pastel para soltarlo antes de desmoldar.

Cuatro pasteles de queso más

PASTEL DE QUESO Y REMOLINOS DE CARAMELO
Haz la base y el relleno siguiendo las instrucciones de la receta del pastel de queso y remolinos de limón (pág. 172), pero sin el curd de limón. Traslada un tercio de la mezcla del pastel de queso a un cuenco y añade 240 ml (1 taza) de salsa de caramelo (pág. 333) mientras aún esté caliente. Vierte la mitad del relleno normal sobre la base; luego vierte la mitad de la mezcla de pastel de queso y caramelo sobre el relleno normal y haz remolinos con un pincho o un palillo de madera. Repite el proceso con el relleno normal restante y la mezcla de caramelo. Hornea el pastel, déjalo enfriar y refrigéralo según indica la receta.

PASTEL DIANA DE QUESO, CHOCOLATE Y MANTECA DE CACAHUETE
Haz la base y el relleno siguiendo las instrucciones de la receta del pastel de queso y remolinos de limón (pág. 172), pero sin el curd de limón. Divide el relleno por la mitad. Incorpora 115 g ($^1/_2$ taza) de mantequilla de cacahuete cremosa en una de las mitades del relleno y 112 g de chocolate semiamargo fundido en la otra mitad. Vierte 240 g (1 taza) del relleno con manteca de cacahuete en el centro de la base. Golpea el molde sobre el mostrador para asentar el relleno y vierte 240 g (1 taza) del relleno de chocolate directamente encima. Repite el proceso. Reduce la cantidad a 120 g ($^1/_2$ taza) y sigue

añadiendo relleno en el centro de la base, alternando el de manteca de cacahuete con el de chocolate, hasta agotar el relleno. Hornea el pastel unos 80 minutos; déjalo enfriar y refrigéralo mínimo 6 horas, o bien toda la noche. Puedes verter glaseado de chocolate (pág. 331) encima del pastel de queso una vez frío.

PASTEL DE QUESO Y REMOLINOS DE CALABAZA

Haz la base y el relleno siguiendo las instrucciones de la receta del pastel de queso y remolinos de limón (pág. 172), pero sin el curd de limón. Traslada un tercio de la mezcla del pastel de queso a un cuenco. Añade 100 g (1 taza) de puré de calabaza, $^1/_2$ cdta de canela en polvo y $^1/_4$ de cdta de nuez moscada recién rallada. Vierte el relleno normal sobre la base. Vierte 60 g ($^1/_4$ de taza) de la mezcla de pastel de queso con calabaza sobre el relleno y haz remolinos con un pincho de madera. Hornea el pastel, déjalo enfriar y refrigéralo según lo indicado en la receta.

PASTEL DE QUESO Y REMOLINOS DE FRAMBUESA

Tritura 170 g de frambuesas (aprox. 1 $^1/_2$ tazas) hasta obtener un puré fino, unos 30 segundos. Pásalo por un tamiz fino a un cuenco pequeño. Incorpora batiendo 2 cdas de azúcar. Haz la base y el relleno siguiendo las instrucciones del pastel de queso y remolinos de limón (pág. 172), pero sin el curd de limón. Vierte el relleno sobre la base. En el paso 5, vierte el puré de frambuesas con una cucharita sobre la mezcla y haz los remolinos con un pincho de madera. Hornea 70-80 minutos, déjalo enfriar y refrigéralo mínimo 6 horas, o bien toda la noche.

Pastel de queso y naranja sanguina sin hornear

El glaseado de naranja sanguina añade un toque de vibrante color (y sabor) a este pastel de queso ricota. Antes de empezar, deja escurrir en la nevera la ricota en un colador forrado con un paño de muselina sobre un cuenco mínimo 3 horas, o mejor durante toda la noche. **PARA 8-10 RACIONES**

PARA LA BASE

- 60 g de mantequilla sin sal, fundida, y un poco más, a temperatura ambiente, para el molde
- 6 galletas de harina Graham (84 g) picadas finas (aprox. 3/4 de taza)
- 2 cucharadas de azúcar

PARA EL RELLENO

- 500 g (2 tazas) de queso ricota, escurrido (véase el comentario arriba)
- 3 cucharadas de zumo de limón recién exprimido
- 3/4 de cucharadita de gelatina en polvo insípida
- 4 yemas de huevos grandes
- 150 ml (1/2 taza más 2 cucharadas) de leche
- 175 g (3/4 de taza más 2 cucharadas) de azúcar
- Una pizca de sal
- 2 cucharaditas de piel de naranja sanguina rallada fina
- 1 cucharadita de extracto de vainilla
- 115 g de queso crema, a temperatura ambiente
- 120 ml (1/2 taza) de nata para montar, montada con picos suaves

PARA EL GLASEADO

- 1/4 de cucharadita de gelatina en polvo insípida
- 7 cucharadas de zumo de naranja sanguina (1-2 naranjas)
- 2 cucharadas de azúcar
- 1 rodaja de naranja sanguina confitada (véase la pág. 326)

1. Prepara la base: precalienta el horno a 180 °C. Pincela con mantequilla la base y la pared de un molde de base desmontable de 18 cm y fórralo con un círculo de papel de hornear. Mezcla las migas de galleta y el azúcar en un cuenco pequeño. Incorpora la mantequilla fundida con un tenedor hasta humedecer bien las migas. Presiona la mezcla sobre la base del molde y hornéala hasta que cuaje, unos 10 minutos. Traslada el molde a una rejilla enfriadora y deja enfriar por completo.

2. Prepara el relleno: vierte el zumo de limón en un cuenco pequeño y espolvorea la gelatina sobre la superficie. Déjalo reposar unos minutos hasta que se ablande.

3. En una olla, bate las yemas de huevo hasta que estén homogéneas. Añade la leche. Incorpora gradualmente el azúcar mientras bates. Añade la sal. Cuece la mezcla a fuego bajo, removiendo constantemente, hasta que la mezcla cubra el dorso de una cuchara, unos 7 minutos (sin hervir). Pasa la mezcla a un cuenco y agrega la gelatina ablandada, la piel de naranja y la vainilla, mezclando todo hasta disolver la gelatina por completo.

4. Tritura el queso ricota en un procesador de alimentos hasta obtener una mezcla homogénea. Añade el queso crema y tritúralo hasta obtener una mezcla fina. Con el aparato en marcha, añade la crema pastelera y tritúrala solo hasta ligarla. Pasa todo a un cuenco e incorpora la nata montada. Vierte la mezcla sobre la base, cubre el pastel y refrigéralo durante toda la noche.

5. Prepara el glaseado: en un cuenco pequeño, espolvorea la gelatina sobre 2 cucharadas de zumo y déjalo reposar unos minutos hasta que se ablande. En una olla pequeña, lleva a ebullición el azúcar y las 5 cucharadas de zumo restantes. Retíralo del fuego e incorpora la gelatina ablandada. Deja que se enfríe hasta que esté tibio, 1 o 2 minutos. Coloca la rodaja de naranja confitada en el centro del pastel. Vierte el glaseado encima, inclinando el molde para extender el glaseado. Refrigera el pastel hasta que el glaseado cuaje, alrededor de 1 hora.

6. Para desmoldar, rodea el molde con un paño de cocina caliente para despegar el pastel, desliza un cuchillo alrededor del borde de la base y retira con cuidado del pastel del molde. Desliza una espátula acodada por debajo de la base para soltarlo. Traslada con cuidado el pastel a una bandeja y refrigéralo hasta el momento de servir.

Pastel de ricota

El queso fresco italiano otorga a este postre, conocido como tarta de ricota y que suele saborearse en la Pascua, una textura extraordinariamente ligera y esponjosa. Es extraordinariamente fácil de hacer: se monta en tan solo 15 minutos y no necesita hornearse al baño María como muchos otros pasteles de queso. Un acompañamiento de cítricos aromatizados a la vainilla resulta excelente, pero en verano sustitúyelos por frutas del bosque frescas. **PARA 10-12 RACIONES**

PARA EL PASTEL DE QUESO

- Mantequilla sin sal para el molde
- 150 g (3/4 de taza) de azúcar, y un poco más para el molde
- 750 g (3 tazas) de queso ricota de leche entera
- 6 huevos grandes, separados, a temperatura ambiente
- 40 g (1/3 de taza) de harina normal
- 1 cucharada compacta de piel de naranja rallada fina
- 1/4 de cucharadita de sal

PARA LA COMPOTA DE CÍTRICOS Y VAINILLA

- 1 pomelo rojo o rosa, bien lavado
- 1 naranja Navel, bien lavada
- 60 ml (1/4 de taza) de agua, y un poco más para hervir
- 50 g (1/4 de taza) de azúcar
- 1/2 vaina de vainilla (córtala por la mitad, raspa las semillas del interior y reserva la vaina)
- Una pizca de sal

1. Haz el pastel de queso: precalienta el horno a 180 °C. Engrasa generosamente con mantequilla un molde de base desmontable de 23 cm y espolvoréalo con una capa de azúcar. Bate la ricota, las yemas de huevo, la harina, 75 g de azúcar, la ralladura de naranja y la sal en un cuenco grande.

2. Con una batidora eléctrica a velocidad baja, bate las claras de huevo hasta que estén espumosas. Sube a alta velocidad y añade gradualmente los 75 g de azúcar restantes, batiendo hasta que se formen picos firmes y brillantes (3-4 minutos). Incorpora delicadamente un tercio de las claras a la mezcla de ricota, con ayuda de una espátula flexible, solo hasta unirlo. Incorpora cuidadosamente las claras restantes solo hasta unirlas.

3. Vierte la masa del molde preparado y hornéala hasta que el centro esté firme y la superficie muy dorada, unos 60 minutos. Traslada el molde a una rejilla enfriadora 10 minutos. Desliza un cuchillo alrededor del borde del pastel para que se suelte. Retira la pared desmontable del molde y deja que se enfríe por completo. El pastel de queso se puede guardar en la nevera, cubierto holgadamente con film transparente, máximo 3 días. Déjalo a temperatura ambiente 20 minutos antes de servirlo.

4. Mientras tanto, prepara la compota: corta la piel del pomelo y la naranja, separa la parte blanca y corta la piel en tiras muy finas. Corta la fruta en rodajas siguiendo las membranas para liberar los gajos sobre un cuenco. Exprime el zumo de las membranas en el cuenco, desechando las membranas. Cuela 60 ml (1/4 de taza) del zumo con un tamiz fino sobre un cuenco pequeño.

5. Lleva a ebullición una olla de agua. Hierve las pieles de los cítricos un minuto y luego escúrrelas. Lleva a ebullición 60 ml (1/4 de taza) de agua, el azúcar, las semillas de vainilla y la vaina en una olla limpia, removiendo hasta que el azúcar se disuelva. Reduce a fuego bajo. Añade el zumo, la piel y la sal; cuece 2 minutos. Retíralo del fuego y deja que se enfríe por completo.

6. Desecha la vaina de vainilla. Mezcla el almíbar con la fruta reservada. Si no vas a servirlo de inmediato, refrigera la compota tapada, máximo 2 días. Sirve el pastel de queso acompañado de la compota.

Pastel de queso Margarita

Este pastel se inspira en el clásico cóctel Tex-Mex, incluida la sal en el borde del vaso (en este caso, una base de *pretzels* saladas). El tequila y el licor aromatizado a la naranja hacen de este pastel de queso ultracremoso una delicia solo para adultos (a menos que reemplaces el licor por zumo de lima para obtener una versión sin alcohol). **PARA 8-10 RACIONES**

PARA LA BASE

- 112 g de galletas saladas tipo *pretzel* (unas 4 tazas)
- 65 g (1/3 de taza) de azúcar
- 60 g de mantequilla sin sal, fundida

PARA EL RELLENO

- 680 g de queso crema, a temperatura ambiente
- 240 ml (1 taza) de crema agria, a temperatura ambiente
- 200 g (3/4 de taza) de azúcar
- 2 cucharadas de Grand Marnier, Triple Sec u otro licor aromatizado a la naranja
- 1 cucharada de tequila
- 1 cucharada más 2 cucharaditas de piel de lima rallada (unas 3 limas)
- Una pizca de sal
- 4 huevos grandes, a temperatura ambiente
- Limas ácidas o limas persas pequeñas, cortadas a rodajas muy finas, para adornar

1. Prepara la base: precalienta el horno a 190 °C, con la rejilla en el centro. En un procesador de alimentos, tritura las galletas *pretzel* hasta obtener migas finas (obtendrás poco más de 1 taza). Añade el azúcar y la mantequilla fundida y tritúralo hasta ligarlo. Presiona uniformemente la mezcla sobre la base y sobre 2,5 cm de la pared del molde de base desmontable de 23 cm. Hornea la base hasta que adquiera un tono dorado oscuro, unos 9 minutos. Traslada el molde a una rejilla enfriadora y deja que se enfríe por completo.

2. Prepara el relleno: reduce la temperatura del horno a 170 °C. Envuelve el exterior del molde desmontable con una doble capa de papel de aluminio. Pon a hervir agua. Con una batidora eléctrica a velocidad media/alta, bate el queso crema hasta que esté esponjoso y suave, unos 3 minutos, raspando los lados del cuenco si es necesario. Reduce a velocidad media. Incorpora la crema agria, el azúcar, el Grand Marnier, el tequila, la piel de lima y la sal; bátelo hasta que esté bien ligado. Añade los huevos de 1 en 1, batiendo bien tras cada incorporación.

3. Vierte la mezcla de queso crema sobre la base enfriada (el relleno debe sobresalir por encima de la base de galleta). Coloca el molde desmontable sobre una fuente de horno. Vierte cuidadosamente el agua hirviendo en la fuente de horno hasta que alcance la mitad de la pared del molde.

4. Hornea el pastel colocándolo en la rejilla central hasta que cuaje y esté ligeramente firme al tacto, unos 65 minutos. Traslada el molde a una rejilla enfriadora, retira el papel de aluminio y deja enfriar por completo. Refrigera el pastel hasta que esté frío, mínimo 6 horas, o bien toda la noche. Desliza un cuchillo alrededor del borde del pastel para que se suelte antes de desmoldar. Adórnalo con las rodajas de lima.

Pastel de queso de tela de araña sin hornear

Este pastel, digno de una fiesta de Halloween, no es más que un sencillísimo pastel de queso con una base de galleta oscura y densa. **PARA 12-14 RACIONES**

PARA LA BASE

- 170 g (3/4 de taza) de mantequilla sin sal, fundida, y un poco más para el molde
- 2 cajas (de 252 g cada una) de galletas de barquillo de chocolate, picadas finas (4 1/2 tazas)
- 75 g (1/4 de taza más 2 cucharadas) de azúcar
- 1 cucharadita de sal gruesa

PARA LA GANACHE

- 115 g de chocolate semiamargo, picado fino
- 120 ml (1/2 taza) de nata para montar

PARA EL RELLENO

- 900 g de queso crema, a temperatura ambiente
- 300 g (1 1/2 tazas) de azúcar
- 1/4 de cucharadita de sal gruesa
- 3 cdas de zumo de limón
- 360 ml (1 1/2 tazas) de nata para montar fría

1. Prepara la base: engrasa con mantequilla un molde de base desmontable de 25 cm. Mezcla las galletas, el azúcar, la mantequilla y la sal en un cuenco mediano. Aplasta la mezcla en el molde preparado, presionando firmemente en la base y subiendo por los lados. Cúbrela y refrigérala hasta el momento de rellenarla.

2. Prepara la ganache: introduce el chocolate en un procesador de alimentos. Cuece a fuego lento la nata en una olla pequeña y viértela encima del chocolate. Cuando el chocolate empiece a fundirse, procesa la mezcla hasta que quede homogénea. Reserva 2 cucharadas de la ganache para decorar; extiende el resto uniformemente sobre el suelo y las paredes de la base. Refrigérala hasta el momento de usarla.

3. Prepara el relleno: con una batidora eléctrica a velocidad media, bate el queso crema hasta que esté esponjoso y suave, unos 3 minutos. Reduce a velocidad baja y añade lentamente el azúcar y la sal. Sube a velocidad media/alta, batiendo hasta que la mezcla esté muy esponjosa, unos 3 minutos. Incorpora el zumo de limón.

4. En un cuenco separado, bate la nata hasta formar picos medios/firmes. Bate un cuarto de la nata montada junto a la mezcla de queso crema, y a continuación incorpora la nata montada restante. Vierte el relleno sobre la base y extiéndelo uniformemente. Golpea suavemente la base del molde sobre el mostrador.

5. Mete la ganache reservada en la bolsa para manga pastelera y ajústala con una boquilla redonda pequeña (por ejemplo, del 3). Empezando en el centro del pastel, dibuja una espiral de líneas separadas entre sí unos 1,3 cm. Empuja la punta de un cuchillo de mondar formando una línea ligeramente curvada desde el centro de la espiral hacia el borde exterior. Limpia el cuchillo y repite el proceso dejando más o menos 2,5 cm de separación, formando una tela de araña.

6. Cubre el pastel y congélalo mínimo 3 horas, o bien toda la noche. Desmolda el pastel de queso y sírvelo de inmediato.

FORMANDO LA TELA DE ARAÑA

Pastel de queso y sirope de arce con peras asadas

La etiqueta de «comida de consuelo» que ostenta el pastel de queso lo convierte en un excelente refrigerio de otoño. Si le añades la dulzura estacional del sirope de arce y las peras asadas, he aquí un postre totalmente irresistible, y una magnífica alternativa como postre de Acción de Gracias. Si cortas las peras en rodajas longitudinales (tallos, semillas y todo) mantendrán su forma intacta y constituirán un adorno especialmente hermoso. **PARA 8-10 RACIONES**

PARA LA BASE

- 46 galletas de barquillo de vainilla (170 g)
- 3 cucharadas de azúcar granulado
- ¼ de cucharadita de sal gruesa
- 75 g de mantequilla sin sal, fundida

PARA EL RELLENO

- 450 g de queso crema, a temperatura ambiente
- 120 ml (½ taza) de sirope de arce puro
- 240 ml (1 taza) de nata para montar fría
- 2 cucharadas de azúcar glas

PARA LA COBERTURA

- 2 peras medianas, como Bosc o Bartlett, cortadas en rodajas longitudinales de 3 mm de grosor
- 60 ml (¼ de taza) de sirope de arce puro
- Espray para cocinar de aceite vegetal

1. Prepara la base: precalienta el horno a 180 °C. En un procesador de alimentos, tritura las galletas hasta que estén bien molidas (deberías obtener aproximadamente 1 ½ tazas). Añade el azúcar granulado, la sal y la mantequilla y sigue triturando hasta mezclarlo todo. Presiona con firmeza la mezcla de migas, distribuyéndola uniformemente y subiendo por las paredes de un molde de base desmontable de 23 cm. Hornea la base hasta que esté seca y cuajada, unos 12 minutos. Traslada el molde a una rejilla enfriadora y deja que se enfríe por completo.

2. Prepara el relleno: con una batidora eléctrica a velocidad alta, bate el queso crema hasta que esté esponjoso y suave, unos 3 minutos. Añade 120 ml (½ taza) de sirope de arce y bate hasta que esté homogéneo. En un recipiente limpio, bate la nata y el azúcar glas a velocidad alta hasta que se formen picos suaves, unos 3 minutos. Con una espátula flexible, incorpora aproximadamente un tercio de la nata montada en la mezcla de queso crema, y a continuación, incorpora la porción restante. Vierte el relleno sobre la base y refrigéralo hasta que esté firme, mínimo 3 horas (o toda la noche).

3. Prepara la cobertura: precalienta el horno a 230 °C. Cubre una bandeja de horno con borde forrada de papel de hornear con espray para cocinar. Coloca las rodajas de pera en una sola capa sobre la bandeja y píntalas con 2 cucharadas de sirope de arce. Asa las peras hasta que estén blandas, unos 20 minutos. Retíralas del fuego y luego enciende el asador. Pincela las peras con las 2 cucharadas restantes de sirope de arce y ásalas hasta que aparezcan manchas doradas, unos 4 minutos, girando con frecuencia la bandeja. Traslada la bandeja de horno a una rejilla enfriadora y deja que se enfríe por completo.

4. Para servirlo, desmolda el pastel de queso y coloca las rodajas de pera encima, ligeramente solapadas.

Pastel de queso y chocolate

Tres chocolates, tres: chocolate semiamargo fundido, cacao en polvo y una base de galletas de chocolate convierten a este pastel de queso en un placer mayúsculo para el amante del chocolate. **PARA 8-10 RACIONES**

PARA LA BASE

- 22 galletas de chocolate de barquillo (de una caja de 252 g), picadas finas (1 taza)
- 60 g de mantequilla sin sal, fundida
- 3 cucharadas de azúcar

PARA EL RELLENO

- 225 g de chocolate semiamargo picado de buena calidad
- 675 g de queso crema, a temperatura ambiente
- 200 g (1 taza) de azúcar
- Una pizca de sal
- 180 ml (3/4 de taza) de crema agria, a temperatura ambiente
- 3 cucharadas de cacao en polvo sin azúcar
- 2 cucharadas de extracto de vainilla
- 3 huevos grandes, a temperatura ambiente

PRESIONAR LA BASE SOBRE EL MOLDE

1. Prepara la base: precalienta el horno a 180 °C. Mezcla las migas de galleta, la mantequilla fundida y el azúcar en un cuenco mediano. Presiona la mezcla de migas firmemente sobre la base y sobre 2,5 cm de las paredes de un molde de base desmontable de 23 cm. Hornea la base hasta que cuaje, unos 10 minutos. Traslada el molde a una rejilla enfriadora y deja que se enfríe por completo. Envuelve el molde de base desmontable con una doble capa de papel de aluminio. Pon agua a hervir.

2. Prepara el relleno: en un cuenco mediano resistente al calor situado encima (no dentro) de una olla con agua hirviendo a fuego lento, funde el chocolate, removiéndolo, unos 2 minutos. Déjalo enfriar.

3. Con una batidora eléctrica a velocidad media, bate el queso crema hasta que esté esponjoso, unos 3 minutos. A velocidad baja, sigue batiendo e incorpora el azúcar de forma lenta y constante. Añade la sal y bate hasta mezclarla. Añade la crema agria, el cacao, la vainilla y el chocolate fundido y bate todo hasta unirlo. Añade los huevos de 1 en 1, batiendo tras cada incorporación, solo para unirlos (no los mezcles en exceso). Vierte el relleno sobre la base.

4. Coloca el molde desmontable dentro de una fuente de horno grande. Vierte con cuidado el agua hirviendo en la fuente de horno hasta alcanzar la mitad de la pared del molde. Hornea el pastel de queso hasta que cuaje, pero que aún esté ligeramente blando en el centro (50-60 minutos). Traslada el molde a una rejilla enfriadora y deja que se enfríe por completo. Refrigera el pastel, sin cubrir, 6 horas, o bien toda la noche. Desliza un cuchillo alrededor del borde del pastel para soltarlo antes de desmoldar.

Pastel de queso y pan de especias

Especias y melaza en la base y el relleno, y unos hombrecillos de pan de especias bailando sobre la cobertura: este pastel es perfecto para una fiesta hibernal. El pastel de queso de la foto se ha cubierto de dos tipos de pan de especias para conseguir una variación cromática. Si lo prefieres, puedes hacer todas las galletas con la masa utilizada para la base. **PARA 10 RACIONES**

- Harina normal para espolvorear
- 1/2 cantidad de masa de galletas de pan de especias y melaza (pág. 332; utiliza la masa restante para hacer hombrecillos de pan de especias, o resérvala para otro uso)
- 60 g de mantequilla sin sal, fundida
- 350 g (1 3/4 tazas) de azúcar
- 900 g de queso crema, a temperatura ambiente
- 1 cucharadita de extracto de vainilla
- 4 huevos grandes, a temperatura ambiente
- 60 ml (1/4 de taza) de melaza sin clarificar
- 1/4 de cucharadita de sal
- 1 1/2 cucharaditas de jengibre en polvo
- 1 cucharadita de canela en polvo
- 1 cucharadita de nuez moscada recién rallada
- 1/4 de cucharadita de clavo en polvo
- 1/2 cucharadita de piel de limón rallada fina
- 6 hombres de pan de especias para decoración (véase la pág. 342)

1. Precalienta el horno a 180 °C. Sobre un trozo de papel de hornear generosamente enharinado, extiende la masa formando un rectángulo de 33×25 cm y de aproximadamente 0,25 cm de grosor. Retira la harina sobrante con un pincel. Traslada la masa y el papel de hornear a una bandeja de horno. Hornea la masa hasta que esté firme y dorada, unos 14 minutos. Traslada la bandeja a una rejilla enfriadora y deja que se enfríe por completo. Rompe la masa en trozos grandes y luego tritúrala con un procesador de alimentos hasta que esté bien molida.

2. Mezcla la mantequilla, 50 g (1/4 de taza) de azúcar y 200 g (2 tazas) de migas de galleta en un cuenco. Presiona firmemente la mezcla, igualándola sobre la base y un tercio de las paredes del molde de base desmontable. Hornea la base hasta que cuaje, unos 10 minutos. Traslada el molde a una rejilla enfriadora y deja que se enfríe por completo.

3. Reduce la temperatura del horno a 170 °C. Envuelve el exterior del molde de 23 cm con una doble capa de papel de aluminio. Pon agua a hervir. Con una batidora eléctrica a velocidad media, bate el queso crema hasta que esté esponjoso y suave, unos 3 minutos. Incorpora los 300 g (1 1/2 tazas) de azúcar restante y la vainilla, raspando las paredes del recipiente si es necesario. Reduce a velocidad baja. Añade los huevos de 1 en 1, batiendo bien tras cada incorporación y raspando las paredes del recipiente si es necesario. Incorpora la melaza, la sal, las especias y la ralladura de limón. Vierte el relleno sobre la base fría.

4. Coloca el molde desmontable en una fuente de hornear grande y poco profunda. Vierte con cuidado el agua hirviendo en la fuente de hornear hasta que alcance la mitad de la pared del molde. Hornea el pastel de queso hasta que cuaje, pero el centro siga un poco blando (60-65 minutos). Traslada el molde a una rejilla enfriadora para que se enfríe por completo. Refrigera el pastel, sin taparlo, mínimo 8 horas (mejor toda la noche).

5. Antes de servir, desliza un cuchillo alrededor del borde del pastel de queso para soltarlo y retira las paredes del molde. Coloca las galletas de pan de especias formando un círculo sobre el centro del pastel.

Pastelitos de queso y granada sin hornear

Unos pasteles de queso de tamaño individual hechos en moldes de magdalena son tan coquetones e irresistibles como unos cupcakes. La jalea de granada casera aporta una nota festiva a modo de jugosa cobertura. Si lo deseas, puedes sustituirla por otra fruta. **PARA 6 UNIDADES**

PARA LA BASE

- 3 cucharadas de azúcar granulado
- 13 galletas de harina Graham (200 g)
- 115 g (1/2 taza) de mantequilla sin sal, fundida

PARA EL RELLENO

- 280 g de queso crema, a temperatura ambiente
- 170 g de *crème fraîche*
- 70 g (2/3 de taza) de azúcar glas
- 240 ml (1 taza) de nata para montar

PARA LA JALEA

- 160 ml (2/3 de taza) de zumo de granada
- 1 cucharadita de zumo de limón recién exprimido
- 200 g (1 taza) de azúcar
- 1 cucharada más 1 1/2 cucharaditas de pectina líquida
- Granos de granada para adorno

1. Prepara la masa: forra 6 huecos de un molde para magdalenas grandes con film transparente. Tritura el azúcar granulado y las galletas de harina Graham en un procesador de alimentos hasta que esté bien fino. Vierte la mezcla en un cuenco pequeño e incorpora la mantequilla fundida. Presiona la mezcla sobre el molde de magdalenas preparado. Mételo en el congelador mientras preparas el relleno.

2. Prepara el relleno: con una batidora eléctrica a velocidad media, bate el queso crema, la *crème fraîche* y el azúcar glas hasta unirlo. Bate en otro cuenco la nata para montar hasta formar picos medios/firmes e incorpórala a la mezcla de queso crema. Distribuye la mezcla sobre las bases y congela los pasteles hasta que estén firmes, unos 30 minutos.

3. Prepara la jalea: mezcla el zumo de granada, el zumo de limón y el azúcar en una olla. Hierve la mezcla, removiendo hasta que el azúcar se haya disuelto. Añade la pectina líquida, llévalo de nuevo a ebullición y déjalo cocer 1 minuto, removiendo de vez en cuando. Vierte la jalea en un cuenco grande sobre un baño María inverso hasta que esté fría, pero se pueda rociar con ella los pasteles. Si no vas a usar la jalea inmediatamente, se puede guardar en la nevera en un recipiente hermético máximo 1 mes: caliéntala a fuego bajo hasta que esté suave antes de usarla.

4. En el momento de servir, saca los pasteles estirando con cuidado el film transparente. Retira con cuidado el plástico y coloca los pasteles sobre platos para servir. Rocía cada pastel con la jalea y decóralo con los granos de granada.

Tartas heladas

La variedad de pasteles que llamamos nostálgicamente *icebox cakes* (literalmente «tartas de congelador») son los que se suelen poner a enfriar en la nevera o el congelador. La versión más conocida se elabora con galletas de barquillo de chocolate y nata montada: dos ingredientes que dispuestos en capas y refrigerados durante toda la noche, se fusionan formando un impresionante pastel a rayas. Aquí encontrarás diversas variantes de esta técnica, así como tartas de helado con los colores del arco iris, semifríos (la variante italiana) y otras creaciones muy refrescantes.

TARTA HELADA A RAYAS, PÁG. 195

Tarta helada a rayas

Algunos postres pueden hacerte sonreír incluso antes de tomar el primer bocado. Este alegre pastel contiene capas de sorbete de vivos colores, helado de vainilla, mermelada de arándanos negros y pastel de ángel horneado en una bandeja de horno. Anímate a utilizar sabores de helado o mermelada diferentes a los propuestos aquí. **PARA 36 RACIONES**

PARA EL PASTEL DE ÁNGEL

- 12 claras de huevo grandes, a temperatura ambiente
- ½ cucharadita de crémor tártaro
- 250 g (1 ¼ tazas) de azúcar refinado
- 120 g (1 taza) de harina normal
- Una pizca de sal
- Espray para cocinar de aceite vegetal

PARA LAS CAPAS

- 325 g (1 taza) de mermelada de arándanos negros
- 1 l de helado de vainilla
- 1 l de sorbete de frambuesa
- 500 ml de sorbete de melocotón

EXTENDER EL SORBETE DE FRUTA

1. Haz el pastel de ángel: precalienta el horno a 180 °C. Cubre una bandeja de horno con borde de 33x43 cm con espray para cocinar, fórrala con papel de hornear y rocía con espray. Con una batidora a velocidad media, bate las claras de huevo y el crémor tártaro hasta formar picos suaves. Añade lentamente 150 g (¾ de taza) de azúcar y bate hasta formar picos firmes y brillantes, 3 minutos.

2. Tamiza 100 g (½ taza) del azúcar restante, la harina y la sal sobre la mezcla de claras de huevo; incorpora todo delicadamente solo hasta ligarlo, procurando no desinflar las claras. Extiende la masa uniformemente sobre la bandeja de horno preparada. Hornea el pastel hasta que esté dorado y cuajado, unos 20 minutos. Traslada la bandeja a una rejilla enfriadora y deja enfriar por completo. (El pastel debería separarse de las paredes fácilmente.) Retira el pastel de la bandeja con la pared derecha hacia arriba y córtalo por la mitad transversalmente para obtener dos piezas de 21x33 cm. Retira con cuidado el papel de hornear. El pastel se puede guardar a temperatura ambiente, envuelto en film transparente, máximo 2 días.

3. Monta las capas de helado: forra una fuente de hornear de 23×33 cm con film transparente. Coloca la mitad del pastel de ángel en la base de la fuente. Extiende la mermelada encima. Mete el helado en el microondas unos 20 segundos para ablandarlo, o bien déjalo a temperatura ambiente 10 minutos, y luego pásalo a un cuenco y bátelo con una batidora a velocidad media hasta que esté suave y sea fácil de extender, unos 30 segundos. Extiende el helado sobre la mermelada. Congélalo hasta que esté firme, alrededor de 1 hora.

4. Ablanda el sorbete de frambuesa como el anterior y bátelo hasta que esté suave. Extiéndelo sobre la capa de helado. Congélalo hasta que esté firme, 1 hora.

5. Ablanda el sorbete de melocotón como el helado anterior y bátelo hasta que esté suave, luego extiéndelo sobre la capa de frambuesa y coloca encima el trozo de pastel de ángel restante. Envuélvelo con film transparente y congélalo toda la noche (o máximo 1 semana).

6. Para servir, retira el film transparente que cubre el pastel y voltéalo sobre una tabla de cortar. Retira todo el film transparente y recorta los bordes del pastel. Córtalo en rebanadas largas y finas, y luego córtalas transversalmente en forma de cuadrados, limpiando el cuchillo después de cortar cada rebanada.

Tarta helada de chocolate y manteca de cacahuete

Hemos tomado la receta original de la tarta helada de galletas de barquillo de chocolate y la hemos puesto literalmente de lado. Las galletas normalmente se colocan en fila con la nata montada entre ellas, en forma de leño. En esta variante hay 6 capas planas que le dan la forma de un pastel más convencional, y los bordes redondeados de las galletas producen un hermoso efecto de pétalos de flores. También hemos añadido manteca de cacahuete al relleno para proporcionar un contraste dulce y salado al chocolate. Si nunca has hecho un pastel como este antes, te sorprenderá lo blandas y fáciles de cortar que se vuelven las galletas al unirse con la nata. Para hacer la versión clásica, sigue la lista de ingredientes y omite la manteca de cacahuete. También puedes aromatizar la nata montada con $^1/_4$ de cucharadita de extracto de menta. **PARA 8 RACIONES**

- 480 ml (2 tazas) de nata para montar bien fría
- 35 g ($^1/_3$ de taza) de azúcar glas
- 60 g ($^1/_3$ de taza) de manteca de cacahuete suave natural (no sin sal)
- 1 caja (252 g) de galletas de barquillo de chocolate

1. Con una batidora a velocidad media, bate 360 ml (1 $^1/_2$ tazas) de nata con el azúcar glas hasta formar picos suaves. En otro cuenco, bate la manteca de cacahuete hasta que esté suave y homogénea; incorpora los 120 ml ($^1/_2$ taza) de nata para montar hasta obtener una mezcla ligera y esponjosa. Agrega la mezcla de manteca de cacahuete en la nata montada hasta incorporarla.

2. Aplica un poquito de la mezcla de crema en la base de 7 galletas y coloca 6 en círculo sobre la bandeja de servir, con una galleta en el centro. Extiende cuidadosamente 160 g ($^2/_3$ de taza) de la mezcla de nata sobre las galletas, dejando un ligero borde. Repite el proceso hasta formar 5 capas más (apilando las capas de galleta), y acaba con una capa de nata. Corta 3 galletas por la mitad y decora la superficie del pastel con las mitades de galleta.

3. Refrigera mínimo 8 horas (o toda la noche). Para servir, córtalo en porciones con un cuchillo de sierra.

HACER CAPAS DE GALLETAS Y NATA

Tarta de menta y pepitas de chocolate

El helado de este pastel hace de relleno y de cobertura a la vez. Para formar rayas de contraste, alterna capas de helado verde y blanco de menta con pepitas de chocolate, tal como se muestra aquí. Cuando estés a punto de servirlo, ablanda el pastel en la nevera unos 30 minutos; pon bajo el grifo de agua caliente un cuchillo afilado durante unos segundos, sécalo y corta el pastel. Repite el proceso, limpiando el cuchillo después de cada corte.

PARA 8 RACIONES

PARA EL PASTEL

- 170 g (1 3/4 tazas) de mantequilla sin sal, fundida, y un poco más para los moldes
- 250 g (2 tazas) de harina normal, y un poco más para los moldes
- 300 g (1 1/2 tazas) de azúcar
- 75 g (3/4 de taza) de cacao en polvo sin azúcar
- 1/2 cucharadita de sal
- 1 1/2 cucharaditas de polvo de hornear
- 3/4 de cucharadita de bicarbonato sódico
- 1 huevo grande más 1 clara de huevo grande, a temperatura ambiente
- 1 cucharadita de extracto de vainilla
- 320 ml (1 1/3 tazas) de café fuerte caliente

PARA LAS CAPAS

- 1 l (4 tazas) de helado de menta blanco con pepitas de chocolate
- 1 l (4 tazas) de helado de menta verde con pepitas de chocolate

1. Haz el pastel: precalienta el horno a 170 °C. Engrasa con mantequilla 2 moldes de hornear cuadrados de 20 cm, fórralos con papel de hornear y engrasa también el papel. Enharínalo y sacude la harina sobrante. Con una batidora eléctrica a velocidad baja, bate todos los ingredientes excepto el café caliente hasta unirlos, alrededor de 1 minuto. Añade lentamente el café, mezclando hasta obtener una mezcla homogénea, alrededor de 1 minuto. Vierte la masa en los moldes preparados y alisa las superficies con una espátula acodada. Hornéalos hasta que el probador de pasteles salga limpio (25-30 minutos). Traslada los moldes a una rejilla enfriadora y deja que se enfríen por completo.

2. Monta las capas de helado: corta las capas de pastel en cuadrados de 15 cm. Corta cada capa por la mitad en sentido horizontal, obteniendo un total de 4 capas. Coloca una capa de pastel sobre una bandeja de servir. Mete el helado en el microondas unos 20 segundos para ablandarlo (o déjalo a temperatura ambiente 10 minutos), luego mételo en un cuenco y bátelo con una batidora a velocidad media hasta que esté suave y resulte fácil de extender, unos 30 segundos. Con la ayuda de una espátula acodada, extiende uniformemente 500 ml del helado blanco sobre el pastel. Coloca otra capa de pastel encima del helado. Congela el pastel 20 minutos. (Devuelve el helado blanco al congelador.)

3. Ablanda el helado verde como el helado anterior y bátelo hasta que esté homogéneo y resulte fácil de extender. Extiende uniformemente 500 ml del helado verde sobre el pastel. Coloca una tercera capa de pastel encima. Devuelve el pastel al congelador 20 minutos más. (Guarda de nuevo el helado verde en el congelador.)

4. Extiende los 500 ml restantes de helado blanco sobre la capa de pastel y coloca la cuarta capa de pastel encima. Congélalo hasta que esté firme, alrededor de 1 hora.

5. Con un cuchillo de sierra largo, recorta 6 mm de cada lado del pastel, igualándolo. Utiliza una espátula acodada para extender rápidamente los 500 ml restantes de helado verde sobre la superficie y los lados del pastel. Devuelve el pastel al congelador y congélalo hasta que endurezca casi por completo, mínimo 2 horas (o toda la noche). Córtalo en rebanadas, lavando el cuchillo después de cortar cada rebanada.

Tarta de chocolate y mousse de castaña

Las castañas le añaden un toque ostentoso y lo convierten en un postre que se puede preparar con antelación y apto para cualquier ocasión. La idea de asar las castañas sobre el fuego resulta muy atractiva, pero es mucho más sencillo comprarlas asadas y peladas. **PARA 8 RACIONES**

- Aceite de colza o de cártamo para el molde
- 1 bote (210 g) de castañas asadas y peladas
- 3 yemas de huevo grandes
- 1 cucharada de harina de maíz
- 60 g ($^1/_4$ de taza más 1 cucharada) de azúcar moreno claro
- 240 ml (1 taza) de leche entera
- Una pizca de sal gruesa
- 1 cucharadita de extracto de vainilla
- 15 g de mantequilla sin sal, a temperatura ambiente
- 40 g de chocolate semiamargo (mejor 61% cacao), fundido y ligeramente enfriado, y un poco más para los rizos (véase la pág. 328)
- 360 g (1 $^1/_2$ tazas) de nata para montar bien fría
- 24 galletas de chocolate de barquillo (de una caja de 252 g)

1. Unta un molde de pastel redondo de 20 cm con aceite y fórralo con film transparente, dejando que sobresalga 10 cm. Tritura las castañas bien finas en un procesador de alimentos.

2. Bate las yemas, la harina de maíz y las 2 cucharadas de azúcar en un cuenco mediano resistente al calor. Calienta las castañas, la leche, las 3 cucharadas de azúcar moreno restantes y la sal en una olla a fuego medio/alto, removiendo de vez en cuando, hasta que se formen burbujas en el borde. Añade despacio la mezcla de castañas caliente a la mezcla de yemas, batiendo constantemente. Devuelve la mezcla a la olla y deja cocer a fuego medio/bajo, batiendo constantemente, hasta que espese, unos 2 minutos.

3. Pásalo a un recipiente mezclador y añade la vainilla y la mantequilla. Con una batidora eléctrica a velocidad media, bate todo hasta que se enfríe, unos 5 minutos. Vierte la mitad de la mezcla de castañas en el chocolate fundido.

4. En otro cuenco, bate 300 ml (1 $^1/_4$ tazas) de nata a velocidad media hasta que se formen picos suaves. Incorpora delicadamente la mitad de la nata montada a la mezcla de castañas normal, y la otra mitad de la mezcla de castañas y chocolate.

5. Vierte la mousse de castañas en el molde preparado. Cúbrela con 12 galletas de chocolate, formando un dibujo circular. Cúbrelo con la mousse de chocolate y castañas y con las 12 galletas de chocolate restantes. Cubre el pastel con film transparente y refrigéralo durante la noche.

6. Para servir, retira el film transparente de la superficie del pastel, voltéalo sobre una bandeja y retira el resto de film transparente. Bate los 60 ml ($^1/_4$ de taza) de nata restante hasta formar picos suaves y extiéndela encima del pastel. Adórnalo con rizos de chocolate.

Tarta helada de chocolate, plátano y galletas de harina Graham

Tanto los niños como los adultos se volverán locos por esta versión de tarta helada, pues rememora otros dos postres favoritos: el budín de plátano a la antigua y los plátanos recubiertos de chocolate, pero posee una personalidad festiva muy suya. Utiliza un cuchillo de sierra para cortar las galletas de harina Graham y ajustarlas a tu molde alargado. **PARA 10 RACIONES**

- Aceite de colza o de cártamo para el molde
- 420 g de chocolate con leche picado
- 5 yemas de huevo grandes
- Una pizca de sal
- 720 ml (3 tazas) de nata para montar
- 20 galletas de harina Graham (280 g)
- 4-5 plátanos maduros, cortados a rodajas longitudinales muy finas
- Nata montada para acompañar (pág. 333)

1. Unta ligeramente un molde alargado de 23×13 cm con aceite y fórralo con film transparente, dejando que sobresalga por ambos lados. Introduce el chocolate en un cuenco resistente al calor.

2. Mezcla las yemas y la sal en otro cuenco resistente al calor. Cuece la nata a fuego lento en una olla mediana. Vierte lentamente la nata en el cuenco de las yemas sin dejar de batir. Devuelve la mezcla a la olla y déjalo a fuego bajo, sin dejar de remover, hasta que la mezcla esté lo suficientemente espesa como para cubrir el dorso de una cuchara de madera, unos 8 minutos (no dejes que hierva). Cuela inmediatamente la mezcla con un tamiz fino sobre el cuenco del chocolate y remueve hasta que el chocolate se funda y la mezcla quede homogénea. Refrigéralo, removiendo de vez en cuando, hasta que esté bastante espeso como para extenderse bien, unas 4 horas.

3. Extiende uniformemente 240 ml (1 taza) de la mezcla de chocolate sobre el fondo del molde preparado. Cúbrela con una capa de 4 galletas Graham, cortándolas para ajustarlas al molde. Extiende 120 ml (½ taza) de chocolate sobre la superficie y cúbrelo con algunas rodajas de plátano. Extiende cuidadosamente 120 ml (½ taza) de chocolate sobre los plátanos y cúbrelo con una capa de 4 galletas Graham recortadas. Repite el proceso con el chocolate, los plátanos y las galletas restantes, alternando capas de plátano y de galletas, hasta llegar a la superficie del molde. Acaba con una capa de galletas. Dobla el plástico sobre la superficie para cubrir el pastel y refrigéralo durante toda la noche (o máximo 2 días).

4. Para servir, retira el film transparente que recubre del pastel y desmóldalo sobre una fuente. Retira el film transparente restante. Extiende nata montada sobre la superficie del pastel con una espátula acodada. Corta el pastel en rebanadas, lavando el cuchillo después de cortar cada rebanada.

Brazo semifrío de limón y mora

Aquí tenemos un sencillo bizcocho enrollado alrededor de una *mousse* helada conocida como semifrío (del italiano *semifreddo*). El limón y las moras le aportan sabor y color. **PARA 8-10 RACIONES**

80 g (2/3 de taza) de harina pastelera tamizada (no leudante), y un poco más para el molde

Una pizca de sal

3 huevos grandes más 2 yemas de huevo grandes

150 g (3/4 de taza) de azúcar granulado

60 g (1/4 de taza) de mantequilla sin sal, fundida y enfriada

Azúcar glas para espolvorear

60 ml (1/4 de taza) de agua

60 ml (1/4 de taza) de *limoncello* (licor de limón italiano)

Semifrío de limón y mora (pág. 343), ligeramente firme

Moras para acompañar

Espray para cocinar de aceite vegetal

ENROLLAR EL PASTEL

1. Precalienta el horno a 230 °C. Rocía con espray una bandeja con borde de 30x43 cm. Fórrala con papel de hornear y rocíalo también con el espray. Enharínalo y sacude la harina sobrante. Mezcla la harina y la sal en un cuenco.

2. Mezcla los huevos enteros, las yemas y 100 g (½ taza) de azúcar granulado en un cuenco grande resistente al calor situado encima (no dentro) de una olla de agua hirviendo a fuego lento; bate hasta que el azúcar se haya disuelto y la mezcla esté caliente al tacto. Retira del fuego. Con una batidora a velocidad media/alta, bate 2 minutos. Aumenta a velocidad alta. Bate hasta que la mezcla esté clara y lo bastante espesa para que caiga en forma de cinta, unos 4 minutos más.

3. Tamiza la mezcla de harina sobre la mezcla de huevo. Con la ayuda de una espátula acodada, incorpórala delicadamente a la mezcla de huevo. Cuando ya esté prácticamente incorporada, vierte la mantequilla fundida inclinando un lado del cuenco y mézclala con cuidado hasta incorporarla por completo.

4. Con la ayuda de una espátula grande, extiende la masa uniformemente sobre la bandeja. Hornea hasta que esté dorada y mullida al tacto, unos 6 minutos. Desliza un cuchillo pequeño por los lados de la bandeja y voltéala sobre una rejilla enfriadora. Retira el papel, traslada el pastel sobre un paño de cocina espolvoreado con azúcar glas y enrolla el bizcocho empezando por el extremo corto. Déjalo enfriar por completo.

5. Calienta los 50 g (¼ de taza) de azúcar granulado restante y el agua en una olla pequeña a fuego medio/alto, removiendo con frecuencia hasta que el azúcar se haya disuelto. Llévalo a ebullición y deja enfriar el almíbar por completo.

6. Mezcla el *limoncello* y el almíbar en un bol. Desenrolla el bizcocho, retira el paño y coloca el bizcocho sobre un papel de hornear, colocado a su vez encima de una bandeja con borde. Pincela el bizcocho con el almíbar de *limoncello*. Extiende el semifrío, dejando un borde de 5 cm en el extremo más corto y un borde de 1,3 cm en los extremos largos. Congela hasta que esté firme, unos 25 minutos.

7. Empezando por el extremo corto con semifrío hasta el borde, enrolla el pastel con la ayuda del papel de hornear. Traslada el pastel enrollado, con el punto de unión hacia abajo, a una bandeja de servir. Congélalo hasta que el semifrío se endurezca, mínimo 3 horas, o bien toda la noche. Déjalo a temperatura ambiente unos 30 minutos. Espolvoréalo con azúcar glas antes de servir, luego córtalo en rebanadas, limpiando el cuchillo tras cortar cada rebanada, y sírvelo acompañado de las moras.

Alaskas de chocolate al horno

Un Alaska al horno parece algo imposible. ¿Un helado dentro del horno? Pero la capa de merengue de la superficie lo aísla de manera que el helado no se funde. El merengue se vuelve dorado y crujiente como una nube tostada (también puedes dorarlo con un soplete de cocina). Esta versión en miniatura es una reinvención del clásico, bautizado en el restaurante neoyorquino Delmonico's en 1867 para celebrar la compra de Alaska. **PARA 6 UNIDADES**

PARA LAS CAPAS DE PASTEL

- 400 g (2 tazas) de azúcar
- 160 g (1 ⅓ tazas) de harina normal
- 100 g (1 taza) de cacao en polvo alcalinizado
- 2 cucharaditas de polvo de hornear
- 2 cucharaditas de bicarbonato sódico
- 1 cucharadita de sal
- 240 ml (1 taza) aceite de colza o de cártamo
- 180 ml (⅔ de taza) de agua caliente (unos 38 °C)
- 2 cucharaditas de extracto de vainilla
- 6 huevos grandes, a temperatura ambiente, separados

PARA LAS CAPAS DE HELADO

- 1 ½ l (unas 6 tazas) de helado de chocolate
- Espray para cocinar de aceite vegetal

PARA EL MERENGUE

- 12 claras de huevo grandes, a temperatura ambiente
- 600 g (3 tazas) de azúcar
- Una pizca de crémor tártaro

1. Haz las capas de pastel: precalienta el horno a 180 °C. Forra con papel de hornear 2 bandejas de horno con borde de 30x43 cm. Tamiza 265 g (1 ⅓ tazas) de azúcar, la harina, el cacao en polvo, el polvo de hornear, el bicarbonato sódico y la sal en un cuenco. En otro cuenco mezcla el aceite, el agua caliente y la vainilla.

2. Con una batidora a velocidad media/alta, bate las yemas de huevo hasta que estén blancas y espesas, unos 5 minutos. Con la batidora a velocidad media/baja, vierte lentamente la mezcla de aceite sobre las yemas, y luego incorpora la mezcla de azúcar.

3. En un recipiente mezclador limpio, bate las claras de huevo a velocidad media/alta, añadiendo gradualmente los 130 g (⅔ de taza) de azúcar restante, hasta formar picos medios/firmes. Mezcla un tercio de las claras con la masa del pastel, y a continuación, incorpora delicadamente las claras restantes.

4. Divide la masa entre las dos bandejas de hornear y extiéndela bien con una espátula acodada. Hornea hasta que los pasteles estén hechos y recuperen su forma al tocarlos (18-20 minutos). Traslada las bandejas a rejillas enfriadoras y deja que se enfríen por completo.

5. Monta los Alaskas al horno: rocía seis cuencos o ramequines de 280-336 g con espray para cocinar y fórralos con film transparente, dejando que sobresalga un trozo. Corta 6 círculos de papel que se ajusten al fondo de los cuencos (hemos utilizado un cortador de galletas redondas de 6 cm) y coloca uno en cada cuenco. Mete el helado en el microondas unos 20 segundos (o déjalo a temperatura ambiente 10 minutos) y luego pásalo a un cuenco y bátelo con una batidora eléctrica a velocidad media hasta que esté suave y se pueda extender, unos 30 segundos. Cubre cada cuenco con 80 ml (⅓ de taza) de helado de chocolate, alisando la superficie con una espátula acodada. Corta 6 círculos de pastel para ajustarlos encima del helado (hemos usado un cortador de galletas redondas de 9 cm) y colócalo sobre el helado. Congélalos hasta que cuajen, unos 30 minutos. (Vuelve a guardar el helado en el congelador.)

(CONTINÚA)

ALASKA AL HORNO

Cortar un Alaska al horno cuenta con un factor sorpresa, pues solo entonces se revela el relleno de pastel y helado. Estas versiones en miniatura rompen la tradición ofreciendo una dosis doble de chocolate (el pastel y el helado) y tres capas de pastel; pero resultan igual de deliciosas con otros helados, especialmente avellana, menta con pepitas de chocolate, y vainilla de calidad. Para hacer el Alaska al horno más clásico, haz capas de diferentes helados y/o sorbetes sobre una sola base de pastel. La combinación de sabores que puedes utilizar es ilimitada. Algunos de nuestros favoritos son el helado de cerezas y de pistacho (excelentes con el pastel de chocolate); el helado de vainilla combinado con sorbete de frambuesa y de arándanos negros (perfecto para la fiesta del 14 de julio); una mezcla napolitana de chocolate, fresas y vainilla; y el helado de coco acompañado de mango, para darle un toque tropical, o bien de ron con pasas.

6. Cubre cada pastel con otros 80 ml (⅓ de taza) de helado, alisando la superficie. Corta 6 círculos de pastel que se ajusten al cuenco (hemos utilizado un cortador de galletas redondas de 10 cm) y colócalo sobre el helado. (Debería ajustarse a la superficie del cuenco.) Cubre los pasteles con el film transparente que cuelga y congélalos mínimo 4 horas (o máximo 3 días).

7. Desmolda los pasteles: retira el film transparente de la superficie, voltea los pasteles sobre una bandeja de horno y retira todo el film transparente. Congela los pasteles mientras haces el merengue.

8. Prepara el merengue: precalienta el horno a 250 °C. Calienta las claras de huevo, el azúcar y el crémor tártaro en un cuenco resistente al calor situado encima (no dentro) de una olla de agua hirviendo a fuego lento, removiendo hasta que el azúcar se disuelva y la mezcla esté caliente al tacto, unos 2 minutos. Con una batidora a velocidad media/alta, bate hasta que el merengue esté frío y forme picos firmes, unos 10 minutos.

9. Utiliza una espátula para extender sobre cada pastel montado 250 ml (1 taza) de merengue, formando picos. Hornea hasta que el merengue tenga puntos dorados, (2-3 minutos). Otra alternativa es usar un soplete de cocina en un ángulo de 90°, a 8-10 cm del merengue, moviendo la llama hacia delante y hacia atrás hasta que esté dorado y caramelizado. Sírvelos inmediatamente.

DORAR EL MERENGUE

Bizcocho de helado de frambuesa

Este delicioso y sencillo postre demuestra que las cosas sencillas pueden dar muy buen resultado. Empieza con un bizcocho de 1 libra sencillo, rellénalo con capas de helado (de cualquier sabor), fruta fresca, y ¡voilà! El postre ya está listo. **PARA 8 RACIONES**

- 1 bizcocho de 1 libra (pág. 17), cortado en tres partes horizontales
- 500 ml de helado de vainilla, ablandado
- 170 g (1 ½ tazas) de frambuesas frescas
- Azúcar glas para espolvorear

1. Coloca la capa inferior del pastel sobre un trozo grande de papel de aluminio, o bien en un molde alargado del mismo tamaño. Extiende aproximadamente 170 ml (⅔ de taza) de helado sobre la capa inferior; esparce la mitad de las frambuesas encima. Extiende 80 ml (⅓ de taza) de helado sobre las frambuesas y coloca encima la segunda capa de pastel. Repite el proceso, extendiendo 170 ml (⅔ de taza) de helado, las frambuesas restantes, y los 80 ml (⅓ de taza) de helado restante; coloca encima la tercera capa de pastel.

2. Envuelve el pastel con film transparente y congélalo mínimo 4 horas (o bien toda la noche). Retira el pastel del congelador unos 30 minutos antes de servirlo, y espolvoréalo con azúcar glas.

Tarta helada de galletas con pepitas de chocolate

¿Quieres tener el éxito asegurado? Pues haz un pastel con un montón de las galletas favoritas de todo el mundo. A pesar de que las galletas de chocolate de barquillo son la base más habitual para una tarta helada, no son la única opción. De hecho, cualquier tipo de galleta sirve, siempre que sea bien crujiente. Estas galletas con pepitas de chocolate se alternan con una sabrosa mezcla de nata montada y queso mascarpone. **PARA 10-12 RACIONES**

PARA LAS GALLETAS

- 270 g (2 1/4 tazas) de harina normal
- 1 cucharadita de bicarbonato sódico
- 1 1/4 cucharaditas de sal
- 230 g (1 taza) de mantequilla sin sal, a temperatura ambiente
- 270 g (1 1/2 tazas) de azúcar moreno claro «compacto» (véase la pág. 320)
- 150 g (3/4 de taza) de azúcar granulado
- 2 huevos grandes
- 2 cucharaditas de extracto de vainilla
- 340 g de pepitas o trocitos de chocolate semiamargo (unas 2 tazas)

PARA LA CREMA

- 960 ml (4 tazas) de nata para montar bien fría
- 225 g de queso mascarpone
- 2 cucharadas de azúcar granulado
- 1 cucharada de whisky (opcional)
- Rizos de chocolate, para adornar (véase la pág. 328)

1. Prepara las galletas: precalienta el horno a 180 °C. Forra 2 bandejas grandes con papel de hornear. Tamiza la harina, el bicarbonato sódico y la sal en un cuenco. Con una batidora eléctrica a velocidad media/alta, bate la mantequilla y los dos tipos de azúcar hasta obtener una mezcla blanquecina y esponjosa, unos 3 minutos. Reduce a baja velocidad. Añade los huevos de 1 en 1, batiendo hasta unirlos tras cada incorporación y raspando las paredes del cuenco si es necesario. Añade la mezcla de harina en 3 tandas, y luego incorpora la vainilla. Agrega las pepitas de chocolate.

2. Con la ayuda de una cuchara de helado de 3 cm (o una cuchara normal), toma cucharadas de masa y colócalas sobre las bandejas preparadas, dejando un espacio de 5 cm entre ellas. Hornéalas hasta que tengan los bordes dorados y el centro cuajado (14-16 minutos). Traslada las bandejas a rejillas enfriadoras 5 minutos. Coloca las galletas directamente sobre las rejillas y deja que se enfríen por completo.

3. Prepara la crema: con una batidora eléctrica a velocidad media, bate 720 ml (3 tazas) de nata y el mascarpone en un recipiente frío hasta formar picos suaves. Añade el azúcar granulado y el whisky (si procede). Bate a velocidad media/alta hasta que se formen picos medios/firmes. Refrigera la crema hasta el momento de usarla.

4. Pinta la base de 11 galletas con una pizca de la mezcla cremosa y coloca 9 de ellas en un círculo sobre una bandeja de servir, con 2 galletas en el medio. Extiende uniformemente y con cuidado 240 ml (1 taza) de la mezcla cremosa sobre las galletas, dejando que el borde sobresalga un poco. Repite el proceso hasta formar 7 capas más (con las galletas escalonadas), y acaba con una capa de galletas (sobrarán algunas galletas). Refrigera el pastel, envuelto holgadamente con film transparente, toda la noche.

5. Para servir, bate los 240 ml (1 taza) de crema restante hasta formar picos suaves y extiéndela sobre la superficie del pastel. Adorna la superficie con rizos de chocolate. Corta el pastel en porciones con un cuchillo de sierra.

Tarta de helado de chocolate y frutas del bosque

He aquí un gran truco: haz un pastel de chocolate y cúbrelo con capas de helado en el mismo molde. Si rodeas el molde con un aro de papel de hornear, podrás hacer un pastel más alto. Para conseguir porciones bien pulcras, lava el cuchillo con agua caliente después de cortar cada porción. **PARA 8-10 RACIONES**

- 25 g (1/4 de taza) de cacao en polvo sin azúcar
- 60 g (1/2 taza) de harina normal
- 100 g (1/2 taza) de azúcar
- 1/2 cucharadita de bicarbonato sódico
- 1/4 de cucharadita de polvo de hornear
- 1/4 de cucharadita de sal gruesa
- 1 yema de huevo grande
- 60 ml (1/4 de taza) de suero de leche
- 60 ml (1/4 de taza) de agua caliente
- 1 cucharada de aceite de colza o de cártamo
- 1/2 cucharadita de extracto de vainilla
- 150 g (1 taza) de moras frescas o descongeladas
- 500 ml de helado de vainilla
- 500 ml de sorbete de frambuesa
- Espray para cocinar de aceite vegetal

1. Precalienta el horno a 180 °C. Rocía ligeramente con espray para cocinar un molde de base desmontable de 20 cm. En un cuenco grande, mezcla el cacao en polvo, la harina, el azúcar, el bicarbonato sódico, el polvo de hornear y la sal. Incorpora batiendo la yema de huevo, el suero de leche, el agua caliente, el aceite y la vainilla. Vierte la masa en el molde preparado y hornea hasta que el pastel se separe de la pared del molde y el probador de pasteles salga limpio, unos 15 minutos. Traslada el molde a una rejilla enfriadora para que se enfríe por completo, 1 hora y media.

2. Corta 1 o 2 tiras de papel de hornear que sean 2,5 cm más altas que la pared del molde. Coloca las tiras entre los laterales del pastel y el molde, sobreponiéndolas si es necesario, formando un anillo (el papel de hornear debería quedar ceñido a la circunferencia del pastel).

3. En un cuenco mediano, tritura ligeramente las moras con un tenedor. Mete el helado en el microondas unos 20 segundos para ablandarlo (o déjalo a temperatura ambiente 10 minutos), y luego pásalo a un cuenco y bátelo con una batidora eléctrica a velocidad media hasta que esté homogéneo y se pueda extender, unos 30 segundos. Agrega las moras. Con una pequeña espátula acodada o flexible, extiende la mezcla de helado formando una capa uniforme sobre el pastel enfriado. Congélalo hasta que el helado esté muy firme, unas 2 horas.

4. Ablanda el sorbete como el helado anterior y bátelo hasta que esté homogéneo, luego extiéndelo uniformemente sobre la capa de helado y congélalo hasta que cuaje, 1 hora (o máximo 1 semana, tapado). Para servir, desmolda el pastel y retira el papel de hornear.

Tarta helada de queso y expreso

Toma unos cuantos ingredientes del tiramisú (expreso, chocolate y mascarpone) y conviértelos en un pastel de queso helado. Los trocitos de *torrone*, un dulce italiano similar al turrón, hacen este postre aún más delicioso. Utiliza un procesador de alimentos para moler las galletas de barquillo. **PARA 10 RACIONES**

- 225 g (1 ½ tazas) de galletas de chocolate de barquillo picadas finas (unas 35 galletas)
- 60 g de mantequilla sin sal, fundida
- 125 g (½ taza más 2 cucharadas) de azúcar
- 4 yemas de huevo grandes
- 4 ½ cucharaditas de café expreso instantáneo en polvo de buena calidad (como Medaglia d'Oro)
- Una pizca de sal
- 675 g de queso mascarpone a temperatura ambiente
- 1 ½ cucharaditas de extracto de vainilla
- 340 g de *torrone* duro (turrón italiano) cortado en trozos de 6 mm
- 120 ml (½ taza) de nata para montar bien fría
- Aceite de colza o de cártamo

1. Mezcla las migas de galleta, la mantequilla fundida y 3 cucharadas de azúcar en un cuenco mediano.

2. En un cuenco resistente al calor mezcla las yemas de huevo, 50 g (¼ de taza) de azúcar, el expreso y la sal. Sitúa el cuenco encima (no dentro) de una olla con agua hirviendo a fuego lento y remueve hasta que espese, unos 2 minutos. Con una batidora eléctrica a velocidad media, bate la mezcla otros 2 minutos. Remueve el mascarpone y la vainilla a mano hasta ligarlos. Incorpora el *torrone*.

3. En otro cuenco, bate la nata con las 3 cucharadas de azúcar restantes a velocidad media hasta formar picos suaves. Agrega la mezcla de mascarpone hasta incorporarla. Refrigera la mezcla hasta el momento de usarla.

4. Recubre con un poco de aceite un molde alargado de 25×13 cm y fórralo con film trasparente y papel de hornear, dejando que sobresalga por los lados. Vierte un tercio de la mezcla de mascarpone en el molde forrado y alísalo con una espátula acodada. Coloca encima la mitad de la mezcla de migas y presiónalas para que se adhieran bien. Repite el proceso para hacer una segunda capa con la mezcla de mascarpone y las migas. Acaba con la mezcla de mascarpone restante. Pliega holgadamente el papel de hornear y coloca el film transparente encima. Congélalo mínimo 3 horas (o máximo 3 días).

5. Para servir, deja el pastel a temperatura ambiente 10 minutos. Coloca el molde alargado dentro de un molde más grande y vierte agua del grifo en el molde grande hasta alcanzar tres cuartos de las paredes del molde alargado. Déjalo así 10 segundos. Saca el pastel sujetándolo por el papel de hornear. Desmóldalo sobre una bandeja de servir y retira el papel y el film transparente. Corta el pastel, lavando el cuchillo tras cortar cada porción.

HACER CAPAS EN EL MOLDE

Tarta helada de chocolate y avellanas

A veces, cuanto más, mejor. Este extravagante postre lo tiene todo: helado, frutos secos, esponjosos malvaviscos y trocitos de pastel lo suficientemente sustanciosos como para unirlo todo. **PARA 10-12 RACIONES**

PARA EL PASTEL

- Mantequilla sin sal para los moldes
- 80 g (2/3 de taza) de harina normal, y un poco más para los moldes
- 130 g (2/3 de taza) de azúcar
- 50 g (1/2 taza) de cacao en polvo sin azúcar
- 1 cucharadita de polvo de hornear
- 1 cucharadita de bicarbonato sódico
- 1/2 cucharadita de sal gruesa
- 120 ml (1/2 taza) de aceite de colza o de cártamo
- 80 ml (1/3 de taza) de agua caliente
- 1 cucharadita de extracto de vainilla
- 3 huevos a temperatura ambiente, separados

PARA LOS REMOLINOS DE MALVAVISCO

- 4 claras de huevo grandes, a temperatura ambiente
- 200 g (1 taza) de azúcar
- 1/4 de cucharadita de crémor tártaro
- 1 cucharadita de extracto de vainilla

PARA LAS CAPAS

- 1 1/2 l de helado de chocolate (unas 6 tazas) ablandado
- 150 g (1 taza) de avellanas tostadas, sin piel y picadas (véase la pág. 344)

1. Haz el pastel: precalienta el horno a 180 °C. Engrasa con mantequilla 2 moldes de base desmontable de 25 cm (o un molde de base desmontable de 25 cm y otro molde redondo de 25 cm); fórralos con un círculo de papel de hornear y engrasa también el papel. Enharina los moldes y sacude la harina sobrante. Mezcla 65 g (1/3 de taza) de azúcar, la harina, el cacao en polvo, el polvo de hornear, el bicarbonato y la sal en un cuenco. Mezcla el aceite, el agua y la vainilla en otro cuenco.

2. Con una batidora eléctrica a velocidad media/alta, bate las yemas de huevo hasta obtener una mezcla pálida y espesa, unos 5 minutos. Añade gradualmente la mezcla de aceite, batiendo hasta unirlo. Incorpora gradualmente la mezcla de harina batiendo hasta unirlo bien.

3. En un recipiente mezclador limpio, bate las claras de huevo a velocidad media/alta hasta que estén espumosas. Añade gradualmente los 65 g (1/3 de taza) de azúcar, batiendo hasta formar picos medianos/firmes. Incorpora un tercio de las claras de huevo en la mezcla de yemas con una espátula flexible, y a continuación, incorpora delicadamente las claras restantes.

4. Divide la masa entre los dos moldes preparados, extendiéndola con una espátula acodada. Hornea hasta que los pasteles estén cuajados y recuperen su forma al tacto, (10-12 minutos). Traslada los moldes a una rejilla enfriadora y deja que se enfríen por completo. Retira el pastel de un molde y desmígalo.

5. Prepara los remolinos de malvavisco: introduce las claras de huevo, el azúcar y el crémor tártaro en un cuenco situado encima (no dentro) de una olla con agua hirviendo a fuego lento. Bate constantemente hasta que el azúcar se disuelva y la mezcla esté caliente (3-4 minutos). Retíralo del fuego. Bate con una batidora eléctrica, empezando a velocidad baja y subiendo gradualmente hasta alcanzar la velocidad alta y conseguir picos firmes y brillantes (5-7 minutos). Incorpora la vainilla hasta que esté bien mezclada. Utiliza la mezcla de inmediato.

6. Monta el pastel: mientras tanto, mezcla el helado y las nueces en un cuenco grande. Incorpora 3/4 de la mezcla de remolinos de malvavisco y todo el pastel desmigajado. En cuanto hayas incorporado los remolinos restantes, extiende la mezcla sobre el pastel del molde desmontable, formando remolinos encima. Congela hasta que esté firme, mínimo 6 horas (o toda la noche). Retira las paredes del molde. Deja a temperatura ambiente 5 minutos antes de servir.

Tarta helada de pan de especias

Para darle a la popular tarta helada un toque navideño, utiliza galletas de pan de especias caseras y corónalo con compota de naranja sanguina agridulce. Necesitarás un cortador de galletas redondo y acanalado de 3,5 cm para cortar las galletas. **PARA 8-10 RACIONES**

PARA EL PASTEL

- Harina normal para espolvorear
- Masa de galletas de pan de especias y melaza (pág. 342)
- 4 tazas (960 ml) de nata para montar bien fría
- 25 g (¼ de taza) de azúcar glas
- 1 cucharadita de extracto de vainilla

PARA LA GUARNICIÓN

- 4 naranjas sanguinas a rodajas muy finas
- 400 g (2 tazas) de azúcar granulado
- 480 ml (2 tazas) de agua

1. Haz el pastel: precalienta el horno a 180 °C. Espolvorea generosamente con harina un trozo de papel de hornear. Extiende la masa sobre el papel hasta alcanzar un grosor de 0,15 cm. Retira con un pincel la harina sobrante. Traslada la masa y el papel sobre bandejas de hornear y congélalas 10 minutos. Con la ayuda de un cortador acanalado de 3,5 cm, corta 72 círculos. Colócalos sobre las bandejas de hornear forradas con papel de hornear y congélalos 10 minutos.

2. Hornea las galletas 5 minutos. Retira las bandejas del horno y golpéalas con firmeza sobre el mostrador para aplanar las galletas. Mételas de nuevo en el horno, girando las bandejas de hornear hasta que las galletas cuajen y los bordes estén ligeramente oscurecidos, unos 5 minutos más. Traslada las bandejas a rejillas enfriadoras y deja que se enfríen por completo.

3. Con una batidora eléctrica a velocidad media/alta, bate la nata, el azúcar glas y la vainilla solo hasta formar picos firmes. Pinta la base de 8 galletas con una pizca de la mezcla de nata y coloca 7 en círculo sobre una fuente de servir, colocando una de las galletas en el centro. Extiende cuidadosamente 180 ml (¾ de taza) de nata montada sobre las galletas de forma uniforme, dejando sobresalir un poco los bordes. Repite el proceso hasta formar 8 capas más, acabando con una capa de nata. Refrigera el pastel 1 hora.

4. Mientras tanto, prepara la guarnición: lleva a ebullición una olla grande de agua. Añade las rodajas de naranja y cuécelas hasta que estén semitranslúcidas, unos 5 minutos. Con la ayuda de una cuchara rasurada, deposita las rodajas sobre una bandeja de horno.

5. Corta un círculo de papel de hornear que se ajuste a una olla grande y poco profunda. Lleva a ebullición el azúcar y los 480 ml (2 tazas) de agua, removiendo hasta que el azúcar se haya disuelto. Añade con cuidado las rodajas de naranja, y coloca el papel de hornear sobre la superficie. Reduce el fuego y deja cocer suavemente hasta que las naranjas se hayan ablandado y el líquido adquiera consistencia de almíbar, unos 30 minutos. Retíralo del fuego y deja que se enfríen las naranjas en el almíbar. Corta por la mitad o a cuartos algunas de las rodajas de naranja si quieres. Las naranjas se pueden refrigerar en el almíbar en un recipiente hermético máximo 1 semana; llévalas a temperatura ambiente antes de servir.

6. Decora con algunas de las naranjas y el almíbar la superficie del pastel. Sirve las naranjas restantes como guarnición al lado del pastel.

Pasteles de fruta

Cuando veas una piña o una ciruela perfecta, un melocotón maduro o una cesta de jugosas frutas del bosque, llévalas a casa para hacer un pastel de sabor inconfundiblemente fresco y de temporada. Las tartas al revés exhiben toda la fruta (¡que acaba en la parte de arriba!), pero también puedes mezclarla en la masa, o bien colocarla encima del pastel ya acabado. Sea cual sea la receta que elijas, la fruta que hayas traído del mercado o de la frutería tendrá la ocasión de brillar con luz propia.

TARTA AL REVÉS DE PIÑA, PÁG. 224

Tarta al revés de arándanos rojos

Aunque los pasteles no siempre son aspirantes al bufet de Día de Acción de Gracias, este pastel cubierto de arándanos rojos al jarabe de arce y aromatizado con almendras será bien recibido en el banquete de la memorable fiesta. Por supuesto, no tienes que esperar a hacerlo tan solo una vez al año: disfruta de este postre durante todo el otoño y el invierno, cuando puedas disponer sin problemas de arándanos rojos. **PARA 8 RACIONES**

- 170 g (3/4 de taza) de mantequilla sin sal, a temperatura ambiente, y un poco más para el molde
- 90 g (3/4 de taza) de harina normal, y un poco más para el molde
- 330 g (2 3/4 tazas) de arándanos frescos o descongelados
- 135 ml (1/2 taza más 1 cucharada) de sirope de arce puro
- 1/2 cucharadita de canela en polvo
- 1 cucharadita de polvo de hornear
- 1/4 de cucharadita de sal
- 60 g (1/4 de taza más 2 cucharadas) de harina de maíz amarillo gruesa
- 60 g (1/4 de taza) de pasta de almendra
- 175 g (3/4 de taza más 2 cucharadas) de azúcar
- 3 huevos grandes, separados, a temperatura ambiente
- 1/4 de cucharadita de extracto de vainilla
- 1/4 de cucharadita de extracto de almendra
- 120 ml (1/2 taza) de leche

1. Engrasa con mantequilla un molde para pastel redondo de 20 cm; enharínalo y sacude la harina sobrante. En una sartén grande, calienta 90 g de mantequilla a fuego medio hasta que chisporrotee. Añade los arándanos rojos y cuécelos hasta que estén brillantes, unos 2 minutos. Añade el sirope de arce y la canela. Cuece la mezcla removiendo a menudo, hasta que los arándanos se ablanden, pero aún mantengan su forma (3-5 minutos). Retíralo del fuego.

2. Con una cuchara ranurada, traslada los arándanos a una bandeja de horno para que se enfríen un poco antes de colocarlos en el molde para pastel preparado. Devuelve la sartén a fuego medio y cuece hasta que el almíbar hierva y espese (3-4 minutos), pero sin cocerlo en exceso. Vierte inmediatamente el almíbar sobre los arándanos y déjalo enfriar unos 10 minutos.

3. Precalienta el horno a 180 °C, con la rejilla en el centro. Mezcla la harina, el polvo de hornear y la sal en un cuenco. Incorpora la harina de maíz con un tenedor.

4. Con una batidora eléctrica a velocidad media, bate las 3 cucharadas de azúcar restantes y la pasta de almendra hasta ligarlo bien, unos 30 segundos. Añade gradualmente 150 g (3/4 de taza) de azúcar y bate hasta que esté cremoso, unos 2 minutos. Añade las yemas de huevo y bate hasta que estén bien ligadas. Agrega el extracto de vainilla y el de almendra. Añade la mezcla de harina en 2 tandas, alternando con la leche y empezando y finalizando con la harina; bate solo hasta ligarlo.

5. En un recipiente limpio, con una batidora eléctrica a velocidad media/baja, bate las claras de huevo hasta que estén espumosas. Añade lentamente las 2 cucharadas de azúcar restantes. Sube a velocidad alta y bate hasta que se formen picos blandos, unos 5 minutos. Bate un tercio de las claras con la masa, y luego incorpora las claras restantes.

6. Extiende con cuidado la masa sobre los arándanos. Hornea el pastel hasta que el probador de pasteles salga limpio, unos 45 minutos. Traslada el pastel a una rejilla enfriadora para que se enfríe 2 horas antes de darle la vuelta sobre una bandeja de servir.

Tarta al revés de piña

Olvídate de las antiguas recetas elaboradas con piña en lata y cerezas al marrasquino. Esta versión del postre americano por excelencia empieza con una piña fresca entera. Con su tallo de púas y su piel espinosa, esta fruta puede intimidar un poco, pero es muy fácil de preparar: primero corta la parte superior e inferior de la piña. Colócala de pie y, practicando cortes hacia abajo, corta la piel a tiras anchas, retirando los «ojos». Luego corta la fruta en rodajas, y utiliza un cuchillo de mondar (o un cortador de galletas redondo pequeño) para cortar el corazón de la piña. **PARA 8-10 RACIONES**

PARA EL PASTEL

- 180 g (1 ½ tazas) de harina normal
- 2 cucharadas de polvo de hornear
- ¼ de cucharadita de sal
- 90 g de mantequilla sin sal, a temperatura ambiente
- 200 g (1 taza) de azúcar
- 2 huevos grandes
- 1 cdta de extracto de vainilla
- 120 ml (½ taza) de leche

PARA LA CAPA DE FRUTA

- 130 g (⅔ de taza) de azúcar
- 45 g de mantequilla sin sal, cortada a trocitos
- 6 rodajas finas de piña descorazonadas (de 1 piña pequeña) cortadas por la mitad

PREPARAR LA PIÑA

1. Haz el pastel: precalienta el horno a 180 °C. En un cuenco grande mezcla la harina, el polvo de hornear y la sal.

2. Con una batidora eléctrica a velocidad media/alta, bate la mantequilla y el azúcar hasta obtener una mezcla blanquecina y esponjosa (3-5 minutos). Añade los huevos y la vainilla y bate hasta unirlo. Añade la mezcla de harina en 3 tandas, alternando con 2 tandas de leche. Mezcla todo solo hasta ligarlo.

3. Prepara la capa de fruta: vierte azúcar en una sartén apta para el horno de 25 cm (preferentemente de hierro fundido) y caliéntalo a fuego medio, hasta que el azúcar empiece a licuarse. Cuécelo removiendo con una cuchara de madera hasta que el azúcar se haya fundido por completo y esté dorado (2-3 minutos). Si el azúcar se oscurece demasiado rápido, retira la sartén del fuego un momento antes de seguir. Retira la sartén del fuego e incorpora la mantequilla. Introduce las medias rodajas de piña en la sartén, solapándolas un poco para que quepan si es necesario.

4. Vierte cuidadosamente la masa sobre la piña de la sartén. Hornea hasta que el probador de pasteles salga limpio, unos 38 minutos. Traslada el molde a una rejilla enfriadora para que se enfríe 5 minutos. Desliza un cuchillo alrededor del borde del pastel para soltarlo y luego voltéalo con cuidado sobre una bandeja. Sírvelo caliente o a temperatura ambiente.

Tarta al revés de fruta con hueso

Toma nota mental de esta receta para una fiesta de verano, cuando las frutas con hueso están en su apogeo. Nectarinas, ciruelas y albaricoques, todas funcionan de maravilla aquí: utiliza un tipo de fruta para cada pastel, o también puedes combinarlas. Si haces dos pasteles de 23 cm, reduce la cantidad de fruta a unos 900 g y hornéalos unos 70 minutos.

PARA 5 PASTELES DE 15 CM O 2 PASTELES DE 23 CM

PARA LA CAPA DE FRUTA

230 g (1 taza) de mantequilla sin sal, a temperatura ambiente

3 cucharadas de sirope de arce

1 cucharadita de ron añejo

360 g (2 tazas) de azúcar moreno claro «compacto» (véase la pág. 320)

1/2 cucharadita de extracto de vainilla

1/2 cucharadita de sal gruesa

10-15 nectarinas, ciruelas o albaricoques (aprox. 1125 g) deshuesados y cortados en cuñas de 6 mm

Espray para cocinar de aceite vegetal

PARA LOS PASTELES

180 g (1 1/2 tazas) de harina normal

180 g (1 1/2 tazas) de harina pastelera (no leudante)

1 cucharada de polvo de hornear

1 cucharadita de sal

230 g (1 taza) de mantequilla sin sal, a temperatura ambiente

350 g (1 3/4 tazas) de azúcar granulado

4 huevos grandes

2 cucharaditas de extracto de vainilla

300 ml (1 1/4 tazas) de leche

1. Precalienta el horno a 180 °C. Prepara la cobertura: con una batidora eléctrica a velocidad media, bate la mantequilla, el sirope de arce, el ron, el azúcar moreno, la vainilla y la sal hasta que esté bien mezclado.

2. Rocía 5 moldes redondos de 15x8 cm o bien 2 de 23x5 cm con espray para cocinar, fórralos con círculos de papel de hornear y rocía también el papel. Divide la mezcla para la cobertura entre los moldes, alisándola con una espátula acodada. Empezando desde el centro y avanzando hacia fuera, coloca las rodajas de fruta en forma de abanico superpuesto encima de los moldes cubiertos de cobertura.

3. Haz los pasteles: en un cuenco mediano, mezcla las dos harinas, el polvo de hornear y la sal. Con una batidora eléctrica a velocidad media/alta, bate la mantequilla y el azúcar granulado hasta obtener una mezcla blanquecina y esponjosa (3-4 minutos), raspando las paredes del cuenco si es necesario. Incorpora los huevos de 1 en 1, y a continuación, la vainilla. Reduce a velocidad baja. Añade la mezcla de harina en 3 tandas, alternando con 2 tandas de leche; bate hasta unirlo todo tras cada incorporación.

4. Divide la masa entre los moldes preparados y alisa las superficies con una espátula acodada. Hornea los pasteles, girándolos a media cocción, hasta que estén bien dorados y el probador de pasteles salga limpio (35-40 minutos). Traslada los moldes a unas rejillas enfriadoras 30 minutos. Desliza un cuchillo pequeño alrededor de los bordes de los pasteles para soltarlos, y luego voltéalos sobre las rejillas o sobre bandejas de servir. Sírvelos calientes o a temperatura ambiente.

Pastel de coco, lima y frutas del bosque

El suero de leche y el coco hacen de este pastel un bocado especialmente jugoso. Un toque de ron le da un sabor tropical, pero puedes sustituirlo por zumo de naranja. Utiliza las frutas del bosque más hermosas del mercado, ya sea de un solo tipo, o bien una mezcla colorida como la que se muestra aquí.

PARA 12 RACIONES

- 170 g ($^3/_4$ de taza) de mantequilla sin sal, a temperatura ambiente, y un poco más para la fuente de horno
- 220 g (1 $^3/_4$ tazas más 1 cda) de harina normal, y un poco más para la fuente de horno
- 2 cucharadas de polvo de hornear
- $^1/_2$ cucharada de sal gruesa
- 75 g (1 taza) de coco rallado sin azúcar «compacto» (véase la pág. 320)
- 210 g (1 taza más 1 cucharada) de azúcar
- 3 huevos grandes
- 180 ml ($^3/_4$ de taza) de suero de leche
- 2 cucharaditas de piel de lima rallada fina, más 2 cucharadas de zumo de lima recién exprimido
- 450 g (3 tazas) de frutas del bosque, como frambuesas, moras y arándanos negros
- 3 cucharadas de ron o de zumo de naranja

1. Precalienta el horno a 180 °C. Engrasa con mantequilla una fuente de horno de 23×33 cm, enharínala y sacude la harina sobrante. En un cuenco grande, mezcla 210 g (1 $^3/_4$ tazas) de harina, el polvo de hornear, la sal y el coco.

2. Con una batidora eléctrica a velocidad alta, bate la mantequilla y 200 g (1 taza) de azúcar hasta obtener una mezcla blanquecina y esponjosa, raspando las paredes del cuenco si es necesario, unos 4 minutos. Añade los huevos de 1 en 1 y bate bien hasta unirlos. Reduce a velocidad baja. Añade la mezcla de harina en 3 tandas, alternando con 2 tandas de suero de leche; bate hasta ligarlo todo. Agrega la ralladura y el zumo de lima. Vierte la masa en el molde preparado y alísala con una espátula acodada.

3. En un cuenco mediano, mezcla las frutas del bosque con la cucharada de harina restante, 1 cucharada de azúcar y el ron. Esparce la mezcla de frutas sobre la masa. Hornea el pastel hasta que se doren los bordes y el probador de pasteles insertado en el centro salga limpio, unos 35 minutos. Traslada el molde a una rejilla enfriadora 20 minutos y sírvelo caliente o a temperatura ambiente. El pastel enfriado se puede guardar en la nevera, envuelto en film transparente, máximo 5 días.

Tarta al revés de mandarina y vainilla

Las rodajas de mandarina sobre este pastel parecen pedazos de sol. Hemos dejado la cáscara para conseguir un delicioso sabor ácido. Las satsumas, unas mandarinas pequeñas y ligeramente aplanadas que simbolizan la buena fortuna en las fiestas del Año Nuevo chino, resultan perfectas aquí, pero también puedes usar otras variedades. Dado que se utiliza la fruta entera, busca mandarinas orgánicas, libres de pesticidas, y lávalas antes de usarlas.

PARA 8-10 RACIONES

- 4-5 mandarinas medianas, preferentemente satsumas (675 g), a rodajas muy finas y sin semillas
- 230 g (1 taza) de mantequilla sin sal, a temperatura ambiente
- 1 vaina de vainilla (córtala por la mitad, raspa las semillas del interior y reserva la vaina para otro uso)
- 300 g (1 ½ tazas) de azúcar
- 1 cucharada de piel de mandarina rallada fina, más 3 cucharadas de zumo de mandarina recién exprimido (de 1 mandarina)
- 175 g (1 ⅓ tazas más 1 cucharada) de harina normal
- 1 ½ cucharaditas de polvo de hornear
- ½ cucharadita de sal gruesa
- 2 huevos grandes
- 120 ml (½ taza) de leche entera

1. Precalienta el horno a 180 °C. Lleva a ebullición una olla grande de agua. Añade las rodajas de mandarina y hiérvelas 3 minutos. Escúrrelas y coloca las rodajas formando una sola capa sobre paños de cocina.

2. Introduce 115 g (½ taza) de mantequilla en un molde redondo para pastel de 23×5 cm. Mezcla la mitad de las semillas de vainilla con 100 g (½ taza) de azúcar; espolvorealos sobre la mantequilla. Introduce el molde en el horno hasta que la mantequilla se funda, unos 7 minutos. Retíralo del fuego y bate con cuidado 2 cucharadas de zumo de mandarina.

3. Mezcla la harina, el polvo de hornear y la sal en un cuenco mediano. Con una batidora eléctrica a velocidad media/alta, bate la ralladura de mandarina y los 120 g (½ taza) de mantequilla restantes, 200 g (1 taza) de azúcar y las semillas de vainilla hasta obtener una mezcla blanquecina y esponjosa (3-5 minutos). Con la batidora en marcha, añade los huevos de 1 en 1, batiendo bien tras cada incorporación. Reduce a velocidad baja. Añade la mezcla de harina en 2 tandas, alternando con la leche y la cucharada de zumo restante.

4. Coloca las rodajas de mandarina sobre la mezcla de azúcar en el molde, empezando desde el centro y formando una espiral hacia fuera, sobreponiendo ligeramente las rodajas. (Utiliza rodajas que estén completamente intactas). Vierte delicadamente la masa encima de las mandarinas y extiéndela uniformemente con una espátula acodada. Hornea hasta que el pastel esté dorado y el probador de pasteles salga limpio (45-50 minutos). Traslada el molde a una rejilla enfriadora 10 minutos. Desliza un cuchillo alrededor del borde del pastel para soltarlo y luego voltéalo sobre una bandeja de servir. Déjalo enfriar antes de servir. El pastel se puede guardar a temperatura ambiente, tapado, máximo 1 día.

Pastel de higos y limón

El aceite de oliva posee un sabor delicadamente afrutado que favorece sobremanera a los pasteles destinados a un simple tentempié. Prueba este pastel para el desayuno, junto a un capuchino, o para acompañar una taza de té por la tarde. Puedes utilizar un molde redondo de 23 cm en lugar de un molde para tarta; unta el molde con aceite y fórralo con un círculo de papel de hornear. **PARA 8-10 RACIONES**

- 125 ml (1/2 taza) de aceite de oliva, y un poco más para el molde
- 120 ml (1/2 taza) de leche
- 1 huevo grande
- 180 g (1 1/2 tazas) de harina normal
- 150 g (3/4 de taza) de azúcar
- 1/2 cucharadita de polvo de hornear
- 1/4 de cucharadita de sal
- 280 g de higos secos, sin tallo, picados toscamente (aprox. 1 1/2 tazas)
- 1 1/2 cucharaditas de piel de limón rallada fina

1. Precalienta el horno a 180 °C. Pincela con aceite un molde para tarta de 23 cm de base desmontable.

2. En un cuenco mediano o un vaso medidor de líquidos, mezcla el aceite, la leche y el huevo. En un cuenco grande mezcla la harina, el azúcar, el polvo de hornear y la sal. Añade la mezcla de leche y remueve con una espátula flexible solo hasta que esté homogéneo (no lo mezcles en exceso). Incorpora delicadamente los higos y la ralladura de limón.

3. Vierte la masa en el molde preparado y colócala sobre una bandeja de horno con borde. Hornea hasta que el pastel esté dorado y el probador de pasteles salga limpio, (35-40 minutos). Traslada el molde a una rejilla enfriadora 15 minutos. Coloca el pastel sobre la rejilla y deja que se enfríe por completo. El pastel se puede guardar a temperatura ambiente, envuelto en film transparente, máximo 1 día.

Tarta al revés de manzana

Recurre a los sabores de la típica tarta de manzana americana para confeccionar un pastel que estará tan a gusto en un picnic de la cosecha como en una cena del día de Acción de Gracias. El pastel es muy bajito porque se ha horneado en un molde para tarta de 30 cm. Si no tienes uno, puedes utilizar un molde para pizza de la misma medida. **PARA 10-12 RACIONES**

- 290 g (1 ¼ tazas) de mantequilla sin sal, a temperatura ambiente, y un poco más para el molde
- 270 g (1 ½ tazas) de azúcar moreno claro «compacto» (véase la pág. 320)
- 3 cucharadas de Calvados
- ¾ de cucharadita más 1 pizca de sal
- 3 ramitas de canela enteras
- 6 manzanas Braeburn o McIntosh (unos 1125 g), peladas, descorazonadas y cortadas en círculos de 6 mm de grosor
- 270 g (2 ¼ tazas) de harina normal
- ½ cucharadita de bicarbonato sódico
- ½ cucharadita de polvo de hornear
- ¾ de cucharadita de canela en polvo
- 300 g (1 ½ tazas) de azúcar granulado
- 3 huevos grandes
- 1 ½ cucharaditas de extracto de vainilla
- 120 ml (½ taza) de crema agria

1. Precalienta el horno a 190 °C, con la rejilla en el tercio inferior del horno. Engrasa con mantequilla un molde de tarta redondo de 30 cm con base desmontable; fórralo con un círculo de papel de hornear y engrasa también el papel. Envuelve el exterior del molde con papel de aluminio.

2. Con una batidora eléctrica a velocidad media/alta, bate 115 g (½ taza) de mantequilla, el azúcar moreno, el Calvados y una pizca de sal hasta obtener una mezcla blanquecina y esponjosa (2-3 minutos). Extiende la mezcla en el molde preparado. Dispón los círculos de manzana en el molde (puede que no necesites todos los círculos de manzana, utiliza los más bonitos) y presiónalos cuidadosamente sobre la mezcla. Coloca las ramas de canela en los espacios vacíos. Tamiza la harina, el bicarbonato sódico, el polvo de hornear, los ¾ de cucharadita de sal restante y la canela en polvo en un cuenco.

3. Con la batidora a velocidad media/alta, bate los 172 g (¾ de taza) de mantequilla restantes y el azúcar granulado en un recipiente limpio hasta obtener una mezcla blanquecina y esponjosa (2-3 minutos). Incorpora los huevos de 1 en 1 y agrega la vainilla. Reduce a baja velocidad. Añade la mezcla de harina en 2 tandas, alternando con la crema agria y empezando y finalizando con la harina; bate solo hasta ligarlo. Extiende la masa uniformemente sobre las manzanas.

4. Hornea hasta que el pastel esté dorado y el probador de pasteles salga limpio, unos 45 minutos. Traslada el molde a una rejilla enfriadora 15 minutos y luego voltea con cuidado el molde sobre una fuente de servir. El pastel se puede guardar a temperatura ambiente, tapado, máximo 1 día.

Tarta al revés de ruibarbo

El ruibarbo ofrece su peculiar sabor agridulce y su color rosado a este bocado primaveral. Los tallos cortados en rodajas se mezclan con azúcar en un molde para pastel; la masa y el *streusel* se colocan encima (por supuesto, el *streusel* será la base del pastel una vez volteado). Es importante dejar enfriar el pastel 10 minutos antes de voltearlo: el ruibarbo estaría demasiado caliente para manejarlo justo después de hornear; pero si se espera demasiado, podría pegarse. **PARA 8-10 RACIONES**

PARA EL *STREUSEL*

- 60 g de mantequilla sin sal, fundida
- 60 g (1/2 taza) de harina normal
- 50 g (1/4 de taza) de azúcar
- 1/4 de cucharadita de sal gruesa

PARA EL PASTEL

- 170 g (3/4 de taza) de mantequilla sin sal, a temperatura ambiente, y un poco más para el molde
- 450 g de ruibarbo recortado y cortado a trozos de diagonal muy pronunciada de 1,3 cm de grosor
- 350 g (1 3/4 tazas) de azúcar
- 180 g (1 1/2 tazas) de harina normal
- 1 1/2 cucharadita de polvo de hornear
- 1 1/2 cucharadita de sal gruesa
- 1/2 cucharadita de piel de naranja rallada fina, más 1 cucharada de zumo de naranja recién exprimido
- 2 huevos grandes
- 240 ml (1 taza) de crema agria

1. Precalienta el horno a 180 °C. Prepara el *streusel*: mezcla la mantequilla, la harina, el azúcar y la sal hasta obtener una mezcla húmeda y desmigajada.

2. Haz el pastel: engrasa con mantequilla un molde de 23×5 cm. Esparce 60 g de mantequilla (cortada a trozos). Revuelve el ruibarbo con 150 g (3/4 de taza) de azúcar y déjalo reposar 2 minutos. Revuélvelo de nuevo y extiéndelo sobre el molde.

3. Mezcla la harina, el polvo de hornear y la sal. Con una batidora a velocidad media, bate la mantequilla y 200 g (1 taza) de azúcar hasta obtener una mezcla blanquecina y esponjosa (3-5 minutos). Incorpora la ralladura y el zumo de naranja. Añade los huevos de 1 en 1, batiendo tras cada incorporación y raspando las paredes del cuenco si es necesario. Añade la mezcla de harina en 3 tandas, alternando con 2 tandas de crema agria, y batiendo hasta que quede homogéneo. Extiende uniformemente la masa sobre el ruibarbo. Desmenuza el *streusel* sobre la masa.

4. Hornea hasta que el probador de pasteles salga limpio y la superficie recupere su forma al tacto, unos 60 minutos. Traslada el molde a una rejilla enfriadora 10 minutos. Desliza un cuchillo alrededor del borde del pastel para soltarlo, luego voltéalo sobre la rejilla y deja que se enfríe por completo.

Pastel de fresas

Horneado en un molde para tarta y rebosante de fresas, este postre casero proporciona una excelente excusa para ir a recolectar fresas (¡como si hiciera falta excusa para eso!). Llévatelo para un picnic o para una cena vecinal en el patio, y sírvelo directamente del molde. Si lo prefieres, puedes hornearlo en un molde para pastel de 23 cm. **PARA 8-10 RACIONES**

- 90 g de mantequilla sin sal, a temperatura ambiente, y un poco más para el molde de tarta
- 180 g (1 ½ tazas) de harina normal
- 1 ½ cucharaditas de polvo de hornear
- ½ cucharadita de sal
- 220 g (1 taza más 2 cucharadas) de azúcar
- 1 huevo grande
- 120 ml (½ taza) de leche
- 1 cucharadita de extracto de vainilla
- 450 g de fresas frescas sin tallo y partidas por la mitad

1. Precalienta el horno a 180 °C. Engrasa con mantequilla un molde para tarta de 25 cm. Tamiza la harina, el polvo de hornear y la sal en un cuenco mediano.

2. Con la batidora eléctrica a velocidad media/alta, bate la mantequilla y 200 g (1 taza) de azúcar hasta obtener una mezcla blanquecina y esponjosa, unos 3 minutos. Reduce a velocidad media/baja e incorpora el huevo, la leche y la vainilla.

3. Reduce a baja velocidad y añade gradualmente la mezcla de harina. Vierte la masa en el molde de tarta preparado. Coloca las fresas encima de la masa con la parte cortada hacia abajo y lo más juntas posible. Espolvorea las 2 cucharadas de azúcar restantes sobre las fresas.

4. Hornea el pastel 10 minutos. Reduce la temperatura a 170 °C y sigue horneando hasta que el pastel esté dorado y firme al tacto, unos 60 minutos más. Traslada el molde de tarta a una rejilla enfriadora y deja que se enfríe por completo. El pastel se puede guardar a temperatura ambiente, cubierto holgadamente, máximo 2 días.

Peras Pavlova

Este postre ligero y liviano, que lleva el nombre de la bailarina rusa Anna Pavlova, nos llega de las antípodas: de hecho, tanto Nueva Zelanda como Australia lo han reclamado como propio. Tradicionalmente el merengue se corona con fruta de la pasión, fresas o kiwi. Nuestras peras cocidas al vino tinto especiado le dan un giro otoñal. Cuando hagas el merengue, comprueba que las claras de huevo no tengan ni una pizca de yema, y que el recipiente esté limpio y seco; el más leve resto de grasa puede impedir que el merengue suba correctamente. **PARA 6 RACIONES**

PARA LAS PERAS

- 1 botella (750 ml) de vino tinto seco, como Cabernet o Zinfandel
- 720 ml (3 tazas) de agua
- 200 g (1 taza) de azúcar granulado
- 1 cucharadita de granos de pimienta negra
- 3 hojas de laurel secas
- 2 ramas de canela
- 3-6 peras Bosc maduras

PARA LA BASE DE MERENGUE

- 4 claras de huevo grandes, a temperatura ambiente
- Una pizca de sal
- 135 g (3/4 de taza) de azúcar moreno claro «compacto» (véase la pág. 320)
- 25 g (1/4 de taza) de azúcar refinado
- 1 cucharadita de vinagre de vino blanco destilado
- 1 cucharadita de extracto de vainilla

PARA LA COBERTURA

- 230 g (1 taza) de nata para montar
- 2 cucharadas de azúcar refinado

1. Prepara las peras: mezcla el vino, el agua, el azúcar, los granos de pimienta negra, las hojas de laurel y las ramas de canela en una olla grande. Llévalo a ebullición y remueve hasta que el azúcar se haya disuelto. Reduce el fuego y déjalo cocer a fuego lento.

2. Pela con cuidado las peras, dejando los tallos intactos. Agrégalas a la olla, cúbrela y déjala cocer, volteando las peras de vez en cuando, hasta que las bases de las peras se atraviesen con facilidad con un cuchillo de mondar (20-25 minutos), en función de la madurez de la fruta. Mientras tanto, prepara un baño María inverso.

3. Con ayuda de una cuchara ranurada grande, traslada con cuidado las peras a un cuenco grande de metal situado dentro del baño María inverso. Vierte el líquido de cocción a través de un colador fino sobre el cuenco con las peras y déjalo enfriar por completo. Cúbrelas con film transparente y guárdalas en la nevera durante toda la noche para que absorban el líquido de cocción.

4. Prepara la base de merengue: precalienta el horno a 150 °C y coloca la rejilla en el centro. Forra con papel de hornear una bandeja de horno. Con la ayuda de un cuenco o un molde de pastel vuelto del revés como guía, dibuja un círculo de 20 cm sobre el papel de hornear. Gira el papel, dejando el lado marcado debajo.

5. Con una batidora eléctrica a velocidad baja, bate las claras de huevo, la sal y el azúcar moreno hasta que esté unido y sin grumos de azúcar. Aumenta a velocidad media y bate hasta que se formen picos suaves, unos 9 minutos. Con la batidora en marcha, añade gradualmente el azúcar refinado. Sigue batiendo hasta que se formen picos firmes y brillantes, unos 2 minutos más. Incorpora el vinagre y la vainilla.

6. Con una espátula flexible, extiende el merengue sobre el círculo de 20 cm marcado en el papel situado encima de la bandeja de horno; forma picos alrededor del borde y deja un hueco en el centro (véase la foto en la pág. 242). Hornea el merengue hasta que tenga el borde crujiente y justo haya cuajado en el centro, unos 75 minutos. Traslada la bandeja de horno a una rejilla enfriadora hasta que esté lo suficientemente frío como para tocarlo. Retira con cuidado el papel de hornear y deja que el merengue se enfríe por completo sobre la rejilla.

(CONTINÚA)

PAVLOVA

Esta versión del Pavlova tiene un sabor similar al caramelo y la textura ligeramente gomosa gracias a la incorporación de azúcar moreno en el merengue. Para obtener una costra más crujiente y clásica, utiliza solo azúcar refinado (manteniendo la misma cantidad total). Uno de los atractivos de este postre es su gran versatilidad: anímate a cambiar la fruta empleada aquí por fruta fresca, macerada, en almíbar o incluso asada (o una combinación de todas), en función de la temporada. La fruta de la pasión, las fresas y el kiwi son las frutas tradicionales, dada la procedencia del postre. Prueba con ruibarbo y frambuesas en primavera, con frutas de hueso y frutas del bosque en verano, con membrillo o manzanas en otoño, y con cítricos o mango en invierno. También puedes cambiar la nata montada por crema pastelera o mascarpone, o bien sustituirla por *crème fraîche*, curd de fruta, flan u otro tipo de crema, *mousse* o incluso helado o sorbete. También puedes espolvorear el postre ya montado con frutos secos tostados picados (los pistachos combinan especialmente bien con la fruta fresca).

7. Prepara la cobertura: en un cuenco pequeño bate la nata para montar y el azúcar refinado hasta formar picos firmes. Cúbrela con film transparente y métela en la nevera hasta el momento de usarla.

8. Corta las peras en mitades longitudinales. Retira las semillas y el tallo con una cuchara o un vaciador de fruta y deséchalos. Corta las peras en trozos de unos 2 cm, mételos en un cuenco y cúbrelos con film transparente hasta el momento de usarlos.

9. Lleva a ebullición 720 ml (3 tazas) del líquido de cocción en una olla mediana y prepara otro baño María inverso. Reduce el fuego y deja cocer la preparación hasta obtener un almíbar reducido a aproximadamente 240 ml (1 taza) (20-25 minutos). Vierte el almíbar en un cuenco limpio dentro del baño María inverso y remueve la mezcla a menudo hasta que se enfríe y espese.

10. Para montar el postre, coloca con cuidado el merengue sobre una bandeja de servir. Vierte encima la nata montada y luego añade las peras. Sírvelo cortado en porciones y rociado con el almíbar.

EXTENDER EL MERENGUE

Pastel de aceite de oliva y uvas negras

Las uvas convierten este pastel italiano, servido tradicionalmente para celebrar el principio de la cosecha, en algo inesperado y especial. **PARA 9 RACIONES**

- 125 ml de aceite de oliva virgen extra, y un poco más para el molde
- 120 g (1 taza) de harina normal, y un poco más para el molde
- 75 g (1/2 taza) de almendras tostadas y picadas finas (véase la pág. 344)
- 40 g (1/4 de taza) de polenta de cocción rápida o de harina de maíz gruesa amarilla
- 1 1/2 cucharaditas de polvo de hornear
- 1/2 cucharadita de sal
- 2 huevos grandes
- 130 g (2/3 de taza) de azúcar
- 2 cdas de piel de limón rallada fina
- 80 ml (1/3 de taza) de leche
- 300 g (2 tazas) de uvas negras sin pepitas

1. Precalienta el horno a 180 °C. Engrasa con aceite un molde cuadrado de 20 cm; enharínalo y sacude la harina sobrante. En un cuenco mediano mezcla la harina, las almendras, la polenta, el polvo de hornear y la sal.

2. Con una batidora eléctrica a velocidad alta, bate los huevos, el azúcar y la ralladura de limón hasta obtener una mezcla blanquecina y esponjosa (3-5 minutos). Reduce a velocidad baja y añade poco a poco el aceite. Añade la mezcla de harina en 3 tandas, alternando con 2 tandas de leche; bate solo hasta ligarlo.

3. Vierte la masa en el molde preparado; esparce 150 g (1 taza) de uvas por encima. Hornea el pastel 15 minutos. Esparce los 150 g (1 taza) de uvas restantes sobre el pastel. Hornea hasta que el pastel esté dorado y el probador de pasteles salga limpio, 25-27 minutos más. Traslada el molde a una rejilla enfriadora 15 minutos. Voltea el pastel y córtalo en cuadrados para servirlo.

Pastel de sartén de ciruelas

Este pastel es lo suficientemente rápido y fácil para improvisarlo en un *brunch* de última hora o una cena entre semana. Mete el pastel en el horno cuando te sientes a comer, y estará listo cuando acabes, justo a la hora del postre.

PARA 6 RACIONES

- 60 g de mantequilla sin sal, a temperatura ambiente, y un poco más para la sartén
- 120 g (1 taza) de harina normal, y un poco más para la sartén
- 1/2 cucharadita de polvo de hornear
- 1/4 de cucharadita de bicarbonato sódico
- 1/2 cucharadita de sal gruesa
- 175 g (3/4 de taza más 2 cucharadas) de azúcar
- 1 huevo grande
- 120 ml (1/2 taza) de suero de leche
- 2 ciruelas medianas maduras, cortadas en rodajas muy finas

1. Precalienta el horno a 190 °C. Engrasa con mantequilla una sartén apta para el horno de 20 cm (preferiblemente de hierro fundido); enharínala y sacude la harina sobrante. Mezcla la harina, el polvo de hornear, el bicarbonato sódico y la sal. Con una batidora eléctrica a velocidad media, bate la mantequilla y 150 g (3/4 de taza) de azúcar hasta obtener una mezcla blanquecina y esponjosa (3-5 minutos). Incorpora el huevo. Añade la mezcla de harina en 3 tandas, alternando con 2 tandas de suero de leche; bate solo hasta ligarlo.

2. Vierte la masa en la sartén preparada y alisa la superficie con una espátula acodada. Coloca las ciruelas encima, en forma de abanico; espolvorea con las 2 cucharadas restantes de azúcar y hornea hasta que esté dorado y el probador de pasteles salga limpio (35-40 minutos). Traslada el pastel a una rejilla enfriadora para que se enfríe un poco antes de servirlo.

Bizcocho de fresas y albahaca

Haz que este clásico veraniego sepa aún mejor (¡Sí, es posible!) añadiendo albahaca, otro de los sabores característicos de la temporada. Asegúrate de cubrir la nata con film transparente mientras la albahaca está en infusión.

PARA 8-10 RACIONES

- 540 ml (2 1/4 tazas) de nata para montar fría, más 2 cucharadas para pincelar
- 20 hojas de albahaca grandes, más 30 g (1/3 de taza) de hojas pequeñas o rotas
- 360 g (3 tazas) de harina normal
- 100 g (1/2 taza) de azúcar granulado, y un poco más si es necesario
- 1 cucharada más 1 1/2 cucharaditas de polvo de hornear
- 3/4 de cucharadita de sal
- 260 g (1 taza más 2 cucharadas) de mantequilla sin sal, cortada en trocitos
- 2 huevos grandes, ligeramente batidos
- 1/2 cucharadita de extracto de vainilla
- 560 g (unas 4 1/2 tazas) de fresas cortadas en rodajas
- 3 cucharadas de azúcar glas

1. Cuece lentamente 258 ml (1 ½ tazas) de la nata en una olla pequeña a fuego medio. Machaca las hojas de albahaca grandes, golpeándolas repetidamente con el lado desafilado de un cuchillo, y añádelas a la nata. Retírala del fuego, tápala bien y deja en infusión 25 minutos. Cuela la mezcla con un colador fino, presionando los sólidos para extraer el líquido. Refrigera la mezcla en un recipiente hermético mínimo 5 horas (o máximo 1 día).

2. Precalienta el horno a 200 °C. Mezcla la harina, 3 cucharadas de azúcar granulado, el polvo de hornear y la sal. Incorpora la mantequilla con un mezclador de repostería, o bien deshazla con los dedos. Los trozos más grandes deberían tener la medida de un guisante pequeño.

3. Mezcla 180 ml (¾ de taza) de nata para montar, los huevos y la vainilla. Incorpóralo a la mezcla de harina con la ayuda de un tenedor hasta que los ingredientes estén húmedos, pero no totalmente incorporados (no lo mezcles en exceso).

4. Coloca la masa sobre una bandeja de hornear forrada con papel de hornear y moldéala formando un círculo de 24 cm. Pincela la masa con las dos cucharadas restantes de nata para montar y espolvoréala con 1 cucharada de azúcar granulado.

5. Hornea hasta que el pastel esté dorado y cocido, unos 25 minutos. Traslada la bandeja de horno a una rejilla enfriadora y deja que se enfríe por completo, unas 2 horas. Lo mejor es servir el pastel 4 horas después de hornearlo, pero el bizcocho sin la cobertura se puede guardar a temperatura ambiente, envuelto en film transparente, máximo 8 horas.

6. Mientras tanto, mezcla las fresas con los 50 g (¼ de taza) de azúcar granulado, y añade más azúcar si es necesario, en función del dulzor. Déjalas macerar, removiendo de vez en cuando, un mínimo de 1 hora y un máximo de 3.

7. Revuelve las fresas con las hojas de albahaca pequeñas. Con una batidora eléctrica a velocidad alta, bate la crema de albahaca con el azúcar glas en un cuenco frío hasta formar picos blandos. Para servir, vierte la nata de albahaca sobre el bizcocho y coloca encima las fresas y las hojas de albahaca en su jugo.

Tarta al revés de melocotón y harina de maíz

Una tarta al revés con un acento sureño: este pastel lleva melocotones y harina de maíz, dos favoritos de la región. La lavanda es opcional, pero le confiere una agradable y sutil fragancia a este delicioso postre. **PARA 8-10 RACIONES**

- 165 g (1 taza más 3 cucharadas) de mantequilla sin sal, a temperatura ambiente
- 200 g (1 taza) de azúcar
- 3 melocotones maduros (unos 560 g) con piel, deshuesados y cortados en gajos de 2 cm
- 160 g (1 taza) de harina de maíz gruesa amarilla o polenta
- 90 g (3/4 de taza) de harina normal
- 1 cucharadita de polvo de hornear
- 2 cucharaditas de lavanda fresca picada, o bien 1 1/2 cucharaditas de lavanda seca (opcional)
- 1 1/4 cucharaditas de sal gruesa
- 3 huevos grandes
- 1/2 cucharada de extracto de vainilla
- 120 ml (1/2 taza) de nata para montar

EXTENDER LA MASA SOBRE LOS MELOCOTONES

1. Precalienta el horno a 180 °C. Funde 45 g de mantequilla en una sartén de 25 cm apta para el horno (preferiblemente de hierro fundido) a fuego medio, y ayúdate de un pincel de repostería para cubrir las paredes con mantequilla a medida que se funda. Esparce 50 g (1/4 de taza) de azúcar sobre la base de la sartén y cuécelo hasta que el azúcar empiece a burbujear y se vuelva dorado oscuro, unos 3 minutos. Coloca los melocotones formando un círculo en el borde de la sartén, encima del azúcar, y a continuación, coloca los gajos restantes en el centro, para llenarlo. Reduce a fuego bajo y cuece todo hasta que los jugos burbujeen y los melocotones empiecen a ablandarse (10-12 minutos). Retíralo del fuego.

2. Mezcla la harina de maíz, la harina normal, el polvo de hornear, la lavanda (si la usas) y la sal. Con una batidora eléctrica a velocidad alta, bate los 120 g (1/2 taza) de mantequilla restante y 150 g (3/4 de taza) de azúcar hasta obtener una mezcla blanquecina y esponjosa, unos 3 minutos. Reduce a velocidad media. Añade los huevos de 1 en 1, batiendo bien tras cada incorporación y raspando las paredes del cuenco si es necesario. Mezcla la vainilla y la nata. Reduce a baja velocidad, sigue batiendo e incorpora la mezcla de harina de maíz en 2 tandas.

3. Vierte grandes cucharadas de masa sobre los melocotones y extiéndela uniformemente con una espátula acodada. Hornea hasta que el pastel esté dorado oscuro y el probador de pasteles salga limpio (20-22 minutos). Traslada la sartén a una rejilla enfriadora 10 minutos. Desliza un cuchillo o espátula alrededor del borde del pastel para soltarlo. Voltéalo rápidamente sobre una tabla de cortar o una bandeja de servir. Golpea la base de la sartén para desprender los melocotones y retira con cuidado la sartén. Si es necesario, recoloca los gajos de melocotón en la superficie del pastel. Déjalo enfriar ligeramente antes de servir.

Pastel de harina de maíz y moras

Por esta rústica especialidad veraniega vale la pena encender el horno incluso en los días más calurosos. Su preparación es de lo más desenfadada: solo tienes que verter la masa en una sartén, esparcir las moras encima y meterla en el horno. **PARA 8 RACIONES**

- 150 g (1 ¼ tazas) de harina normal
- 80 g (½ taza) de harina de maíz gruesa amarilla o polenta
- 2 cucharaditas de polvo de hornear
- 1 cucharadita de sal
- 225 g (1 taza más 2 cucharadas) de azúcar y 50 g (¼ de taza) más para espolvorear
- 120 ml (½ taza) de suero de leche
- 2 huevos grandes
- 100 g de mantequilla sin sal, fundida, más 1 cucharada para la sartén
- 2 terrinas (de 140 g cada una) de moras frescas

1. Precalienta el horno a 190 °C. En un cuenco grande mezcla la harina, la harina de maíz, el polvo de hornear, la sal y 225 g (1 taza más 2 cucharadas) de azúcar. En otro cuenco bate el suero de leche, los huevos y la mantequilla fundida y vierte la mezcla sobre la mezcla de harinas, batiendo todo para ligarlo.

2. En una sartén apta para el horno de 25 cm (preferiblemente de hierro fundido), calienta la cucharada de mantequilla restante en el horno hasta que se funda y la sartén esté caliente, unos 5 minutos. Retira la sartén del horno y hazla girar para cubrir toda la base de la sartén. Vierte la masa sobre la sartén, esparce las moras encima y espolvorea todo con los 50 g (¼ de taza) de azúcar restante.

3. Hornea el pastel con una bandeja de horno en la rejilla de debajo (para recoger las gotas que puedan caer) hasta que la superficie esté dorada uniformemente (45-50 minutos). Traslada la sartén a una rejilla enfriadora 30 minutos. Antes de servir, desliza un cuchillo alrededor del borde del pastel para soltarlo; sírvelo caliente o a temperatura ambiente.

Tarta al revés de pera y jengibre

Engalana uno de los favoritos de las fiestas con estas jugosas peras al almíbar de brandy. El jengibre se utiliza de dos maneras: fresco y molido. El mejor modo de rallar jengibre es con un rallador de cerámica (disponible en las tiendas de comida asiática) o un rallador alargado. **PARA 8-10 RACIONES**

- 150 g (1 taza más 2 cucharadas) de mantequilla, a temperatura ambiente, y un poco más para el molde
- 5 peras maduras Barlett, peladas, descorazonadas y a cuartos
- 2 cucharadas de zumo de limón recién exprimido
- 50 g (1/4 de taza) de azúcar granulado
- 60 ml (1/4 de taza) más 2 cucharadas de brandy
- 120 g (1 taza) de harina normal
- 1 cucharada de jengibre en polvo
- 1 cucharadita de canela en polvo
- 1/4 de cucharadita de clavo en polvo
- 1/4 de cucharadita de nuez moscada recién rallada
- 1/4 de cucharadita de sal
- 45 g (1/4 de taza) de azúcar moreno oscuro «compacto» (véase la pág. 320)
- 3 huevos grandes
- 120 ml (1/2 taza) de melaza sin clarificar
- 1 cucharada de jengibre pelado recién rallado
- 1 cucharadita de bicarbonato sódico
- 2 cucharadas de agua hirviendo

1. Precalienta el horno a 180 °C. Engrasa con mantequilla un molde de pastel redondo de 23 cm. En un cuenco grande, mezcla las peras con el zumo de limón. En una sartén grande a fuego medio/alto, funde 2 cucharadas de mantequilla y espolvoréala con 2 cucharadas de azúcar granulado. Añade la mitad de las peras con los lados cortados hacia abajo, formando una sola capa, y cuécelas, dándoles la vuelta una vez, hasta que estén doradas de ambos lados (2-3 minutos cada lado). Traslada las peras con una cuchara ranurada a una fuente. Cuece las peras restantes y colócalas sobre una bandeja de hornear, dejando el jugo de cocción.

2. Añade el brandy a la sartén y espolvoréala con las 2 cucharadas de azúcar granulado restantes. Cuece la mezcla, removiendo hasta que reduzca formando un almíbar, alrededor de 1 minuto. Vierte el almíbar en el molde de pastel y hazlo rodar para cubrir toda la base. Coloca las peras en el molde formando una sola capa, con los lados afilados mirando todos hacia la misma dirección.

3. En un cuenco mediano, mezcla la harina, el jengibre en polvo, la canela, el clavo, la nuez moscada y la sal. Con una batidora eléctrica a velocidad media/alta, bate los 115 g (1/2 taza) de mantequilla restantes hasta que esté esponjosa, unos 2 minutos. Añade el azúcar moreno y sigue batiendo hasta que la mezcla esté blanquecina y esponjosa, unos 3 minutos más. Añade los huevos y bátelos para unirlos. Incorpora la melaza y el jengibre rallado.

4. Reduce a velocidad baja. Incorpora la mitad de la mezcla de harina. En un cuenco pequeño, mezcla el bicarbonato sódico y el agua hirviendo e incorpóralos batiendo a la masa. Sigue batiendo y agrega la mezcla de harina restante hasta ligar todo. Vierte la masa en el molde y hornea 25 minutos. Reduce la temperatura a 170 °C y hornea hasta que el pastel esté mullido al tacto, 15-20 minutos más. Trasládalo a una rejilla enfriadora para que se enfríe 1 hora. Desliza un cuchillo alrededor del borde del pastel para soltarlo y luego voltéalo sobre una bandeja de servir. Si es necesario, recoloca las peras sobre la superficie del pastel.

Tarta al revés de cerezas y chocolate

Estas tartas al revés individuales se vuelven oscuras, densas y deliciosas, gracias a una masa de chocolate horneada sobre una combinación de azúcar moreno y guindas. Saben a trufas sabor cereza, con un toque final de nata montada al ron. Si no puedes encontrar guindas en conserva, sustitúyelas por guindas congeladas, una vez descongeladas y escurridas, y utiliza una cucharadita de zumo de limón recién exprimido en lugar del zumo de cerezas del paso 1. **PARA 2 UNIDADES**

- 60 g de mantequilla sin sal, a temperatura ambiente
- 60 g (1/3 de taza) más 3 cucharadas de azúcar moreno claro «compacto» (véase la pág. 320)
- 270 g (1 1/2 tazas) de guindas en conserva escurridas (reserva 1 cucharadita del líquido)
- 40 g (1/3 de taza) de harina normal
- 25 g (1/4 de taza) de cacao en polvo sin azúcar
- 1/4 de cucharadita de polvo de hornear
- 1/4 de cucharadita de sal gruesa
- 1 yema de huevo grande
- 3 cucharadas de leche entera
- 60 ml (1/4 de taza) de nata para montar
- 2 cucharaditas de ron

1. Precalienta el horno a 180 °C. Introduce 15 g de mantequilla, 1 cucharada de azúcar moreno y 1/2 cucharadita del líquido de las guindas en la base de cada uno de los 2 ramequines de 224 g. Hornea hasta que la mantequilla y el azúcar moreno se fundan y burbujeen, alrededor de 1 minuto. Forma una capa de cerezas muy compacta en la base de cada ramequín.

2. Mezcla la harina, el cacao, el polvo de hornear y la sal. En otro cuenco, mezcla los 30 g de mantequilla restantes y 60 g (1/3 de taza) de azúcar moreno con una cuchara de madera hasta que la mezcla esté blanquecina y esponjosa, unos 3 minutos. Agrega la yema de huevo, luego la mezcla de harina y la leche. Divide la masa entre los dos ramequines.

3. Coloca los ramequines en una bandeja de horno con borde. Hornea hasta que el probador de pasteles salga con solo algunas migas enganchadas, unos 30 minutos. Traslada los moldes a una rejilla enfriadora para que se enfríen 20 minutos.

4. Mientras tanto, con una batidora eléctrica, bate la nata para montar, la cucharada de azúcar moreno restante y el ron hasta formar picos suaves. Desliza un cuchillo alrededor del borde de los pasteles para soltarlos y luego inviértelos sobre bandejas de servir. Si es necesario, recoloca las cerezas sobre los pasteles. Sirve los pasteles con la nata montada al ron.

Pasteles de capas

Todos guardamos en nuestra memoria algún recuerdo de pasteles de capas con cobertura de remolinos en los cumpleaños de la infancia, elaborados en la cocina de la abuela, en la pastelería del barrio... y a menudo son los más significativos. Las más de 24 recetas de este capítulo incluyen versiones definitivas de los pasteles y las coberturas más deliciosas, así como algunas nuevas y exquisitas combinaciones. Utilízalos para ampliar tus tradiciones favoritas, o para empezar otras nuevas por tu cuenta.

PASTEL DE SUERO DE LECHE CON COBERTURA DE CHOCOLATE, PÁG. 259

Pastel de suero de leche con cobertura de chocolate

Cierra los ojos y pide un deseo: el pastel de cumpleaños por excelencia. Con estas capas de suero de leche dorado cubiertas generosamente con cobertura de chocolate negro, seguro que todos tus deseos se harán realidad

PARA 10-12 RACIONES

- 230 g de mantequilla sin sal, a temperatura ambiente, y un poco más para los moldes
- 360 g (3 tazas) de harina normal, y un poco más para los moldes
- 1 cucharada de polvo de hornear
- 1 cucharadita de bicarbonato sódico
- ½ cucharadita de sal
- 400 g (2 tazas) de azúcar
- 4 huevos grandes, ligeramente batidos
- 300 ml (1 ¼ tazas) de suero de leche
- 1 ½ cucharaditas de extracto de vainilla
- Cobertura de chocolate sabroso (pág. 337)
- Miniperlas de azúcar blancas para decorar (opcional)

1. Precalienta el horno a 180 °C. Engrasa con mantequilla dos moldes redondos para pastel de 20×5 cm, fórralos con círculos de papel de hornear y engrasa también el papel. Enharínalos y sacude la harina sobrante. Tamiza la harina, el polvo de hornear, el bicarbonato sódico y la sal en un cuenco mediano.

2. Con una batidora eléctrica a velocidad media, bate la mantequilla hasta ablandarla (1-2 minutos). Añade gradualmente el azúcar y sigue batiendo hasta obtener una mezcla blanquecina y esponjosa (3-4 minutos) raspando las paredes del cuenco si es necesario. Añade los huevos poco a poco, batiendo bien tras cada incorporación y raspando las paredes del cuenco una o dos veces, unos 5 minutos.

3. Reduce a velocidad baja. Añade lentamente la mezcla de harina en 2 tandas, alternando con el suero de leche y empezando y finalizando con la harina. Bate solo hasta ligarlo, e incorpora la vainilla.

4. Divide la masa entre los dos moldes preparados y hornea los pasteles, girándolos a media cocción, hasta que adquieran un tono dorado oscuro y el probador de pasteles salga limpio (35-45 minutos). Traslada los moldes a unas rejillas enfriadoras 15 minutos. Voltea los pasteles sobre las rejillas y deja que se enfríen por completo.

5. Coloca la capa inferior del pastel sobre una bandeja o expositor, y extiende encima aproximadamente 240 ml (1 taza) de cobertura de chocolate. Coloca la siguiente capa sobre la primera, con la cara superior mirando hacia abajo, y presiónala ligeramente. Extiende la cobertura restante sobre la superficie y los laterales del pastel con una espátula acodada, formando grandes remolinos. Espolvoréalo si quieres con las miniperlas. Refrigera el pastel hasta que la cobertura cuaje, unos 10 minutos (o máximo 3 días) antes de servirlo.

Pastel chiffon de fresas con nata

¿Te gusta el bizcocho de fresas? No te pierdas esta nueva versión del favorito de la primavera. Posee una textura similar al Pastel de Ángel, pero al añadirle yemas de huevo, queda más sustancioso. El relleno consta sencillamente de nata montada con fresas cortadas por la mitad y revueltas con azúcar, zumo de limón y una pizca de sal. **PARA 10-12 RACIONES**

PARA EL PASTEL

- 150 g (2 ¼ tazas) de harina pastelera (no leudante)
- 300 g (1 ½ tazas) de azúcar granulado
- 2 ¼ cucharaditas de polvo de hornear
- ¾ de cucharadita de sal
- 120 ml (½ taza) de aceite de colza o de cártamo
- 7 yemas más 9 claras de huevos grandes, a temperatura ambiente
- 180 ml (¾ de taza) de leche
- ½ cucharadita de crémor tártaro
- 1 vaina de vainilla entera (córtala por la mitad, raspa la semillas del interior y reserva la vaina para otro uso), o bien 2 cucharaditas de extracto de vainilla

PARA EL RELLENO

- 900 g de fresas frescas, sin tallo y partidas por la mitad o a cuartos (unas 5 tazas), y unas pocas más para servir
- 100 g (½ taza) de azúcar granulado
- 1 cucharada de zumo de limón recién exprimido
- Una pizca de sal
- 480 ml (2 tazas) de nata para montar fría
- 25 g (¼ de taza) de azúcar glas, y un poco más para espolvorear

1. Haz el pastel: precalienta el horno a 170 °C. Mezcla la harina, 150 g (¾ de taza) de azúcar granulado, el polvo de hornear y la sal en un cuenco mediano. Bate el aceite, las yemas de huevo y la leche en un cuenco grande. Incorpora la mezcla de harina a la mezcla de yemas de huevo.

2. Con una batidora eléctrica a velocidad alta, bate las claras de huevo hasta que estén espumosas. Añade el crémor tártaro y las semillas o el extracto de vainilla; bate todo hasta formar picos suaves. Incorpora gradualmente los 150 g (¾ de taza) de azúcar granulado restantes, batiendo hasta formar picos firmes y brillantes, unos 5 minutos. Bate un tercio de la mezcla de clara de huevo con la masa. Incorpora delicadamente toda la mezcla de clara de huevo restante con una espátula acodada.

3. Traslada la masa a un molde de tubo de 24 cm. Hornea hasta que la superficie del pastel recupere la forma al tacto (52-55 minutos). Voltea el molde sobre sus pies o colócalo sobre el cuello de una botella de cristal para que se enfríe durante 1 hora.

4. Prepara el relleno: mientras horneas y enfrías el pastel, mezcla en un cuenco las fresas, el azúcar granulado, el zumo de limón y la sal y déjalo macerar, removiendo de vez en cuando, durante 1 hora. Justo antes de montar el pastel, bate la nata y el azúcar glas con la batidora eléctrica hasta formar picos medianos.

5. Desliza un cuchillo de mondar por el borde del pastel para soltarlo y retíralo del molde. Con un cuchillo de sierra, divide el pastel horizontalmente en 3 capas. Coloca la capa inferior en una bandeja o expositor. Extiende encima la mitad de las fresas y rocíalas con el líquido. Extiende la mitad de la nata montada sobre las fresas y añade la capa central del pastel. Extiende las fresas y la nata restante y cúbrelo con la última capa de pastel. Refrigera el pastel 1 hora. Espolvoréalo con azúcar glas y sírvelo acompañado de más fresas.

Pastel de coco y nueces pecán con ganache de chocolate con leche

Si combinas el sabor dulce del coco con las nueces pecán tostadas y el chocolate con leche, obtendrás un sabor similar a una de las barras de caramelo más populares de Estados Unidos. La mantequilla de coco se puede encontrar en tiendas de alimentos ecológicos, y también en Internet. No es lo mismo que la «crema de coco», que lleva azúcar añadido. Si no la encuentras, sustitúyela por mantequilla sin sal. **PARA 10-12 RACIONES**

- 170 g (3/4 de taza) de mantequilla sin sal, a temperatura ambiente, y un poco más para los moldes
- 150 g (2 1/4 tazas) de harina normal, y un poco más para los moldes
- 75 g (1 taza) de coco rallado azucarado bien compactado
- 90 g (3/4 de taza) de nueces pecán partidas por la mitad
- 400 g (2 tazas) de azúcar
- 1 cucharada de polvo de hornear
- 3/4 de cucharadita de sal
- 60 g (1/4 de taza) de mantequilla de coco, o bien 57 g de mantequilla sin sal
- 4 huevos grandes
- 1 cucharada de extracto de coco
- 270 ml (aprox. 1 taza más 2 cucharadas) de leche de coco sin azúcar
- Relleno de crema de coco (pág. 340)
- Ganache de chocolate con leche (pág. 339)
- 150 g (2 tazas) de copos de coco tostado (véase la pág. 344), para decorar (opcional)

1. Precalienta el horno a 180 °C. Engrasa con mantequilla dos moldes para pastel redondos de 23 cm, fórralos con círculos de papel de hornear y engrasa también el papel. Enharínalos y sacude la harina sobrante.

2. En un procesador de alimentos, tritura bien el coco rallado y pásalo a un cuenco. Pica las nueces muy finas con 2 cucharadas de azúcar. En un cuenco grande, mezcla la harina, el polvo de hornear y la sal. Incorpora el coco y las nueces trituradas.

3. Con una batidora eléctrica a velocidad media/alta, bate la mantequilla, la mantequilla de coco y el azúcar restante hasta que la mezcla esté blanquecina y esponjosa, unos 4 minutos. Incorpora batiendo los huevos y el extracto. Añade la mezcla de harina en 3 tandas, alternando con 2 tandas de leche de coco, y bátelo solo hasta ligarlo.

4. Divide la masa entre los moldes preparados y alisa la superficie con una espátula acodada. Hornea hasta que estén dorados y el probador de pasteles salga limpio, unos 35 minutos. (Si la superficie empieza a dorarse demasiado rápido, cúbrela holgadamente con papel de aluminio.) Traslada los moldes a una rejilla enfriadora 30 minutos. Desliza un cuchillo por el borde de los pasteles para soltarlos; voltéalos sobre la rejilla y deja que se enfríen por completo.

5. Forra dos bandejas de hornear con borde con papel de hornear y coloca encima de una de ellas una rejilla enfriadora. Con un cuchillo de sierra, recorta la superficie de los pasteles para igualarlos si lo deseas. Traslada la capa inferior a la bandeja de horno con la rejilla y extiende el relleno de coco. Coloca la capa restante encima, con la parte cortada hacia abajo.

6. Con una espátula, extiende la ganache fría por los laterales y alísala sobre el pastel, recubriéndolo por completo. Traslada el pastel y la rejilla a la segunda bandeja de horno preparada y refrigéralo hasta que cuaje, unos 5 minutos.

7. Recubre el pastel con la ganache a temperatura ambiente. Refrigéralo hasta que casi haya cuajado, unos 5 minutos. Presiona el coco tostado en los laterales. Guárdalo a temperatura ambiente hasta el momento de servir.

Pastel de nueces pecán caramelizadas con peras a la mantequilla dorada

Las capas del pastel están salpicadas de nueces caramelizadas, emparedadas con peras a la mantequilla y coronadas con nata montada al bourbon. Todos los ingredientes son muy sencillos y se pueden preparar por etapas para elaborar un postre sofisticado y sin complicaciones. **PARA 10 RACIONES**

PARA LAS NUECES PECÁN CARAMELIZADAS

- 240 g (2 tazas) de nueces pecán picadas
- 45 g de mantequilla sin sal, fundida
- 45 g (1/4 de taza) de azúcar moreno «compacto» (véase la pág. 320)
- 1 cucharada de extracto de vainilla
- 2 cucharaditas de canela en polvo
- 1/4 de cucharadita de nuez moscada recién rallada

PARA EL PASTEL

- 170 g (3/4 de taza) de mantequilla sin sal, a temperatura ambiente, y un poco más para los moldes
- 360 g (3 tazas) de harina normal, y un poco más para los moldes
- 2 cucharaditas de polvo de hornear
- 1/2 cucharadita de sal gruesa
- 350 g (1 3/4 tazas) de azúcar granulado
- 270 ml (1 taza más 2 cucharadas) de leche
- 3 claras de huevo grandes

PARA EL RELLENO

- 4 peras Anjou
- 1 cucharada de zumo de limón recién exprimido
- 60 g de mantequilla sin sal

PARA LA CAPA SUPERIOR

- Nata montada (variante con bourbon, véase la pág. 333)
- 40 g (1/3 de taza) de nueces pecán tostadas picadas (véase la pág. 344) para adornar

1. Carameliza las nueces pecán: precalienta el horno a 200 °C. Mezcla las nueces pecán con la mantequilla, el azúcar moreno, la vainilla, la canela y la nuez moscada en una bandeja de horno con borde. Tuesta las nueces, removiéndolas para mezclarlas a media cocción, hasta que estén fragantes, unos 10 minutos. Traslada la bandeja de horno a una rejilla enfriadora y deja que se enfríe por completo.

2. Haz el pastel: reduce la temperatura del horno a 180 °C. Engrasa con mantequilla tres moldes redondos de 20 cm y espolvoréalos con harina, sacudiendo la harina sobrante. Tamiza la harina, el polvo de hornear y la sal en un cuenco. Con una batidora eléctrica a velocidad media, bate la mantequilla y 250 g (1 ¼ tazas) de azúcar granulado hasta obtener una mezcla blanquecina y esponjosa, unos 3 minutos. Añade la mezcla de harina en 3 tandas, alternando con 2 tandas de leche; bate solo hasta unirlo. Incorpora las nueces caramelizadas.

3. En un recipiente mezclador limpio, bate las claras a velocidad alta hasta que estén espumosas. Añade gradualmente los 100 g (½ taza) de azúcar restantes y bate hasta formar picos firmes. Incorpora con cuidado un tercio de la clara a la masa con la ayuda de una espátula flexible. Agrega el resto de clara en 2 tandas.

4. Divide la masa en los moldes preparados. Hornea hasta que los pasteles cuajen y el probador de pasteles salga limpio, unos 30 minutos. Traslada los moldes a unas rejillas enfriadoras 10 minutos. Voltea los pasteles sobre las rejillas y deja que se enfríen por completo.

5. Mientras tanto, haz el relleno: pela y descorazona las peras, córtalas en rodajas de 1 cm y rocíalas con el zumo de limón. Pon la mantequilla en una sartén a fuego medio hasta que se dore, unos 5 minutos. Añade las peras y déjalas cocer, removiendo de vez en cuando, hasta que estén tiernas, unos 6 minutos. Déjalas enfriar por completo.

6. Recorta con un cuchillo de sierra la superficie de los pasteles para igualarlos. Traslada la capa inferior del pastel a una bandeja o expositor y extiende encima la mitad de las peras. Añade la segunda capa y extiende las peras restantes. Coloca encima la última capa. El pastel montado se puede guardar en la nevera, cubierto, máximo 3 días. Extiende sobre el pastel la nata montada al bourbon y adórnalo con las nueces pecán justo antes de servir.

Pastel esponjoso de limón

Los remolinos de cobertura a la antigua usanza confieren a este pastel el encanto de las recetas caseras. El adorno de piel de limón confitada resulta perfecto para una ocasión especial. Cuando trabajes con rellenos blandos, como el curd de limón, prueba este truco: primero puedes hacer con la manga pastelera un anillo de cobertura alrededor del borde de cada capa de pastel que servirá de «barrera» para mantener el curd en su lugar. Si no tienes la manga pastelera, puedes fabricar una rellenando con cobertura una bolsa con cierre zip y cortando una de las esquinas. **PARA 10-12 RACIONES**

- 60 g (1/4 de taza) de mantequilla sin sal, a temperatura ambiente, y un poco más para los moldes
- 90 g (3/4 de taza) de harina normal, y un poco más para los moldes
- 1 cucharada más 3/4 de cucharadita de polvo de hornear
- 3/4 de cucharadita de sal
- 500 g (2 1/2 tazas) de azúcar
- 5 huevos grandes
- La piel rallada fina de 1 1/2 limones
- 1 1/4 cucharaditas de extracto de vainilla
- 300 ml (1 1/4 tazas) de suero de leche
- Curd de limón (pág. 332)
- Cobertura básica de crema de mantequilla (pág. 334)
- Piel de limón confitada, para adornar (opcional, véase la pág. 326)

1. Precalienta el horno a 170 °C. Engrasa con mantequilla tres moldes de pastel redondos de 20 cm, fórralos con círculos de papel de hornear y engrasa también el papel. Enharínalos y sacude la harina sobrante.

2. Mezcla la harina, el polvo de hornear y la sal en un cuenco mediano. Con una batidora eléctrica a velocidad media, bate la mantequilla y el azúcar hasta que la mezcla esté blanquecina y esponjosa (3-5 minutos). Añade los huevos de 1 en 1, batiendo bien tras cada incorporación y raspando las paredes del cuenco si es necesario. Incorpora la ralladura de limón y la vainilla. Con la batidora a velocidad baja, añade la mezcla de harina en 3 tandas, alternando con 2 tandas de suero de leche: bate todo solo hasta ligarlo.

3. Divide la masa entre los moldes preparados y alisa las superficies con una espátula acodada. Hornea hasta que adquieran un tono dorado oscuro y el probador de pasteles salga limpio (40-45 minutos). Traslada los moldes a unas rejillas enfriadoras 15 minutos. Voltea los pasteles sobre las rejillas y deja que se enfríen por completo.

4. Recorta las superficies de los pasteles con un cuchillo de sierra para igualarlos. Coloca la capa inferior sobre una bandeja o expositor. Con una manga pastelera con acoplador o una bolsa de cierre zip con una esquina cortada, haz una barrera de cobertura siguiendo el borde del pastel. Llena el anillo de cobertura con 180 g (3/4 de taza) de curd de limón y extiéndelo bien con una espátula acodada. Repite el proceso con la segunda capa: haz la barrera de cobertura, luego extiende otros 180 g (3/4 de taza) de curd de limón y coloca encima la tercera capa de pastel. Extiende la cobertura restante por la superficie y los laterales del pastel con una espátula acodada, formando grandes remolinos. Si quieres, puedes colocar piel de limón confitada sobre la superficie del pastel.

Pastel Red Velvet

Este pastel, considerado largo tiempo una especialidad sureña, se ha convertido en uno de los favoritos de todo el país. No es de extrañar: sus capas de rojo intenso son muy llamativas, y su delicada textura de suave sabor a chocolate forman la combinación perfecta para acompañar una cobertura de queso crema con un toque ácido. **PARA 8-10 RACIONES**

- Mantequilla sin sal para los moldes
- 300 g (2 ½ tazas) de harina pastelera (no leudante), y un poco más para los moldes
- 25 g (¼ de taza) de cacao en polvo sin azúcar
- 1 cucharadita de sal
- 300 g (1 ½ tazas) de azúcar
- 360 ml (1 ½ tazas) de aceite de colza o de cártamo
- 2 huevos grandes
- 1 cucharada de colorante alimentario rojo
- 1 cucharadita de extracto de vainilla
- 240 ml (1 taza) de suero de leche
- 1 ½ cucharaditas de bicarbonato sódico
- 2 cucharaditas de vinagre blanco
- Cobertura de queso crema (pág. 335)

1. Precalienta el horno a 180 °C. Engrasa con mantequilla dos moldes redondos de 23×5 cm, fórralos con círculos de papel de hornear y engrasa también el papel. Enharínalos y sacude la harina sobrante. En un cuenco mediano mezcla la harina, el cacao y la sal.

2. Con una batidora eléctrica a velocidad media, bate el azúcar y el aceite hasta que estén bien ligados. Añade los huevos de 1 en 1, batiendo bien tras cada incorporación. Añade el colorante alimentario y la vainilla, y bate todo hasta ligarlo. Añade la mezcla de harina en 2 tandas, alternando con el suero de leche y empezando y acabando con la harina. Bate solo hasta ligarlo, raspando las paredes del cuenco si es necesario.

3. En un cuenco pequeño, mezcla el bicarbonato sódico y el vinagre. Agrégalo a la masa y bátela 10 segundos. Divide la masa entre los moldes preparados. Hornea hasta que el probador de pasteles salga limpio (30-35 minutos). Traslada los moldes a una rejilla enfriadora 15 minutos. Voltea los pasteles sobre la rejilla y deja que se enfríen por completo.

4. Coloca la capa inferior del pastel sobre una bandeja o expositor y extiende uniformemente más o menos 360 ml (1 ½ tazas) de cobertura de queso crema. Coloca la segunda capa encima y extiende la cobertura restante, formando remolinos sobre la superficie del pastel. El pastel se puede guardar en la nevera máximo 6 horas; llévalo a temperatura ambiente antes de servir.

Pastel de trufa y chocolate

Resulta difícil imaginar un pastel más ostentoso que este: una capa tras otra de pastel de chocolate, relleno de ganache de chocolate y adornado de generosos remolinos de cobertura de chocolate. A menos que lo corones de rizos de chocolate, claro. Otra alternativa es sustituir la cobertura por una variante más líquida de la ganache (pág. 339), para obtener un acabado liso. **PARA 10 RACIONES**

- 260 g (1 taza más 2 cucharadas) de mantequilla sin sal, a temperatura ambiente, y un poco más para los moldes
- 60 g (1/2 taza más 1 cucharada) de cacao en polvo sin azúcar de buena calidad, y un poco más para los moldes
- 90 ml (1/4 de taza más 2 cucharadas) de agua hirviendo
- 180 ml (3/4 de taza) de leche
- 270 g (2 1/4 tazas) de harina pastelera tamizada (no leudante)
- 3/4 de cucharadita de bicarbonato sódico
- 1/2 cucharadita de sal
- 350 g (1 3/4 tazas) de azúcar
- 2 cucharaditas de extracto de vainilla
- 3 huevos grandes, ligeramente batidos
- Ganache montada de chocolate semiamargo (pág. 339)
- Cobertura de chocolate sabroso (pág. 337)
- Rizos de chocolate para decorar (opcional; véase la pág. 328)

1. Precalienta el horno a 180 °C. Engrasa tres moldes de pastel redondos de 23×5 cm, fórralos con círculos de papel de hornear y engrasa también el papel. Espolvoréalos con cacao y sacude el cacao sobrante. Tamiza el cacao en un cuenco mediano. Incorpora el agua hirviendo y remueve hasta obtener una mezcla sin grumos; añade gradualmente la leche. Resérvalo y deja que se enfríe.

2. Mezcla la harina, el bicarbonato sódico y la sal en un cuenco. Con una batidora eléctrica a velocidad baja, bate la mantequilla hasta que esté esponjosa (3-5 minutos). Incorpora gradualmente el azúcar batiendo y raspa las paredes del cuenco dos veces. Agrega la vainilla.

3. Añade los huevos en 3 tandas, batiendo bien tras cada incorporación. Con la batidora a velocidad baja, añade la mezcla de harina y la mezcla de cacao reservada poco a poco, en tandas alternas, empezando y acabando con la mezcla de harina. Bate solo hasta ligarlo.

4. Divide la masa entre los moldes preparados y alisa las superficies con una espátula acodada. Hornea los pasteles, girándolos a media cocción, hasta que el probador de pasteles salga limpio (20-25 minutos). Traslada los moldes a unas rejillas enfriadoras 15 minutos. Voltea los pasteles sobre las rejillas y deja que se enfríen por completo.

5. Con un cuchillo de sierra, recorta las superficies de los pasteles para igualarlos. Coloca la capa inferior del pastel sobre una bandeja o expositor y extiende uniformemente unos 300 ml (1 ¼ tazas) de la ganache montada; coloca encima la segunda capa y 300 ml (1 ¼ tazas) de ganache. Coloca encima la tercera capa y extiende la ganache montada restante sobre la superficie y los laterales del pastel, formando una capa de sellado de migas. Refrigera el pastel hasta que la ganache esté dura, unos 30 minutos.

6. Extiende la cobertura de chocolate sobre la superficie y los laterales del pastel con una espátula acodada, formando grandes remolinos. Corona el pastel con rizos de chocolate si quieres. Refrigera el pastel hasta que la cobertura cuaje, unos 10 minutos, antes de servir. Llévalo a temperatura ambiente antes de servir.

Pastel de semillas de amapola y limón

El limón y las semillas de amapola casan la mar de bien. Aquí mejoramos este maridaje añadiéndole otro más, con la incorporación de la piel de naranja y de lima. Y hacemos otro doblete con los glaseados: el relleno de queso crema entre las capas y el glaseado de limón rociado sobre la superficie del pastel.

PARA 12 RACIONES

PARA EL PASTEL

- 345 g (1 ½ tazas) de mantequilla sin sal, a temperatura ambiente, y un poco más para los moldes
- 450 g (3 ¾ tazas) de harina normal, y un poco más para los moldes
- 2 ½ cucharaditas de polvo de hornear
- ¾ de cucharadita de sal
- 500 g (2 ½ tazas) de azúcar granulado
- 7 huevos grandes, ligeramente batidos
- 1 ½ cucharaditas de extracto de vainilla
- 240 ml (1 taza) de leche
- Piel de limón, de naranja y de lima rallada fina (½ cucharadita de cada)
- 45 g (⅓ de taza) de semillas de amapola

PARA EL RELLENO

- 340 g de queso crema, a temperatura ambiente
- 90 g de mantequilla sin sal, a temperatura ambiente
- 3 tazas de azúcar glas

PARA LA CAPA SUPERIOR

- Glaseado de limón (variante de semillas de amapola; véase la pág. 331)
- Semillas de amapola para espolvorear
- Piel de limón y naranja cortada a tiras, para adornar

1. Haz el pastel: precalienta el horno a 180 °C. Engrasa con mantequilla 3 moldes de pastel redondos de 23×5 cm, fórralos con círculos de papel de hornear y engrasa también el papel. Enharínalos y sacude la harina sobrante. Tamiza la harina, el polvo de hornear y la sal en un cuenco.

2. Con una batidora eléctrica a velocidad media/baja, bate la mantequilla hasta que esté esponjosa (2-3 minutos). Añade gradualmente el azúcar granulado y bate hasta obtener una mezcla blanquecina y esponjosa (3-4 minutos), raspando las paredes del cuenco una o dos veces. Con la batidora en marcha, añade gradualmente los huevos en el cuenco, batiendo hasta que estén bien incorporados; sigue batiendo hasta obtener una mezcla homogénea y esponjosa, unos 5 minutos, raspando las paredes del cuenco si es necesario. Incorpora la vainilla. Reduce a baja velocidad. Añade la mezcla de harina en 3 tandas, alternando con 2 tandas de leche; bate solo hasta ligarlo, raspando las paredes del cuenco una o dos veces. Incorpora la ralladura de cítricos y las semillas de amapola.

3. Divide la masa entre los moldes preparados. Hornea los pasteles, girándolos a media cocción, hasta que el probador de pasteles salga limpio (35-40 minutos). Traslada los moldes a unas rejillas enfriadoras 15 minutos. Voltea los pasteles sobre las rejillas y deja que se enfríen por completo.

4. Prepara el relleno: con una batidora eléctrica a velocidad media/baja, bate el queso crema hasta que esté homogéneo, alrededor de 1 minuto. Añade la mantequilla y bate hasta que esté homogéneo, 2 minutos. Reduce a baja velocidad e incorpora el azúcar glas. Sube a velocidad media y bate hasta que la mezcla esté homogénea y esponjosa, alrededor de 1 minuto. Si el relleno es demasiado blando, refrigéralo en un recipiente hermético hasta que esté firme antes de utilizarlo.

5. Guarda la capa más bonita para colocarla en la parte superior. Coloca la capa inferior sobre una bandeja o expositor y extiende encima unos 360 g (1 ½ tazas) del relleno. Añade la segunda capa y extiende el relleno restante. Coloca la capa reservada encima. Refrigera el pastel cubierto holgadamente con film transparente durante 1 hora.

6. Justo antes de servir, vierte el glaseado por encima del pastel, dejando que gotee por los lados. Espolvorea semillas de amapola sobre el glaseado y adórnalo con las pieles de cítricos.

Pastel de chocolate de un cuenco con crema de mantequilla de moca

Pruébalo solo una vez y se convertirá en tu receta de pastel de chocolate más socorrida (¡Y todo el mundo necesita algo así!). Es oscuro, suculento e increíblemente jugoso. Es fácil de mezclar en un solo recipiente, así que limpiarás todo en un suspiro. Y es muy versátil: hemos usado la masa para un pastel de capas, pero también puedes hacer unas estupendas magdalenas o pasteles de fuente de hornear. Y sin duda puedes emplear otra cobertura que la de crema de mantequilla con moca de la foto. Pruébalo con la cobertura básica de crema de mantequilla (pág. 334), la cobertura de chocolate con leche (pág. 338) o la cobertura de queso crema (pág. 335): las posibilidades son infinitas.

PARA 10-12 RACIONES

- Mantequilla sin sal, a temperatura ambiente, para los moldes
- 75 g (3/4 de taza) de cacao en polvo sin azúcar, y un poco más para los moldes
- 180 g (1 1/2 tazas) de harina normal
- 300 g (1 1/2 tazas) de azúcar
- 1 1/2 cucharaditas de bicarbonato sódico
- 3/4 de cucharadita de polvo de hornear
- 3/4 de cucharadita de sal
- 2 huevos grandes
- 180 ml (3/4 de taza) de suero de leche
- 180 ml (3/4 de taza) de agua caliente
- 3 cucharadas de aceite de colza o de cártamo
- 1 cucharadita de extracto de vainilla
- Crema de mantequilla con moca (pág. 337)

1. Precalienta el horno a 180 °C. Engrasa dos moldes redondos de 20x5 cm, espolvoréalos con cacao y sacude el cacao sobrante. Tamiza el cacao, la harina, el azúcar, el bicarbonato sódico y la sal en un cuenco mezclador. Bate todo a velocidad baja, solo hasta ligarlo. Aumenta a velocidad media y añade los huevos, el suero de leche, el agua, el aceite y la vainilla. Sigue batiendo hasta obtener una mezcla homogénea, unos 3 minutos.

2. Divide la masa entre los moldes preparados y hornéalos hasta que el probador de pasteles salga limpio, unos 35 minutos. Traslada los moldes a unas rejillas enfriadoras 15 minutos. Voltea los pasteles sobre las rejillas y deja que se enfríen por completo. Las capas de pastel sin cobertura se pueden guardar envueltas en film transparente, a temperatura ambiente, o bien refrigerarlas toda la noche.

3. Coloca la capa inferior del pastel sobre una bandeja o expositor y extiende encima unos 240 ml (1 taza) de crema de mantequilla, repartiéndola bien. Coloca encima la otra capa y glasea la superficie y los laterales con 480 ml (2 tazas) más de crema de mantequilla, alisando los lados con una espátula acodada. Divide la crema de mantequilla restante en bolsas de manga pastelera con boquillas de estrella abiertas y cerradas, por ejemplo, de los números 16, 22, 30 y 35. Haz remolinos de crema de mantequilla sobre la superficie del pastel. El pastel con cobertura se puede guardar en la nevera toda la noche. Llévalo a temperatura ambiente antes de servirlo.

NOTA: Para hacer magdalenas, divide la masa entre 2 moldes de 12 magdalenas forradas, llenando cada hueco hasta dos tercios. Hornea las magdalenas, girando los moldes a media cocción, unos 20 minutos. Para hacer un pastel de fuente de hornear, engrasa con mantequilla una fuente de 23x33 cm, espolvoréalo con cacao y hornea el pastel unos 35 minutos.

Pastel de limón y merengue

En este pastel, uno de los favoritos de Martha, las capas de pastel chiffon van rellenas de curd de limón ácido, y lo recubre una nube de merengue suizo.

PARA 8-10 RACIONES

PARA EL PASTEL

- 140 g (1 taza más 2 cucharadas) de harina pastelera (no leudante) tamizada
- $1\,^{1}/_{2}$ cucharaditas de polvo de hornear
- $^{1}/_{4}$ de cucharadita de sal
- 3 huevos grandes, separados, a temperatura ambiente
- 150 g ($^{3}/_{4}$ de taza) de azúcar refinado
- 60 ml ($^{1}/_{4}$ de taza) de aceite de colza o de cártamo
- 1 cucharadita de piel de naranja rallada fina, más 60 ml ($^{1}/_{4}$ de taza) de zumo de limón recién exprimido
- 1 cucharadita de piel de limón rallada fina, más 2 cucharadas de zumo de limón recién exprimido
- Una pizca de crémor tártaro
- Curd de limón (pág. 332)

PARA EL MERENGUE

- 5 claras de huevo, a temperatura ambiente
- 150 g ($^{3}/_{4}$ de taza) de azúcar granulado
- 1 cucharadita de extracto de vainilla

1. Haz el pastel: precalienta el horno a 170 °C. Tamiza la harina, el polvo de hornear y la sal dos veces en un cuenco mediano. Con una batidora eléctrica a velocidad media/alta, bate las yemas de huevo hasta que estén blanquecinas y espumosas (3-5 minutos). Añade gradualmente 100 g ($^{1}/_{2}$ taza) de azúcar refinado, batiendo hasta que la mezcla esté muy blanquecina y esponjosa (5-7 minutos). Con la batidora en marcha, añade el aceite en un chorro continuo. Añade la ralladura y bate la mezcla 1 minuto. Reduce a velocidad media/baja. Añade la mezcla de harina en 4 tandas, alternando con los zumos en 3 tandas; bate solo hasta ligarlo.

2. En un recipiente mezclador limpio, bate las claras de huevo a velocidad baja hasta que estén espumosas. Añade el crémor tártaro. Aumenta a velocidad media/alta y bate hasta formar picos suaves. Añade gradualmente los 50 g ($^{1}/_{4}$ de taza) de azúcar refinado restantes y bate la mezcla hasta que las claras estén brillantes y formen picos firmes (1-2 minutos).

3. Incorpora un cuarto de las claras de huevo a la mezcla de yemas. Agrega delicadamente las claras restantes. Vierte con cuidado la masa en un molde de tubo de 18 cm. Hornea hasta que el pastel adquiera un tono dorado oscuro y el probador de pasteles salga limpio, unos 40 minutos. Voltea el molde sobre sus pies o sobre el cuello de una botella de cristal hasta que se enfríe por completo. Desliza un cuchillo alrededor del borde para que se suelte y retira el pastel del molde.

4. Corta el pastel horizontalmente con un cuchillo de sierra formando 3 capas. Coloca la capa inferior sobre una bandeja de horno. Extiende la mitad del curd de limón por encima y añade la segunda capa, y encima el curd restante. Acaba con la capa abovedada. Refrigera el pastel tapado hasta que cuaje, mejor durante toda la noche. Retira con un pincel seco las migas sobrantes.

5. Prepara el merengue: precalienta el horno a 200 °C. Bate las claras de huevo, el azúcar granulado y la vainilla en un cuenco resistente al calor situado encima (no dentro) de una olla con agua hirviendo a fuego lento. Sigue batiendo hasta que la mezcla esté caliente al tacto. Retírala del fuego. Con una batidora eléctrica a velocidad alta, bate la mezcla hasta que las claras estén brillantes y formen picos firmes.

6. Extiende el merengue sobre la superficie y los lados del pastel, arremolinándolo con una espátula acodada. Hornea el pastel, vigilándolo con atención, hasta que el merengue tenga los bordes dorados y empiece a dorarse el resto (2-3 minutos). También puedes usar un pequeño soplete de cocina a unos 8-10 cm de distancia de la superficie del merengue y moverlo hacia delante y hacia atrás, hasta que toda la superficie del merengue esté un poco dorada. Sírvelo inmediatamente.

Pastel de capas de calabaza

Este pastel de calabaza especiado se ve realzado por dos capas de cobertura extraordinariamente sabrosa de queso crema y queso de cabra. El membrillo, que se cosecha en otoño, posee un sabor fragante similar a la manzana. Si no puedes encontrar membrillos frescos, sustitúyelos por peras o manzanas. **PARA 12 RACIONES**

- 230 g (1 taza) de mantequilla sin sal, a temperatura ambiente, y un poco más para los moldes
- 330 g (2 3/4 tazas) de harina normal, y un poco más para los moldes
- 1 1/2 cucharaditas de polvo de hornear
- 1 cucharadita de bicarbonato sódico
- 1 1/2 cucharaditas de canela en polvo
- 3/4 de cucharadita de nuez moscada recién rallada
- 1/2 cucharadita de sal
- 2 tazas de azúcar moreno claro «compacto» (véase la pág. 320)
- 3 huevos grandes
- 330 g (1 1/2 tazas) de puré de calabaza cocida (no de relleno para pastel de calabaza)
- 1 cucharadita de extracto de vainilla
- 3/4 de cucharadita de jengibre fresco pelado y rallado
- 120 ml (1/2 taza) de suero de leche
- Cobertura de queso crema y queso de cabra (pág. 335)
- Compota de membrillo y jengibre (opcional, pág. 341)

1. Precalienta el horno a 180 °C. Pincela dos moldes redondos para pastel de 20 cm con mantequilla y fórralos con círculos de papel de hornear. Engrasa con mantequilla el papel, enharínalo y sacude la harina sobrante. Mezcla la harina, el polvo de hornear, el bicarbonato sódico, la canela, la nuez moscada y la sal en un cuenco mediano.

2. Con una batidora eléctrica a velocidad media, bate la mantequilla y el azúcar moreno hasta obtener una mezcla blanquecina y esponjosa (3-4 minutos). Incorpora los huevos de 1 en 1. Incorpora la calabaza, agrega la vainilla y el jengibre. Reduce a velocidad baja. Añade la mezcla de harina en 3 tandas, alternando con 2 tandas de suero de leche; bate solo hasta ligarlo, raspando las paredes del cuenco si es necesario.

3. Divide la masa entre los dos moldes preparados. Hornea hasta que los pasteles adquieran un tono dorado oscuro, los bordes se separen de las paredes del molde y el probador de pasteles salga limpio, unos 35 minutos. Traslada los moldes a unas rejillas enfriadoras 15 minutos. Voltea los pasteles y deja que se enfríen por completo.

4. Coloca la capa inferior del pastel sobre una bandeja o expositor y extiende uniformemente la mitad de la cobertura. Cubre con la segunda capa y extiende la cobertura restante sobre la superficie del pastel. Corona el pastel con un poco de compota de membrillo y jengibre, y sirve el resto al lado del pastel.

Pastel de azúcar y especias

El mascarpone, un queso triple crema disponible en la mayoría de tiendas de comestibles, añade un toque suculento y sedoso a este pastel de capas, que también lleva capas de mermelada (en este caso moras, pero puede ser de cualquier otra fruta). Una dulce lluvia de azúcar y canela le aporta el toque final, dando nombre a este sabroso pastel. **PARA 10-12 RACIONES**

PARA EL PASTEL

- 180 g (1 ½ tazas) de harina normal
- 180 g (1 ½ tazas) de harina pastelera (no leudante)
- 1 cucharada de polvo de hornear
- 1 cucharadita de canela en polvo
- ¼ de cucharadita de nuez moscada recién rallada
- Una pizca de clavo molido
- ½ cucharadita de sal
- 230 g (1 taza) de mantequilla sin sal, a temperatura ambiente
- 350 g (1 ¾ tazas) de azúcar granulado
- 3 huevos grandes
- 2 cucharadas de extracto de vainilla
- 300 ml (1 ¼ tazas) de leche
- Espray para cocinar de aceite vegetal

PARA LA COBERTURA Y EL RELLENO

- 480 ml (2 tazas) de nata para montar fría
- 450 g de queso mascarpone
- 50 g (½ taza) de azúcar glas, tamizado
- 490 g (1 ½ tazas) de mermelada de moras
- 2 cucharadas de azúcar granulado
- ½ cucharadita de canela en polvo

1. Haz el pastel: precalienta el horno a 180 °C. Rocía dos moldes redondos de pastel de 20 cm con espray para cocinar, fórralos con círculos de papel de hornear y rocía también el papel. Tamiza las dos harinas, el polvo de hornear, la canela, la nuez moscada, el clavo y la sal en un cuenco.

2. Con una batidora eléctrica a velocidad media, bate la mantequilla y el azúcar granulado hasta obtener una mezcla blanquecina y esponjosa, unos 3 minutos. Incorpora los huevos de 1 en 1, y a continuación, la vainilla. Reduce a baja velocidad. Añade la mezcla de harina en 3 tandas, alternando con 2 capas de leche. Sigue batiendo hasta que esté homogéneo, alrededor de 1 minuto más.

3. Divide la masa entre los moldes preparados y hornea hasta que el probador de pasteles salga limpio, unos 40 minutos. Traslada los moldes a unas rejillas enfriadoras 20 minutos. Voltea los pasteles sobre las rejillas y deja que se enfríen por completo.

4. Prepara la cobertura: con una batidora eléctrica a velocidad media/alta, bate la nata hasta formar picos firmes. En otro cuenco, bate el mascarpone y el azúcar glas hasta que esté homogéneo. Incorpora la nata montada a la mezcla de mascarpone.

5. Con un cuchillo de sierra grande, recorta las superficies de los pasteles para igualarlos y divídelos por la mitad horizontalmente. Traslada la capa inferior a una bandeja o expositor y extiende uniformemente 160 g (½ taza) de mermelada, luego 240 ml (1 taza) de cobertura sobre la mermelada. Añade otra capa de pastel. Sigue haciendo capas de pastel con mermelada y cobertura, dejando la capa superior (con la parte inferior hacia arriba) sin cubrir. Extiende la cobertura restante sobre la superficie del pastel. Mezcla el azúcar granulado y la canela en un cuenco pequeño y espolvorea la superficie del pastel con la mezcla de canela y azúcar. Refrigera el pastel hasta que la cobertura cuaje (10 minutos) antes de servirlo. Llévalo a temperatura ambiente antes de servir.

Pastel de capas de vainilla

Aquí tienes una receta de pastel de vainilla para principiantes, pues es fácil de hacer y utiliza ingredientes que siempre tienes a mano: lo cual resulta muy práctico, por lo que se convertirá de inmediato en una de las recetas favoritas de tu casa, como sucedió en las cocinas donde lo probamos. La cobertura resulta muy familiar: se basa en la crema de mantequilla típica que viene en las cajas de cobertura, y como el queso crema sustituye parte de la mantequilla, es extraordinariamente cremosa y no demasiado dulce. Los detalles de punto suizo son muy fáciles de hacer con una boquilla redonda plana: sigue nuestro ejemplo para crear tu propio diseño (o cámbialo totalmente). **PARA 10-12 RACIONES**

- 115 g (1/2 taza) de mantequilla sin sal, a temperatura ambiente, y un poco más para los moldes
- 240 g (2 tazas) de harina normal, y un poco más para los moldes
- 300 g (1 1/2 tazas) de azúcar
- 3 huevos grandes
- 1 cucharada de polvo de hornear
- 1/2 cucharadita de sal
- 240 ml (1 taza) de leche
- 1 cucharadita de extracto de vainilla
- Cobertura de vainilla cremosa (pág. 334)

1. Precalienta el horno a 180 °C. Engrasa con mantequilla dos moldes de pastel redondos de 20 cm, fórralos con círculos de papel de hornear y engrasa también el papel. Enharínalos y sacude la harina sobrante. Con una batidora eléctrica a velocidad media, bate la mantequilla y el azúcar hasta ligarlos (1-2 minutos). Añade los huevos y bate hasta incorporarlos bien, raspando las paredes del cuenco si es necesario. Añade la harina, el polvo de hornear y la sal; bate todo solo hasta ligarlo. Añade la leche y la vainilla y bátelo hasta obtener una mezcla homogénea.

2. Divide la masa entre los moldes preparados, alisando las superficies con una espátula acodada. Hornea los pasteles hasta que estén dorados y el probador de pasteles salga limpio, unos 35 minutos. Traslada los moldes a una rejilla enfriadora 15 minutos. Voltea los pasteles sobre la rejilla y deja que se enfríen por completo.

3. Coloca la capa inferior del pastel sobre una bandeja o expositor y extiende uniformemente más o menos 240 ml (1 taza) de cobertura. Coloca la segunda capa del pastel encima. Llena una bolsa de manga pastelera con una boquilla redonda pequeña (por ejemplo, del número 7) con 120 ml (1/2 taza) de cobertura. Extiende la cobertura restante sobre la superficie y los laterales del pastel, alisándolo con una espátula acodada. Dibuja un borde de puntitos a lo largo del borde de la base y de la superficie del pastel, y dibuja también puntitos por la superficie y los laterales. El pastel se puede guardar en la nevera, tapado, máximo 3 días. Déjalo a temperatura ambiente 30 minutos antes de servirlo.

Pastel de pisos de manzana y jengibre

Un bocado del sur, de Kentucky y alrededores. Este pastel también se conoce como *Appalachian stack cake* (pastel de pisos de los Apalaches). Los pioneros lo servían en las bodas: los vecinos y amigos traían los pisos del pastel y los anfitriones añadían el relleno. Aquí las manzanas secas se remojan en sidra para multiplicar el sabor. **PARA 10-12 RACIONES**

- 350 g (unas 5 tazas) de manzanas secas
- 1,2 l (5 tazas) de sidra de manzana
- 360 ml (1 1/2 tazas) de agua
- 330 g (1 2/3 tazas) de azúcar granulado
- 230 g (1 taza) de mantequilla sin sal, a temperatura ambiente, y un poco más para los moldes
- 360 g (3 tazas) de harina normal tamizada, y un poco más para los moldes
- 1 huevo grande
- 240 ml (1 taza) de melaza sin clarificar
- 240 ml (1 taza) de suero de leche
- 1 cucharadita de bicarbonato sódico
- 1 cucharadita de jengibre en polvo
- 1/8 de cucharadita de clavo en polvo
- 1/2 cucharadita de sal
- Azúcar glas para espolvorear

1. Lleva a ebullición las manzanas y la sidra en un cazo grande. Reduce hasta que hierva a fuego lento y deja cocer, removiendo de vez en cuando, hasta que las manzanas empiecen a ablandarse y se haya reducido el líquido (40-50 minutos). Añade 240 ml (1 taza) de agua y deja cocer, aplastando ligeramente las manzanas, hasta que el líquido haya reducido, unos 10 minutos. Añade 130 g (2/3 de taza) de azúcar granulado y los 120 ml (1/2 taza) de agua restante; deja cocer a fuego lento hasta que las manzanas estén muy blandas y cubiertas de almíbar, unos 15 minutos. Déjalo enfriar por completo.

2. Precalienta el horno a 190 °C. Engrasa con mantequilla dos moldes de pastel redondos de 23 cm, fórralos con círculos de papel de hornear y engrasa también el papel. Enharínalos y sacude la harina sobrante.

3. Con una batidora eléctrica a velocidad media/alta, bate la mantequilla y los 200 g (1 taza) de azúcar restantes hasta obtener una mezcla cremosa, unos 3 minutos. Reduce a velocidad baja e incorpora el huevo, la melaza, el suero de leche, el bicarbonato sódico, la harina, las especias y la sal.

4. Divide la masa entre los moldes preparados. Hornéalos hasta que el probador de pasteles salga limpio y la superficie recupere su forma al tocarla ligeramente, unos 35 minutos. Traslada los moldes a una rejilla enfriadora 10 minutos. Desliza un cuchillo alrededor del borde de los moldes para soltarlos. Voltea los pasteles sobre la rejilla y deja que se enfríen por completo.

5. Corta cada pastel horizontalmente por la mitad con un cuchillo de sierra. Traslada una de las capas inferiores a una bandeja o expositor y extiende encima un tercio de la mezcla de manzana. Coloca una de las capas superiores encima de las manzanas y cúbrela con otro tercio de la mezcla de manzanas. Repite el proceso con la parte inferior restante del pastel y las manzanas, y por último añade la parte superior restante de pastel. Déjalo a temperatura ambiente mínimo 1 hora. Antes de servir, espolvorea con azúcar glas la superficie del pastel.

Pastel colibrí

Este pastel de capas sureño lleva una combinación muy popular de plátano, piña y coco. El origen del nombre es todo un misterio: hay quienes dicen que se debe a que el pastel es tan dulce como el néctar; otros, que te hace zumbar de felicidad. **PARA 10-12 RACIONES**

- Mantequilla sin sal para los moldes
- 360 g (3 tazas) de harina normal, y un poco más para los moldes
- 1 cucharadita de bicarbonato sódico
- 1 cucharadita de canela en polvo
- 1/2 cucharadita de sal
- 240 ml (1 taza) de aceite de colza o de cártamo
- 2 cucharaditas de extracto de vainilla
- 400 g (2 tazas) de azúcar
- 3 huevos grandes
- 460 g (2 tazas) de plátano maduro triturado (unos 3 plátanos grandes)
- 1 lata (224 g) de piña triturada escurrida
- 150 g (1 taza) de nueces normales o nueces pecán picadas
- 75 g (1 taza) de coco rallado sin azúcar
- Cobertura de queso crema (pág. 335)
- Rodajas de piña confitada (opcional; véase la pág. 327)

1. Precalienta el horno a 180 °C con la rejilla en el centro. Engrasa con mantequilla dos moldes de pastel redondos de 23x5 cm, fórralos con papel de hornear y engrasa también el papel. Enharínalos y sacude la harina sobrante. Mezcla la harina, el bicarbonato sódico, la canela y la sal en un cuenco.

2. Con una batidora eléctrica a velocidad media, bate el aceite, la vainilla y el azúcar hasta ligarlos, unos 2 minutos. Añade los huevos de 1 en 1, batiendo bien tras cada incorporación antes de añadir el siguiente. Bate hasta que esté blanquecino y esponjoso, unos 3 minutos.

3. Mezcla en un cuenco el plátano, la piña, las nueces y el coco. Añade todo a la mezcla de huevo y remueve hasta ligarlo. Añade la mezcla de harina y lígalo bien todo.

4. Divide la masa entre los moldes preparados. Hornea los pasteles, girándolos a media cocción, hasta que adquieran un tono dorado oscuro y el probador de pasteles salga limpio (30-40 minutos). Traslada los moldes a una rejilla enfriadora 15 minutos. Desliza un cuchillo alrededor del borde de los pasteles para soltarlos. Voltea los pasteles sobre la rejilla y deja que se enfríen por completo. Si no vas a montar el pastel enseguida, envuelve cada capa con film transparente y congélalas (descongélalas antes de usarlas).

5. Coloca la capa inferior sobre una bandeja o expositor y extiende uniformemente unos 360 ml (1 1/2 tazas) de cobertura. Coloca encima la segunda capa y extiende el glaseado restante sobre la superficie y los laterales del pastel. Coloca las rodajas de piña confitada encima del pastel si quieres. El pastel se puede guardar en la nevera máximo 3 días. Sírvelo a temperatura ambiente.

Pastel del diablo

Existe una gran controversia sobre cómo adquirió su nombre este postre. Las versiones más antiguas puede que se hicieran con colorante alimentario rojo, aunque el término «pastel del diablo» se ha convertido en un sinónimo de pastel de chocolate negro y suculento. A pesar de su origen, esta versión, enriquecida con crema agria y con cobertura de un blanco inmaculado, resulta innegablemente divina y deliciosa. **PARA 10-12 RACIONES**

- 345 g (1 ½ tazas) de mantequilla sin sal, a temperatura ambiente, y un poco más para los moldes
- 100 g (1 taza) de cacao en polvo sin azúcar, y un poco más para los moldes
- 240 ml (1 taza) de agua hirviendo
- 240 ml (1 taza) de crema agria
- 360 g (3 tazas) de harina normal
- 1 cucharadita de polvo de hornear
- 1 cucharadita de bicarbonato sódico
- ¾ de cucharadita de sal
- 450 g (2 ¼ tazas) de azúcar
- 4 huevos grandes
- 1 cucharada más 1 cucharadita de extracto de vainilla
- Cobertura de los 7 minutos (pág. 336)
- Rizos de chocolate de adorno (opcional; véase la pág. 328)

1. Precalienta el horno a 180 °C. Engrasa con mantequilla dos moldes de pastel redondos de 20 cm, fórralos con círculos de papel de hornear y engrasa también el papel. Espolvorea los moldes con cacao y sacude el cacao sobrante. Mezcla el agua hirviendo con el cacao en polvo en un cuenco mediano hasta obtener una mezcla sin grumos, e incorpora la crema agria. En otro cuenco, mezcla la harina, el polvo de hornear, el bicarbonato sódico y la sal.

2. Con una batidora eléctrica a velocidad media/alta, bate la mantequilla y el azúcar hasta obtener una mezcla blanquecina y esponjosa (3-5 minutos). Añade los huevos de 1 en 1, batiendo bien tras cada incorporación. Reduce a velocidad baja. Añade la mezcla de harina en 3 tandas, alternando con 2 tandas de la mezcla de cacao. Bate todo hasta ligarlo. Incorpora la vainilla.

3. Divide la masa entre los moldes preparados y hornea los pasteles, girándolos a media cocción, hasta que el probador de pasteles salga limpio (40-45 minutos). Traslada los moldes a unas rejillas enfriadoras y deja que se enfríen por completo.

4. Recorta con un cuchillo de sierra las superficies de las capas del pastel para igualarlas si así lo deseas. Coloca la capa inferior del pastel sobre una bandeja o expositor y extiende uniformemente unos 240 ml (1 taza) de cobertura. Coloca la segunda capa encima y utiliza una espátula acodada para repartir la cobertura restante por la superficie y los laterales del pastel, formando remolinos. Puedes adornar el pastel con rizos de chocolate.

Pastel de ron y rosas

Este pastel te ofrece un modo fácil de dibujar rosas con crema de mantequilla: solo necesitas una boquilla de estrella extragrande para hacer cada flor. La bolsa de manga pastelera se ha llenado de dos tonos de cobertura, la mitad sin teñir y la mitad de color rosa pálido. Debajo hay cuatro capas de bizcocho pinceladas con un almíbar de ron blanco, y emparedadas con crema pastelera. **PARA 10-12 RACIONES**

PARA EL PASTEL

- 60 g de mantequilla sin sal, fundida, y un poco más a temperatura ambiente para los moldes
- 180 g (1 1/2 tazas) de harina pastelera (no leudante), tamizada, y un poco más para los moldes
- 9 huevos grandes, separados, a temperatura ambiente
- 300 g (1 1/2 tazas) de azúcar
- 1 cucharadita de extracto de vainilla
- Una pizca de sal
- Almíbar de ron (pág. 341)

PARA EL MONTAJE

- 2 raciones de la receta de crema pastelera (pág. 340)
- Crema de mantequilla de merengue suizo (pág. 336)
- Colorante alimentario en gel o pasta de color rosa o rojo

HACIENDO LAS ROSAS DE CREMA DE MANTEQUILLA

1. Haz el pastel: precalienta el horno a 180 °C. Engrasa dos moldes de 23x5 cm, fórralos con círculos de papel de hornear y engrasa también el papel. Enharínalos y sacude la harina sobrante. Bate las yemas de huevo y 200 g (1 taza) de azúcar en un cuenco resistente al calor situado encima (no dentro) de una olla con agua hirviendo a fuego lento, hasta que el azúcar se haya disuelto y la mezcla esté caliente (3-4 minutos). Añade la vainilla y la sal. Retira la mezcla del fuego. Con una batidora a velocidad media, bate hasta que la mezcla esté blanquecina y lo suficientemente espesa como para formar una cinta en la superficie (3-5 minutos). Pasa la mezcla a un cuenco grande.

2. En un recipiente mezclador limpio, bate las claras de huevo a velocidad media/alta hasta formar picos suaves. Añade gradualmente los 100 g (1/2 taza) de azúcar restantes, batiendo hasta que se formen picos firmes y brillantes. Incorpora con movimientos envolventes un tercio de la mezcla de claras a la mezcla de yemas. Incorpora el resto de la mezcla de claras. Agrega la harina, luego la mantequilla fundida, y mézclalo solo hasta ligarlo. Divide la masa entre los moldes preparados. Hornea hasta que el probador de pasteles salga limpio (25-30 minutos). Voltea los pasteles sobre una rejilla enfriadora.

3. Con un cuchillo de sierra, divide cada pastel por la mitad horizontalmente. Coloca la capa inferior sobre una bandeja o expositor. Pincela la superficie con un poco de almíbar y extiende un tercio de la crema pastelera. Repite el proceso con 2 capas más de pastel, pincelando cada capa con almíbar y extendiendo un tercio de la crema pastelera. Coloca encima la última capa del pastel y pincélala con el almíbar restante.

4. Extiende una capa fina de crema de mantequilla sobre el pastel para sellar las migas y refrigera el pastel hasta que esté firme, unos 30 minutos. Extiende una segunda capa de crema de mantequilla sobre el pastel, alisándola con una espátula acodada.

5. Tiñe la mitad de la crema de mantequilla restante con el colorante rosa. Ajusta una bolsa de manga con una boquilla de estrella extra grande, como por ejemplo, una Wilton número 1M. Rellena la mitad de la bolsa, de la boquilla al puño, con crema de mantequilla sin teñir y añade la crema de mantequilla rosa en la otra mitad. Haz las rosas sobre el pastel: sujeta la bolsa en un ángulo de 90° sobre el pastel y dibuja un espiral ajustado y continuo; reduce paulatinamente la presión a medida que vayas soltando la crema. Sírvelo inmediatamente, o bien guárdalo en la nevera, sin tapar, máximo 2 días, y sírvelo a temperatura ambiente.

Pastel de chocolate alemán

He aquí nuestra versión del universalmente aclamado pastel de chocolate alemán, que por lo visto se trata de un invento americano. Sucedió hacia 1957, cuando una mujer de Texas envió una receta de pastel a su diario en la que utilizaba un producto llamado German's Sweet Chocolate (que debía su nombre al chocolatero Sam German). El resto, como suele decirse, es historia.

PARA 10-12 RACIONES

- 170 g (3/4 de taza) de mantequilla sin sal, a temperatura ambiente, y un poco más para los moldes
- 240 g (2 tazas) de harina pastelera (no leudante) y un poco más para los moldes
- 1 cucharadita de bicarbonato sódico
- 3/4 de cucharadita de sal
- 265 g (1 1/3 tazas) de azúcar
- 3 huevos grandes
- 1 1/2 cucharaditas de extracto de vainilla
- 240 ml (1 taza) de suero de leche
- 140 g de chocolate semiamargo, fundido y enfriado
- Cobertura de coco y nueces pecán (pág. 338)
- 75 g (1 taza) de coco rallado o en copos, azucarado y ligeramente tostado (véase la pág. 344), para decorar

1. Precalienta el horno a 180 °C. Engrasa con mantequilla un molde de base desmontable de 23 cm y fórralo con un círculo de papel de hornear. Engrasa el papel, espolvoréalo de harina y sacude la harina sobrante. Mezcla la harina, el bicarbonato sódico y la sal en un cuenco mediano.

2. Con una batidora eléctrica a velocidad media/alta, bate la mantequilla y el azúcar hasta obtener una mezcla blanquecina y esponjosa (3-5 minutos). Añade los huevos de 1 en 1, batiendo bien tras cada incorporación. Agrega la vainilla. Reduce a baja velocidad. Añade la mezcla de harina en 3 tandas, alternando con 2 tandas de suero de leche; bátelo solo hasta unirlo. Incorpora el chocolate.

3. Vierte la masa en el molde preparado y alisa la superficie con una espátula acodada. Hornea hasta que el probador de pasteles salga limpio (50-60 minutos). Traslada el molde a una rejilla enfriadora 30 minutos. Voltea el pastel sobre la rejilla y deja que se enfríe por completo. Envuelve el pastel ya enfriado en la nevera hasta que esté frío, mínimo 1 hora, o bien toda la noche, para que sea más fácil de cortar.

4. Corta el pastel horizontalmente en 3 capas con un cuchillo de sierra. Traslada la capa inferior a una bandeja o expositor y extiende uniformemente un tercio de la cobertura. Repite el proceso, formando capas de pastel y cobertura, y acaba con una de cobertura. Espolvorea la superficie del pastel con el coco tostado.

Pastel blanco de frambuesa

En este postre etéreo, las claras de huevo sirven como agente leudante de las capas de pastel (y aportan a la cobertura todo su volumen). Como el azúcar puede ralentizar la velocidad a la que las claras de huevo se espuman, es necesario añadirlo muy despacio para formar los picos brillantes exactos que requiere la cobertura. **PARA 10-12 RACIONES**

- Mantequilla sin sal para los moldes
- 240 g (2 tazas) de harina pastelera tamizada (no leudante), y un poco más para los moldes
- 1 cucharadita de sal
- 200 g (1 taza) de azúcar
- 240 ml (1 taza) de nata para montar
- 2 cucharadas de leche
- 2 cucharaditas de polvo de hornear
- 4 claras de huevo grandes, a temperatura ambiente
- 1 cucharadita de extracto de vainilla
- ¼ de cucharadita de extracto de almendra
- 190 g (1 ½ tazas) de frambuesas
- 220 g (⅔ de taza) de mermelada de frambuesa
- Cobertura de los 7 minutos (pág. 336)
- 40 g (½ taza) de copos grandes de coco sin azúcar, para decorar

1. Precalienta el horno a 170 °C. Engrasa con mantequilla tres moldes de pastel redondos de 20 cm, fórralos con círculos de papel de hornear y engrasa también el papel, enharínalos y sacude la harina sobrante. Mezcla la harina, la sal y 100 g (½ taza) de azúcar en un cuenco mediano. Con una batidora eléctrica a velocidad media/alta, bate la nata, la leche, el polvo de hornear y las claras de huevo hasta que la mezcla espese. Agrega la vainilla, el extracto de almendra y los 100 g (½ taza) de azúcar restantes.

2. Incorpora la mezcla de harina en la masa. Agrega las frambuesas. Divide la masa entre los tres moldes preparados y hornea los pasteles hasta que estén dorados y la superficie recupere su forma al tocarla ligeramente, unos 25 minutos. Coloca los moldes sobre rejillas enfriadoras 30 minutos. Voltea los pasteles sobre las rejillas y deja que se enfríen por completo.

3. Coloca la capa inferior del pastel sobre una bandeja o expositor y extiende uniformemente la mitad de la mermelada. Cubre con la siguiente capa de pastel y repite el proceso con la mermelada y la capa restante. Extiende la cobertura formando remolinos por la superficie y los lados del pastel con una espátula acodada. Espolvorea la parte superior con el coco.

Pastel de chocolate doble

Las grageas de chocolate con leche caracterizan el sabor de esta maravilla de cuatro capas. Las golosinas de la cobertura celebran un séptimo cumpleaños, pero también puedes distribuirlos en forma de rayas de colores o círculos concéntricos. Puedes encontrar colores específicos en tiendas de golosinas y por Internet. **PARA 10-12 RACIONES**

- 170 g (3/4 de taza) de mantequilla sin sal, a temperatura ambiente, y un poco más para los moldes
- 270 g (2 1/4 tazas) de harina normal, y un poco más para los moldes
- 1 1/2 cucharaditas de bicarbonato sódico
- 2 1/2 cucharaditas de sal gruesa
- 225 g (1 taza más 2 cucharadas) de azúcar granulado
- 60 g (1/3 de taza) de azúcar moreno claro «compacto» (véase la pág. 320)
- 2 huevos enteros grandes más 1 yema de huevo extra
- 1 cucharada de extracto de vainilla
- 360 ml (1 1/2 tazas) de crema agria
- 180 ml (3/4 de taza) de leche
- 225 g de chocolate semiamargo (61-70% cacao), picado fino
- Cobertura de chocolate con leche (pág. 338)
- 225 g de grageas de chocolate, tipo Lacasitos, para decorar (opcional)

1. Precalienta el horno a 180 °C. Engrasa con mantequilla dos moldes de pastel redondos de 20 cm, fórralos con círculos de papel de hornear y engrasa también el papel. Enharínalos y sacude la harina sobrante. Mezcla la harina, el bicarbonato sódico y la sal en un cuenco.

2. Con una batidora eléctrica a velocidad media/alta, bate la mantequilla y los dos tipos de azúcar hasta obtener una mezcla blanquecina y esponjosa, unos 5 minutos. Incorpora batiendo los huevos y la yema, de 1 en 1, batiendo bien tras cada incorporación. Agrega la vainilla. Añade gradualmente la mezcla de harina en 3 tandas, alternando con la crema agria y luego la leche, empezando y acabando con la harina. Bate todo solo hasta ligarlo. Añade el chocolate.

3. Divide la masa entre los dos moldes y alisa las superficies con una espátula acodada. Hornea los pasteles hasta que adquieran un tono dorado oscuro y el probador de pasteles salga limpio, unos 40 minutos. Traslada los moldes a una rejilla enfriadora 20 minutos. Voltea los pasteles sobre la rejilla y deja que se enfríen por completo.

4. Con un cuchillo de sierra, corta cada pastel por la mitad en sentido horizontal. Coloca la capa inferior sobre una bandeja o expositor, y extiende uniformemente unos 180 ml (3/4 de taza) de cobertura. Haz lo mismo con la segunda capa y otros 180 ml (3/4 de taza) de cobertura. Coloca la tercera capa encima y extiende otros 180 ml (3/4 de taza) de cobertura. Corónala con la cuarta capa de pastel. Extiende la cobertura restante sobre la superficie y los laterales del pastel, alisándola con una espátula acodada. Coloca las grageas de chocolate en la superficie a tu gusto. El pastel se puede guardar en la nevera, sin tapar, máximo 2 días. Déjalo que se ponga a temperatura ambiente antes de servirlo.

Pastel de limón 1-2-3-4

El nombre de este pastel chapado a la antigua proviene de su sencilla fórmula de medición: 1 medida de mantequilla, 2 de azúcar, 3 de harina y 4 huevos. Nuestra versión del clásico incorpora capas de texturas y sabores, con nata montada azucarada, curd de limón cremoso y un surtido de frutas del bosque frescas. **PARA 8-10 RACIONES**

- 230 g (1 taza) de mantequilla sin sal, a temperatura ambiente, y un poco más para los moldes
- 300 g (3 tazas) de harina normal tamizada, y un poco más para los moldes
- 1 cucharada de polvo de hornear
- 1 cucharadita de bicarbonato sódico
- ½ cucharadita de sal
- 400 g (2 tazas) de azúcar granulado
- 4 huevos grandes, ligeramente batidos
- 300 ml (1 ¼ tazas) de suero de leche
- 1 ½ cucharaditas de extracto de vainilla
- La piel de 2 limones
- 2 raciones de la receta de curd de limón (pág. 332)
- Nata montada (pág. 333)
- 340 g de frutas del bosque frescas variadas
- Azúcar glas, para espolvorear

1. Precalienta el horno a 180 °C. Engrasa con mantequilla dos moldes de pastel redondos de 20x5 cm; fórralos con círculos de papel de hornear y engrasa también el papel. Enharínalos y sacude la harina sobrante. Tamiza la harina, el polvo de hornear, el bicarbonato sódico y la sal en un cuenco mediano.

2. Con una batidora eléctrica a velocidad media, bate la mantequilla hasta ablandarla (1-2 minutos). Añade gradualmente el azúcar granulado, y bate hasta que la mezcla sea blanquecina y esponjosa (3-4 minutos), raspando las paredes del cuenco una o dos veces. Añade gradualmente los huevos, batiendo bien hasta ligarlos tras cada incorporación, raspando las paredes del cuenco una o dos veces.

3. Añade despacito la mezcla de harina en 3 tandas, alternando con 2 tandas de suero de leche, y bate todo solo hasta ligarlo. Incorpora la vainilla y la piel de limón.

4. Divide la masa entre los dos moldes preparados. Hornea los pasteles, girándolos a media cocción, hasta que el probador de pasteles salga limpio (35-40 minutos). Traslada los moldes a unas rejillas enfriadoras 15 minutos. Voltea los pasteles sobre las rejillas y deja que se enfríen por completo.

5. Con un cuchillo de sierra, corta cada pastel por la mitad en sentido horizontal. Reserva la capa superior que haya formado la bóveda más hermosa para ponerla arriba del pastel. Coloca la otra capa superior con el lado de la bóveda hacia abajo, sobre una bandeja o expositor, y extiende uniformemente 240 ml (1 taza) de curd de limón hasta 1 cm del borde. Coloca la segunda capa encima y extiende otros 240 ml (1 taza) de curd. Repite el proceso con la tercera capa y el curd restante. Refrigera el pastel para que el curd de limón se endurezca (o si en la cocina hace calor y el curd está demasiado blando durante el montaje, refrigera el pastel por capas, a medida que las vas haciendo).

6. Justo antes de servir, coloca la última capa abovedada que habías reservado sobre el pastel. Extiende la nata montada sobre el pastel, esparce encima las frutas del bosque y espolvorea todo con azúcar glas.

Pastel de zanahoria

Las zanahorias ralladas aportan color y dulzura terrestre a estas capas de pastel denso y suave aromatizadas con canela, jengibre y nuez moscada. Para adornarlo, tiñe pasta de mazapán de color naranja y moldea pequeñas zanahorias; utiliza el dorso de un cuchillo de mondar para hacer las líneas y luego inserta un trozo de zanahoria en el extremo de cada una. **PARA 10-12 RACIONES**

- 345 g (1 ½ tazas) de mantequilla sin sal, a temperatura ambiente, y un poco más para los moldes
- 300 g (2 ½ tazas) de harina normal, y un poco más para los moldes
- 1 cucharadita de polvo de hornear
- 1 cucharadita de bicarbonato sódico
- 1 cucharadita de canela en polvo
- ¾ de cucharadita de sal gruesa
- ½ cucharadita de jengibre en polvo
- ¼ de cucharadita de nuez moscada recién rallada
- 180 g (1 taza) de azúcar moreno claro «compacto» (véase la pág. 320)
- 100 g (½ taza) de azúcar granulado
- 3 huevos grandes
- 2 cucharaditas de extracto de vainilla
- 120 ml (½ taza) de agua
- 450 g de zanahorias (8-10 medianas), peladas y ralladas con los orificios grandes de un rallador de caja o con un procesador de alimentos (unas 2 ¾ tazas = 138 g)
- 120 g (1 taza) de nueces pecán tostadas (véase la pág. 344), picadas finas
- Cobertura de queso crema (pág. 335)
- Zanahorias de mazapán, para decorar (opcional, véase nota arriba)

1. Precalienta el horno a 180 °C. Engrasa con mantequilla tres moldes redondos de pastel de 23 cm, fórralos con círculos de papel de hornear y engrasa también el papel. Enharínalos y sacude la harina sobrante. Mezcla la harina, el polvo de hornear, el bicarbonato sódico, la canela, la sal, el jengibre y la nuez moscada en un cuenco mediano.

2. Con una batidora eléctrica a velocidad media, bate la mantequilla y los dos tipos de azúcar hasta obtener una mezcla blanquecina y esponjosa (3-5 minutos). Añade los huevos de 1 en 1, batiendo bien tras cada incorporación. Bate todo 3 minutos. Añade la vainilla, el agua y las zanahorias. Bate hasta que esté bien ligado, unos 2 minutos. Reduce a baja velocidad, añade la mezcla de harina, y a continuación, las nueces.

3. Divide la masa entre los moldes preparados. Hornea los pasteles, girándolos a media cocción, hasta que adquieran un tono dorado y el probador de pasteles salga limpio, unos 30 minutos. Traslada los moldes a unas rejillas enfriadoras 15 minutos. Desliza un cuchillo alrededor del borde de cada pastel para soltarlo; voltea los pasteles sobre las rejillas y deja que se enfríen por completo.

4. Con un cuchillo de sierra, corta la superficie de las capas de pastel para igualarlas si quieres. Coloca la capa inferior sobre una bandeja o expositor y extiende uniformemente 240 ml (1 taza) de cobertura. Cubre con la segunda capa de pastel y extiende otros 240 ml (1 taza) de cobertura. Cúbrelo con la última capa de pastel. Extiende la cobertura restante sobre la superficie y los laterales del pastel. Refrigera el pastel 1 hora (o máximo 1 día, cubierto) antes de servirlo.

Pastel de capas de castañas y chocolate

Las castañas van muy unidas a las fiestas navideñas, y en este caso constituyen una base excelente para un exquisito y festivo pastel de capas que resulta exquisito si se sirve el mismo día en que se hace. Hornéalo por la mañana y acábalo más tarde; puedes guardarlo en un lugar fresco unas 3 horas antes de servirlo. **PARA 10-12 RACIONES**

PARA EL PASTEL

- Mantequilla sin sal, para los moldes
- 1 tarro (400 g) de castañas escurridas
- 200 g (1 taza) de azúcar
- 4 huevos grandes, separados, a temperatura ambiente
- 1/2 cucharadita de crémor tártaro
- 100 g (1 taza) de harina pastelera (no leudante) tamizada
- 90 g (1 taza) de harina de castaña tamizada
- 2 cucharaditas de polvo de hornear
- 1/2 cucharadita de canela en polvo
- 1/4 de cucharadita de sal
- 120 ml (1/2 taza) de agua
- 120 ml (1/2 taza) de aceite de colza o de cártamo
- 1 cucharadita de extracto de vainilla
- 170 g de chocolate semiamargo picado muy fino
- Crema pastelera (pág. 340)
- 8 *marrons glacés*, para adornar (opcional)

PARA LA GANACHE

- 140 g de chocolate semiamargo, picado fino
- 160 ml (2/3 de taza) de nata para montar

1. Haz el pastel: precalienta el horno a 170 °C. Engrasa con mantequilla dos moldes de pastel redondos de 23x5 cm, fórralos con círculos de papel de hornear y engrasa también el papel. Tritura las castañas escurridas y 2 cucharadas de azúcar en un procesador de alimentos hasta que estén muy finas.

2. Con una batidora eléctrica a velocidad media/baja, bate las claras de huevo y el crémor tártaro hasta que estén espumosas (5-6 minutos). Con la batidora en marcha, añade lentamente 100 g (1/2 taza) de azúcar. Aumenta a velocidad media/alta y bate hasta formar picos firmes (6-7 minutos). Traslada la mezcla de claras de huevo a un cuenco grande.

3. Tamiza la harina pastelera, la harina de castaña, el polvo de hornear, la canela, la sal y las 6 cucharadas de azúcar restantes en un recipiente mezclador limpio. Añade las yemas de huevo, el agua, el azúcar y la vainilla. Bate a velocidad media hasta obtener una mezcla fina y homogénea, alrededor de 1 minuto.

4. Incorpora delicadamente la mezcla de harina con una espátula flexible en 4 o 5 tandas a la mezcla de clara de huevos, hasta ligarlo bien. Añade con cuidado las castañas trituradas y el chocolate. Divide la masa entre los moldes preparados. Hornea los pasteles, girándolos a media cocción, hasta que estén dorados y el probador de pasteles salga limpio, unos 55 minutos. Traslada los moldes a una rejilla enfriadora y deja que se enfríen por completo.

5. Coloca la capa inferior sobre una bandeja o expositor y extiende uniformemente la crema pastelera hasta llegar a 1 cm del borde. Cubre con la segunda capa de pastel.

6. Prepara la ganache: coloca el chocolate en un cuenco resistente al calor. Lleva a ebullición la nata en una olla pequeña. Vierte la nata hirviendo sobre el chocolate y déjalo así unos minutos: luego remueve hasta que el chocolate esté totalmente fundido y sin grumos. Reserva la ganache en un lugar fresco y déjala reposar hasta que espese (10-15 minutos).

7. Vierte la ganache sobre la superficie del pastel. Coloca los *marrons glacés* sobre el pastel si quieres, y deja reposar el pastel hasta que la ganache se endurezca.

Pastel de capas de naranja y almendra

La combinación de almendras picadas y piel de naranja rallada confiere un maravilloso sabor a este pastel. Una cobertura extrasuave de crema de mantequilla constituye un hermoso lienzo para dibujar. **PARA 10-12 RACIONES**

- 170 g (3/4 de taza) de mantequilla sin sal, a temperatura ambiente, y un poco más para los moldes
- 140 g (1 taza más 2 cucharadas) de harina normal, y un poco más para los moldes
- 225 g (1 1/2 tazas) de almendras tostadas (véase la pág. 344)
- 140 g (1 taza más 2 cucharadas) de harina pastelera (no leudante)
- 2 1/4 cucharaditas de polvo de hornear
- 1/2 cucharadita de sal gruesa
- 180 g (3/4 de taza más 2 cdas) de azúcar granulado
- 135 g (3/4 de taza) de azúcar moreno oscuro «compacto» (véase la pág. 320)
- 1 cucharada de ralladura de naranja (de 2 naranjas)
- 1 cucharada de extracto de vainilla
- 270 ml (1 taza más 2 cucharadas) de leche
- 6 claras de huevo grandes, a temperatura ambiente
- Crema de mantequilla de merengue suizo (pág. 336)
- Colorante alimentario en pasta/gel amarillo, rosa y melocotón

1. Precalienta el horno a 180 °C. Engrasa con mantequilla dos moldes de pastel redondos de 20 cm; fórralos con círculos de papel de hornear y engrasa también el papel. Enharínalos y sacude la harina sobrante. En un procesador de alimentos, pica las almendras bien finas. Mezcla las dos harinas, el polvo de hornear, la sal y las almendras molidas en un cuenco.

2. Con una batidora a velocidad media, bate la mantequilla, los dos tipos de azúcar y la ralladura hasta obtener una mezcla blanquecina y esponjosa (3-5 minutos). Incorpora la vainilla. Reduce a baja velocidad. Añade la mezcla de harina en 3 tandas, alternando con 2 tandas de leche; bate solo hasta ligarlo.

3. En un recipiente mezclador limpio y a velocidad media, bate las claras hasta formar picos firmes. Incorpora las claras a la masa en 2 tandas.

4. Divide la masa entre los dos moldes. Hornea los pasteles hasta que el probador de pasteles salga limpio, unos 30 minutos. Traslada los moldes a una rejilla enfriadora y deja que se enfríen por completo.

5. Con un cuchillo de sierra, recorta las capas de pastel para igualarlas. Tiñe 1 l (4 1/2 tazas) de crema de mantequilla con el colorante amarillo. Coloca la capa inferior sobre una bandeja o expositor y cúbrela con una capa uniforme de unos 360 ml de crema de mantequilla teñida. Coloca encima la segunda capa de pastel. Extiende una capa fina de crema de mantequilla sobre la superficie y los laterales del pastel para sellar las migas y refrigera el pastel hasta que esté firme, unos 30 minutos. Extiende una segunda capa de crema de mantequilla sobre la superficie y los laterales del pastel, alisándola con una espátula acodada.

6. Tiñe la crema de mantequilla restante con los colores deseados (en este caso, melocotón pálido, melocotón oscuro y rosa). Utiliza una manga ajustada a boquilla redonda pequeña, p. ej. nº 3 y dibuja con la crema de mantequilla melocotón claro el monograma y los zarcillos. Cambia a una boquilla de hoja en «V» pequeña, p. ej. nº 349, y dibuja las hojas con la crema rosa. Sujeta la bolsa en un ángulo de 45 grados respecto al pastel, con el extremo de la boquilla apuntando hacia arriba (con la «V» mirando hacia un lado) y presiona suavemente, moviendo la bolsa hacia arriba a medida que liberas presión. Cambia a una boquilla de hoja estándar pequeña, p. ej. nº 65, y dibuja con la crema melocotón oscuro más hojas, moviendo ligeramente la boquilla hacia delante y hacia atrás para crear un efecto de lazo. Sirve el pastel inmediatamente; o bien guárdalo en la nevera sin tapar, máximo 2 días, y sirve a temperatura ambiente.

Pastel de capas de coco

¡Amantes del coco, regocijaos! Seis capas (o cinco, como en la imagen), forman este pastel, lo cual se traduce en mucho más coco, tanto por dentro como por fuera. Las capas se han endulzado con copos de coco, está relleno de crema de coco, y lleva la cobertura de los 7 minutos. **PARA 8 RACIONES**

PARA EL PASTEL

- 170 g (3/4 de taza) de mantequilla sin sal, a temperatura ambiente, y un poco más para los moldes
- 200 g (2 tazas) de harina pastelera (no leudante) tamizada, y un poco más para los moldes
- 1/2 cucharadita de polvo de hornear
- 1/2 cucharadita de bicarbonato sódico
- 1/4 de cucharadita de sal
- 200 g (1 taza) de azúcar refinado
- 4 yemas de huevo grandes, ligeramente batidas
- 160 ml (2/3 de taza) de crema agria
- 1 cucharadita de extracto de vainilla
- 40-60 g (1/2 - 3/4 tazas) de coco en copos azucarado
- Doble ración de la receta de relleno de crema de coco (pág. 340)

PARA LA COBERTURA

- 2 claras de huevo grandes, a temperatura ambiente
- 300 g (1 1/2 tazas) de azúcar granulado
- 2 cucharaditas de sirope de maíz claro
- 1/4 de cucharadita de crémor tártaro
- 5 cucharadas de agua fría
- 1/2 cucharadita de extracto de vainilla puro
- 250 g (unas 3 tazas) de coco en copos azucarado

1. Haz el pastel: precalienta el horno a 180 °C. Engrasa con mantequilla tres moldes redondos de pastel de 15x5 cm, fórralos con círculos de papel de hornear y engrasa también el papel. Enharínalos y sacude la harina sobrante. Tamiza la harina, el polvo de hornear, el bicarbonato sódico y la sal en un cuenco mediano.

2. Con una batidora a velocidad media/baja, bate la mantequilla hasta que esté esponjosa (1-2 minutos). Añade gradualmente azúcar refinado y bate hasta que esté blanquecina y esponjosa, unos 3 minutos. Rocía gradualmente con las yemas, batiendo hasta que estén bien mezcladas tras cada incorporación. Bate hasta que la mezcla vuelva a estar esponjosa, unos 3 minutos más.

3. Añade la mezcla de harina en 3 tandas, alternando con 2 tandas de crema agria; bate solo hasta ligarlo. Incorpora la vainilla. Divide la masa entre los moldes y hornéalos, girándolos a media cocción, hasta que el probador salga limpio (30-40 minutos). Traslada los moldes a unas rejillas enfriadoras 15 minutos. Voltea los pasteles sobre las rejillas y deja enfriar por completo.

4. Con un cuchillo de sierra, parte cada pastel por la mitad en sentido horizontal. Reserva la parte superior con la bóveda más hermosa para la capa final. Coloca una mitad superior, con la bóveda hacia abajo, sobre una bandeja o expositor. Espolvorea encima 2 o 3 cucharadas de coco en copos. Extiende 120 ml (1/2 taza) generosos de relleno de crema de coco sobre los copos. Haz lo mismo con las capas restantes, espolvoreando 2 o 3 cucharadas de coco y extendiendo 120 ml (1/2 taza) de crema sobre cada una, y acaba con la capa abovedada que habías reservado. Refrigera el pastel hasta que esté firme, alrededor de 1 hora.

5. Prepara la cobertura: mezcla las claras de huevo, el azúcar, el sirope de maíz, el crémor tártaro y el agua fría en un cuenco mezclador resistente al calor situado encima (no dentro) de una olla con agua hirviendo a fuego lento, y remuévelo para disolver el azúcar. Retíralo del fuego. Bate la mezcla de huevo con una batidora eléctrica a velocidad media/baja durante 4 minutos; sube a velocidad alta durante 3-4 minutos más. Retira del fuego. Añade la vainilla y sigue batiendo hasta que la cobertura aguante los picos, 3-5 minutos más (no lo mezcles en exceso).

6. Extiende la cobertura sobre la superficie y los laterales del pastel. Espolvorea con coco en copos todo el pastel mientras la cobertura esté blanda; no lo guardes en la nevera.

Pastel de capas de chocolate sin gluten

Eliminar el gluten no significa eliminar la diversión de un cumpleaños. Con su cobertura rosa pastel, este pastel de capas rivaliza con los mejores de su categoría elaborados con harina de trigo. Si es posible, mezcla las harinas en lugar de fiarte de las mezclas empaquetadas, pues a menudo contienen aditivos. Hemos combinado harina de arroz integral, de almendra y de quínoa, que se pueden encontrar en tiendas de productos biológicos y en muchos supermercados. **PARA 8-10 RACIONES**

- 300 g (1 ½ tazas) de azúcar
- 112 g (¾ de taza) de harina de arroz integral
- 75 g (½ taza) de harina de almendra
- 75 g (¾ de taza) de cacao en polvo sin azúcar
- 30 g (¼ de taza) de harina de quínoa
- 2 cucharaditas de bicarbonato sódico
- 1 cucharadita de polvo de hornear
- ¾ de cucharadita de sal gruesa
- 2 huevos grandes
- 180 ml (¾ de taza) de agua caliente
- 180 ml (¾ de taza) de suero de leche
- 30 g de mantequilla sin sal, fundida
- 1 cucharadita de extracto de vainilla
- Espray para cocinar de aceite vegetal
- Cobertura de los 7 minutos (pág. 336)
- Colorante alimentario (preferentemente en gel/pasta) rosa o rojo (opcional)

1. Precalienta el horno a 180 °C. Rocía ligeramente dos moldes para pastel redondos de 20 cm con espray para cocinar. Fórralos con círculos de papel de hornear y rocía también el papel.

2. Mezcla todos los ingredientes secos en un cuenco grande. Añade los huevos, el agua caliente, el suero de leche, la mantequilla y la vainilla. Incorpora todo hasta obtener una mezcla homogénea, unos 3 minutos.

3. Divide la masa entre los dos moldes preparados. Hornea hasta que los bordes se separen de las paredes de los moldes, unos 60 minutos. Traslada los moldes a una rejilla enfriadora y deja que se enfríen por completo. Los pasteles se conservan tapados máximo 1 día.

4. Tiñe la cobertura con el colorante alimentario si quieres. Extiende unos 480 ml (2 tazas) de cobertura sobre la capa inferior del pastel. Cúbrelo con la otra capa de pastel. Extiende la cobertura restante sobre la superficie y los laterales del pastel. Este pastel sabe mucho mejor si se come el mismo día.

Pastel de la Selva Negra

El clásico postre bávaro, con cerezas y chocolate, suele ir cubierto de nata montada, pero nos parece más tentador presentarlo así, con los ingredientes clave al descubierto: jugosas capas de chocolate pinceladas con un licor de cerezas denominado Kirsch, rellenas de crema pastelera y cerezas, y con una divina y brillante ganache de chocolate goteando desde arriba.

PARA 8-10 RACIONES

PARA EL PASTEL

- 260 g (1 taza más 2 cucharadas) de mantequilla sin sal, a temperatura ambiente, y un poco más para los moldes
- 115 g (1 taza más 2 cucharadas) de cacao en polvo sin azúcar, y un poco más para los moldes
- 310 g (2 ½ tazas más 2 cucharadas) de harina normal
- 2 cucharaditas de bicarbonato sódico
- ⅛ de cucharadita de sal
- 200 g (1 taza) de azúcar granulado
- 180 g (1 taza) de azúcar moreno oscuro «compacto» (véase la pág. 320)
- 3 huevos grandes, a temperatura ambiente
- 180 ml (¾ de taza) de crema agria
- 360 ml (1 ½ tazas) de suero de leche
- 1 tarro de 340 g de cerezas (40-50) en conserva
- 60 ml (¼ de taza) de Kirsch
- Doble ración de la receta de crema pastelera (pág. 340)

PARA LA GANACHE

- 140 g de chocolate semiamargo, picado toscamente
- 80 ml (⅓ de taza) de nata para montar
- 1 cucharada de miel

1. Haz el pastel: precalienta el horno a 180 °C. Engrasa con mantequilla tres moldes de pastel de 20 cm, fórralos con círculos de papel de hornear y engrasa también el papel. Espolvoréalos con cacao y sacude el cacao sobrante. En un cuenco grande, tamiza la harina, el cacao, el bicarbonato sódico y la sal.

2. Con una batidora a velocidad media, bate la mantequilla y el azúcar granulado hasta obtener una mezcla blanquecina y esponjosa, unos 2 minutos. Añade el azúcar moreno y bate hasta que esté esponjoso, alrededor de 1 minuto. Añade los huevos de 1 en 1, batiendo bien tras cada incorporación. Agrega la crema agria.

3. Reduce a baja velocidad. Añade la mezcla de harina en 2 tandas, alternando con el suero de leche y empezando y acabando con la harina; bate solo hasta ligarlo. Divide la masa entre los moldes preparados y hornéalos, girándolos a media cocción, hasta que los pasteles recuperen su forma al tocarlos ligeramente y el probador de pasteles salga limpio (25-30 minutos). Traslada los moldes a unas rejillas enfriadoras y deja que se enfríen por completo.

4. Escurre las cerezas y reserva 90 ml (¼ de taza más 2 cucharadas) del jugo. Mezcla el jugo y el Kirsch en un cuenco pequeño. Con un cuchillo de sierra, recorta la parte superior de los pasteles para igualarlos. Pincela cada superficie con un tercio de la mezcla de Kirsch. Coloca la capa inferior sobre una bandeja o expositor y extiende uniformemente 360 ml (1 ½ tazas) de crema pastelera. Coloca 15 cerezas escurridas encima. Añade la segunda capa de pastel, con la parte pincelada arriba. Extiende la crema pastelera restante y coloca 15 cerezas más encima. Cubre con la tercera capa de pastel, con el trozo cortado hacia abajo. (Puedes montar el pastel 3-4 horas antes y guardarlo en la nevera, envuelto holgadamente en film transparente.)

5. Prepara la ganache: tritura el chocolate en el procesador de alimentos hasta que esté picado fino. En una olla grande, mezcla la nata y la miel y llévalo a ebullición. Con el procesador en marcha, rocía lentamente la nata caliente sobre el chocolate y sigue triturando la mezcla hasta que esté ligada. Traslada la mezcla a un cuenco mediano. Refrigera la mezcla, removiéndola de vez en cuando, hasta que la ganache esté espesa y homogénea (45-60 minutos). Vierte la ganache en el centro de la superficie del pastel y extiéndela uniformemente con una espátula acodada. Decora con las cerezas restantes.

Técnicas básicas

Si sigues unos cuantos consejos y pautas de confianza, podrás aprender con rapidez a elaborar los mejores pasteles. En las páginas siguientes encontrarás una descripción del equipo y los ingredientes básicos, además de técnicas ilustradas paso a paso para amasar, hornear y decorar pasteles. También hemos incluido las recetas de las coberturas empleadas a lo largo del libro, y en cada página hallarás decoraciones, glaseados, guarniciones y otros aderezos.

Ingredientes

INGREDIENTES BÁSICOS

HARINA: Aunque la harina normal es la opción más extendida para hacer pasteles, hay otras opciones, especialmente la harina pastelera. La normal tiene más proteína y hace pasteles con una miga más densa, mientras que la pastelera, que contiene menos proteína, sirve para hacer pasteles de textura más fina (como el pastel de ángel y los pasteles chiffon). No la sustituyas por harina leudante, pues esta contiene levadura y sal. Consulta la pág. 320 para saber cómo medir correctamente la harina.

AZÚCAR: El azúcar blanco granulado, hecho de caña de azúcar refinado o remolacha azucarera, es el estándar en repostería. Para obtener un sabor más fuerte y una textura más untuosa, puede que una receta pida azúcar moreno, que es una combinación de azúcar granulado y melaza (el azúcar moreno oscuro contiene más melaza). El azúcar glas (o azúcar en polvo) se obtiene moliendo azúcar granulado hasta conseguir un polvo fino y tamizándolo después con una pequeña cantidad de maicena. Se utiliza principalmente para hacer coberturas o para espolvorearlo encima de los pasteles ya acabados.

MANTEQUILLA Y ACEITE: La grasa resulta esencial para añadir untuosidad y confeccionar pasteles con la textura correcta. La mantequilla sin sal es la opción más sabrosa y suele ser más fresca que la salada (puesto que la sal actúa de conservante). En la mayoría de recetas de pasteles de mantequilla se empieza batiendo la mantequilla con el azúcar; eso sirve para crear bolsas de aire en la masa y dan como resultado un pastel esponjoso. Los pasteles hechos con aceite vegetal son muy húmedos y de miga blanda y suelen conservarse bien. Utiliza solo aceites de sabor neutro, como de soja o de cártamo, a menos que se especifique otra cosa en la receta.

HUEVOS: Los huevos tienen diferentes funciones en la repostería. Las claras sirven para hacer fermentar la masa, especialmente si las bates hasta conseguir picos firmes por separado, antes de incorporarlas a la masa. Las yemas, en cambio, son emulsionantes, por lo que facilitan la unión de las grasas y los líquidos. La mejor forma de separar los huevos es cuando están fríos, pero normalmente hay que dejarlos a temperatura ambiente antes de usarlos para que se mezclen más fácilmente con el resto de ingredientes; las claras se mezclan mejor a temperatura ambiente y alcanzan un mayor volumen (o bien en caliente, como para hacer merengue y algunas cremas de mantequilla). Utiliza siempre huevos grandes, a menos que en la receta se especifique otra cosa.

SAL: Las recetas de este libro distinguen entre «sal» (sal de mesa) y «sal gruesa» (sal kosher). Si sustituyes una por la otra en alguna receta, usa menos cantidad de sal de mesa que la cantidad especificada de sal gruesa (y viceversa).

BICARBONATO SÓDICO Y POLVO DE HORNEAR: Los pasteles se basan en agentes leudantes químicos (concretamente, bicarbonato sódico y polvo de hornear) para conseguir volumen y ligereza. Estos dos ingredientes no son intercambiables, pero a menudo se combinan para obtener la textura apropiada. El bicarbonato sódico trabaja en combinación con un ácido, y como tal, a menudo se encuentra en recetas que contienen suero de leche o crema agria. El polvo de hornear contiene una pequeña cantidad de ácido (usualmente crémor tártaro). Guarda ambos ingredientes en un lugar fresco y seco, y comprueba la fecha de caducidad. Para comprobar su fuerza, mezcla ¼ de cucharadita de polvo de hornear con 120 ml (½ taza) de agua caliente; el agua debería burbujear de inmediato. Para comprobar el bicarbonato sódico, añade ¼ de cucharadita de vinagre blanco al agua caliente antes de hacer la prueba.

LÁCTEOS: Existen diferentes tipos de productos lácteos que aportan diversos sabores y texturas: la nata para montar forma una miga más aterciopelada que la leche entera, mientras que el suero de leche, la crema agria, el queso crema y el yogur (todos ellos ingredientes ácidos que reaccionan con el bicarbonato sódico, mencionado arriba) añaden un sabor sutil y una textura untuosa. En caso de apuro, puedes hacer tu propio suero de leche añadiendo 1 cucharada de vinagre blanco o de zumo de limón a 240 ml (1 taza) de leche normal (ajusta las cantidades en función del suero de leche que necesites); déjalo reposar durante 10 minutos o hasta que esté lo suficientemente espeso antes de utilizarlo. También puedes comprar suero de leche en polvo y mezclar justo lo que necesites para cada receta.

EXTRACTO DE VAINILLA: Encontrarás este extracto en casi todas las recetas, y por una buena razón: su sutil aroma sirve de complemento a multitud de sabores, especialmente el chocolate, pero también frutas y especias; y también puede brillar con luz propia. Utiliza siempre extracto de vainilla puro, nada de imitaciones.

INGREDIENTES ESPECIALES

CHOCOLATE: Si se utiliza solo o en combinación con cacao en polvo, los pasteles salen jugosos y maravillosamente densos. También permite crear coberturas sabrosas y satinadas. Cuando compres chocolate para repostería, elige tabletas, piezas o virutas de la mejor calidad que puedas encontrar: cuanto mayor sea el porcentaje de cacao (o de licor de chocolate), más intenso será su sabor. El chocolate con leche debe contener tan solo un 10% de cacao, mientras que el chocolate negro (chocolate amargo y semiamargo) posee un contenido en cacao más alto, que oscila entre el 35 y el 70 por ciento. El chocolate amargo es 100% cacao; el chocolate blanco no lleva nada de cacao y técnicamente no se considera chocolate. Algunas marcas de calidad a tener en cuenta son Valrhona, Callebaut, El Rey y Scharffen Berger.

CACAO EN POLVO: El cacao en polvo aporta a los productos de repostería un sabor más profundo y completo que si los elaboras solo con chocolate sólido. Se consigue extrayendo entre el 65% y el 90% de la manteca de cacao del chocolate, para moler finamente el producto restante. Existen dos tipos: cacao natural (a veces llamado «cacao no alcalinizado») y cacao holandés, tratado con una solución alcalina que reduce la acidez natural del cacao y aporta al polvo un sabor más suave y un color más oscuro. A menos que una receta especifique el uso de un tipo en concreto, puedes usar ambos. Antes de hacer un pastel con cacao en polvo, puede que quieras tamizarlo con un colador pequeño para eliminar los grumos.

VAINAS DE VAINILLA: En algunas de las recetas de este libro se emplean vainas de vainilla en lugar de extracto de vainilla, puesto que las semillas proporcionan un aroma y una fragancia mucho más compleja (generalmente puedes sustituir una cucharada de extracto de vainilla por una vaina entera). Para utilizar una vaina de vainilla, colócala horizontalmente sobre una tabla de cortar; sujeta uno de los extremos y córtala longitudinalmente con un cuchillo de cocina, después desliza el cuchillo a lo largo de cada trozo para raspar las semillas del interior.

FRUTOS SECOS: Los frutos secos, ya sean enteros, picados o molidos, o incluso utilizados como aroma, suelen mezclarse en la masa de pastel antes de hornear; o bien se esparcen decorativamente sobre los pasteles con cobertura. Como suelen ser bastante ricos en aceites (de ahí su maravilloso sabor), los frutos secos se vuelven rancios con bastante rapidez. Cómpralos en una tienda donde repongan a menudo los productos, y guárdalos en una bolsa o un recipiente hermético dentro de la nevera, máximo 6 meses.

HARINA DE MAÍZ: La harina de trigo no es el único cereal que sirve para confeccionar pasteles. La harina de maíz, por ejemplo, es deliciosamente crujiente y sirve para hacer pasteles con una textura desmigajada. La sémola, las harinas de frutos secos y las harinas sin gluten son otras alternativas que vale la pena probar.

GALLETAS DE HARINA GRAHAM Y GALLETAS DE BARQUILLO: Desmigajadas y mezcladas con mantequilla y azúcar, las galletas de harina Graham y las galletas de barquillo forman la típica base de galleta habitual en la mayoría de pasteles de queso. También son la base de las tartas heladas tradicionales.

COCO: Las recetas que incluye este libro utilizan tanto coco rallado natural como azucarado (también a veces denominado «coco desecado»). Los copos grandes de coco (normalmente natural) constituyen un llamativo adorno, especialmente si están tostados (véase la pág. 344).

MELAZA, MIEL Y JARABE DE ARCE: Cada uno de estos ingredientes líquidos goza de un sabor característico, a la vez que aporta jugosidad a los pasteles. Utiliza melaza sin clarificar y jarabe de arce de grado B para cocinar y hacer pasteles. Conserva la miel y la melaza a temperatura ambiente y en sus envases originales hasta un año, y el jarabe de arce en la nevera hasta seis meses.

ESPECIAS: En la mayoría de recetas se requieren especias molidas y no enteras, aunque la nuez moscada es preferible recién rallada (véase la pág. 344) debido a su aroma más complejo y rico en matices. Guarda las especias molidas o enteras en recipientes herméticos y protégelas de la luz y el calor (no las guardes en un mueble situado sobre los fogones). La mayoría de especias perderán su potencia más o menos transcurrido un año; anota la fecha de compra sobre cada bote para saber cuándo es el momento de reponerlas.

CÍTRICOS: Utiliza la cáscara y el zumo para aromatizar pasteles, rellenos, glaseados y coberturas. Las rodajas y las tiras de piel de cítricos, ya sean confitadas o naturales, también sirven para formar hermosos adornos (véase la pág. 326).

VALRHONA

1
2
3
4
5
6
7
8
9
10
11
12
13
14
15
16
17
18

Utensilios

1. CUENCOS MEZCLADORES: Un juego de cuencos de medidas graduadas es muy práctico. Los materiales resistentes al fuego, p. ej., vidrio templado o acero inoxidable, son los mejores.

2. TERMÓMETRO DE HORNO: La temperatura del horno es fundamental para conseguir un buen resultado. Coloca un termómetro en el centro de tu horno para calibrar la temperatura y ajusta el control de temperatura de tu horno según convenga.

3. MANGAS PASTELERAS Y BOQUILLAS: Las bolsas y boquillas se venden por separado, o bien en juegos de varios tamaños. Las bolsas reutilizables son una buena opción si utilizas la manga con frecuencia y adecuadas para aplicar coberturas de colores (elige de 25-35 cm).

4. TAZA MEDIDORA DE LÍQUIDOS: Utiliza una taza medidora de líquidos transparente, preferiblemente de vidrio templado, que tenga un caño y una asa. Coloca la taza sobre una superficie plana y lee las medidas a la altura de los ojos.

5. PAPEL DE HORNEAR: Este papel resistente al calor, antiadherente y desechable, es indispensable para forrar moldes o bandejas de hornear, o bien para recubrir una superficie de trabajo y facilitar su limpieza, especialmente a la hora de glasear pasteles.

6. RASQUETA DE PANADERO: Utilizada a menudo para despegar la masa de la superficie de trabajo, es también una excelente herramienta para alisar la cobertura de un pastel, o bien para hacer rizos de chocolate (véase la pág. 328).

7. BATIDORA DE VARILLAS: Una batidora de varillas te permite incorporar con rapidez y minuciosidad los ingredientes secos, además de servir para montar nata a mano.

8. RALLADOR: Utiliza las hojas pequeñas y afiladas de un rallador para rallar la cáscara de los cítricos, o bien para rallar chocolate, nuez moscada y jengibre fresco.

9. TAZAS MEDIDORAS DE INGREDIENTES SECOS: Mide los ingredientes secos (como la harina y el azúcar) y los ingredientes semisólidos (como la crema agria y la manteca de cacahuete) con tazas medidoras graduadas para ingredientes secos, preferiblemente de asa larga y acero inoxidable. Nivela los ingredientes con una regla para conseguir una mayor precisión.

10. CUCHARITAS DE MEDIR: Mide los ingredientes secos y líquidos con un juego de cucharitas de medir graduadas. Nivela los ingredientes secos, como por ejemplo, la sal, con una regla. Vierte los líquidos, como el extracto de vainilla, llenando la cucharita hasta el borde. No midas los ingredientes directamente sobre el cuenco.

11. ESPÁTULAS FLEXIBLES: Utilízalas para incorporar los ingredientes y raspar los cuencos, así como para teñir las coberturas con colorante alimentario y rellenar bolsas de manga pastelera. El modelo en silicona (resistente al fuego) resulta ideal para mezclar chocolate fundido hasta conseguir una consistencia suave.

12. PINCEL DE REPOSTERÍA: Sirve para recubrir de forma uniforme los moldes con mantequilla. Utiliza un pincel limpio con las cerdas bien sujetas al mango, límpialo después de cada uso con agua caliente jabonosa y déjalo secar antes de guardarlo. También puedes utilizarlo para barrer las migas sobrantes de las capas de un pastel antes de glasearlo.

13. PROBADOR DE PASTELES: Un probador de pasteles, ya sea un pincho de madera, un palillo, o un utensilio especial para ello, se utiliza para comprobar si el pastel está hecho.

14. ESPÁTULAS ACODADAS: La hoja de metal fino y el diseño angular de una espátula acodada la convierte en el utensilio perfecto para extender y alisar masas y coberturas.

15. CUCHILLO DE SIERRA: Utiliza un cuchillo de sierra y el movimiento de aserrado para recortar la superficie abovedada de una capa de pastel y para cortar pasteles en horizontal (véase la pág. 322).

16. REJILLA ENFRIADORA: Una rejilla enfriadora elevada permite que circule el aire alrededor de los pasteles mientras se enfrían. Elige una rejilla de acero inoxidable y con pies.

17. COLADOR: Un colador de malla fina se puede utilizar para tamizar diversos ingredientes (como la harina o el cacao en polvo) sobre un cuenco, o bien para espolvorear azúcar glas o cacao decorativo sobre la superficie de un pastel horneado.

18. MOLDES: Vale la pena comprar moldes de buena calidad, pues dan mejores resultados y son para toda la vida. Elige moldes de lados rectos y de colores claros, fabricados en aluminio resistente, el mejor conductor del calor.

Técnicas básicas

MEDIR

El vaso medidor de cristal es para los líquidos; colócalo sobre una superficie plana y léelo a nivel de la vista para mayor precisión. Las tazas graduadas con asas son para los ingredientes secos y sólidos; las de acero inoxidable son las mejores.

Decanta la harina sobre un recipiente de boca ancha para que resulte más fácil de medir. Agita la harina (para airearla) e introdúcela a cucharadas en una taza medidora, utilizando luego una regla para nivelar la superficie, echando la harina sobrante dentro del recipiente.

Cuando en una receta se habla de azúcar moreno «compacto», debería parecer compacto tal como se muestra a la derecha de la imagen. Comprímelo firmemente con los dedos hasta nivelar el azúcar con la superficie del vaso medidor.

MEZCLAR LA MASA

Para batir mantequilla y azúcar, bate ambos ingredientes con un batidor eléctrico hasta obtener una mezcla blanquecina y esponjosa, de color claro y textura ligera. Para la mayoría de recetas, esto requerirá unos 3-5 minutos; en muy pocos casos, por ejemplo, para hacer un bizcocho, deberás batir más rato a fin de incorporar todo el aire posible.

Al batir claras de huevo, empieza con las claras a temperatura ambiente en un cuenco de acero inoxidable bien limpio. A medida que batas las claras, primero se pondrán un poco espumosas, luego formarán picos suaves que caerán ligermente al levantarlos con el batidor, y finalmente formarán picos firmes y brillantes que mantendrán su forma; no sigas batiendo llegado a este punto, pues las claras podrían cortarse.

Para combinar las claras de huevo con una base más sólida, incorpora delicadamente un tercio cada vez: introduce una espátula flexible en el centro de la mezcla, barriendo el lateral del cuenco, y haz girar la espátula dibujando una «J». Repite el movimiento mientras haces girar el cuenco, hasta que la mezcla quede homogénea.

PREPARAR MOLDES

Para cortar un cuadrado de papel en forma de círculo, dóblalo en cuartos, a continuación en triángulo y de nuevo por la mitad. Repite el proceso hasta que tenga unos 2,5 cm de ancho. Sujeta la punta en el centro de un molde para pasteles y corta el extremo. Desdóblalo.

Para recubrir moldes, la mantequilla ablandada es mejor que la fundida. Utiliza un pincel para extender la mantequilla y recubrir las áreas de difícil acceso. Si los recubres con papel de hornear, colócalo sobre la mantequilla, y recubre de mantequilla el papel de hornear.

Para recubrir el molde con harina, espolvorea el molde haciéndolo girar y da golpecitos al borde para distribuirla uniformemente. Sacude la harina sobrante. Si haces un pastel de chocolate, espolvorea el molde con cacao en polvo en lugar de con harina para que resulte invisible.

ALISAR LA MASA

Las masas gruesas deben alisarse en el molde con una espátula acodada para garantizar que el pastel se horneará uniformemente. También puede emplearse una espátula flexible, o incluso el dorso de una cuchara.

COMPROBAR EL HORNEADO

Inserta un probador de pasteles en el centro del pastel. Si sale limpio o con solo con unas pocas migas húmedas (tal como se indica en algunas recetas), el pastel está hecho. Otras pistas para saber si el pastel está hecho: su textura es elástica al tocarlo levemente, la superficie está dorada, y se separa de las paredes del molde.

GIRAR EL PASTEL

Para retirar un pastel de su molde cuando el molde aún está caliente, coloca una rejilla enfriadora sobre el molde, sujeta el molde y la rejilla con un paño de cocina y luego gíralos juntos a la vez. Retira suavemente el molde y el papel de hornear y vuelve a invertir el pastel sobre otra rejilla.

NIVELAR Y CORTAR

Recortar las superficies abovedadas sirve para que las capas del pastel se superpongan de un modo más uniforme. Sujeta el pastel firmemente con una mano y utiliza un cuchillo de sierra largo para cortar en sentido horizontal el borde superior, con un suave movimiento de aserrado.

Para cortar los pasteles en varias capas, mide la altura del pastel y luego inserta palillos a intervalos siguiendo la circunferencia. Sujeta firmemente la superficie del pastel y córtalo en sentido horizontal, justo por encima de los palillos.

Para transferir capas frágiles, coloca una base de cartón redonda entre las capas y deslízala hasta colocarla en su sitio. Utiliza la base para sujetar la capa del pastel mientras la trasladas. Una base de cartón debajo de la parte inferior de un pastel también facilitará su traslado una vez cubierto.

CUBRIR UN PASTEL DE CAPAS

Extiende una capa de cobertura sobre la capa inferior y recúbrela con la segunda capa. (Refrigéralo para que la cobertura cuaje si es demasiado blanda). Extiende una capa fina de cobertura sobre la superficie y los lados del pastel para sellar las migas; utiliza una rasqueta o una espátula para retirar el exceso. Refrigera el pastel hasta que cuaje (20-30 minutos) o bien toda la noche.

Con una espátula acodada, aplica una segunda capa de cobertura sobre el sellado de migas. Para alisar los laterales, sujeta una espátula acodada o una rasqueta de panadero en un ángulo de 45 grados y haz girar el pastel (para este paso te será de ayuda un plato giratorio). Para conseguir un acabado extrasuave, sumerge la espátula en agua caliente y sécala mientras trabajas.

USAR LA MANGA PASTELERA

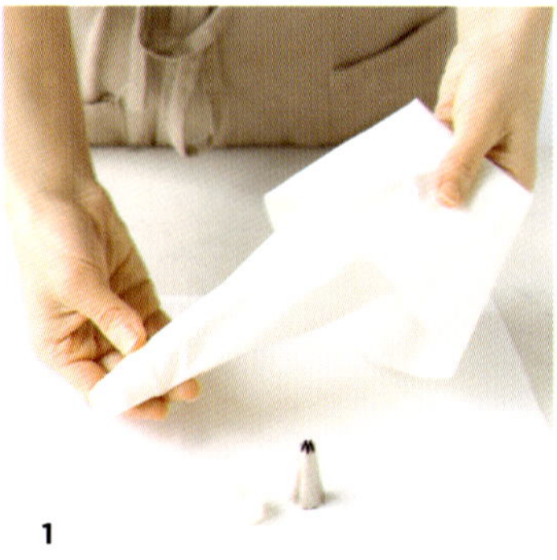

1

Recorta el extremo puntiagudo de la bolsa de manga pastelera para facilitar el ajuste de la boquilla o de la base de un acoplador dentro de la bolsa. Inserta la base del acoplador dentro de la bolsa, asegurándote de que las vueltas de rosca quedan cubiertas.

2

Desliza la boquilla por encima de la base del acoplador y luego enróscala sobre el anillo exterior para fijarla. Desenrosca el anillo para cambiar la boquilla.

3

Sujeta la bolsa con una mano y dobla el extremo superior formando un puño. Llena la bolsa de cobertura hasta la mitad (llenarla demasiado resulta engorroso y dificulta su manejo). Desdobla el puño y retuerce el extremo de la bolsa para cerrarlo. Si lo deseas, asegúralo con una goma elástica.

4

Para extender la cobertura, sujeta la bolsa con la mano que utilices para escribir (cerca de la parte superior, para apretar la cobertura hacia abajo, en dirección a la boquilla) y utiliza la otra mano para guiarte. Ajusta la presión en la bolsa según sea necesaria, en función del dibujo que realices con la manga pastelera y de la densidad de la cobertura.

TEÑIR COBERTURA

Reserva un cuenco pequeño de cobertura sin color en caso de que necesites suavizar el color. Los colorantes alimentarios en gel y en pasta son tu mejor baza para la decoración de pasteles: están más concentrados que los productos líquidos, y conseguirás colores más reales sin diluir las coberturas. Utiliza un palillo para añadir un toquecito de colorante alimentario cada vez, y mézclalo con una espátula flexible. Si tiñes en exceso la cobertura, añade un poco de la cobertura reservada para atenuar el color.

Técnicas con manga pastelera

Las boquillas para manga pastelera se venden por separado, o bien en juegos de varias boquillas, a veces acompañadas de una bolsa y un acoplador. Las boquillas que mostramos aquí son las más habituales. Cada «familia» de boquillas, como las redondas, las de pétalos o las de estrella, se compone de varias versiones y tamaños, cada uno identificado mediante un número. Los diseños que aparecen en la fotografía son tan solo un punto de partida; improvisar con las diferentes boquillas resulta altamente recomendable. Puede que desees practicar primero: dibuja tu diseño sobre un trozo de papel de hornear, retira luego la cobertura y vuelve a intentarlo.

1. REDONDA PEQUEÑA
Utiliza las boquillas redondas (también llamadas sencillas) para escribir mensajes o números; para dibujar delicados puntos, guirnaldas, enredaderas o lágrimas; o bien para hacer racimos de pequeños puntos para el centro de las flores.

2. REDONDA EXTRAGRANDE
Con sus aberturas anchas, estas boquillas se utilizan para hacer puntos grandes, bordes de perlas, o grandes espirales de cobertura.

3. HOJA: La estándar tiene una nervadura rugosa en la parte inferior del centro. Utilízala para hojas planas, separadas, o superpuestas en un borde. La boquilla de hoja en «V» sirve para hacer una hoja más puntiaguda o un pétalo más largo.

4. PÉTALO: Pueden ser rectas, ligeramente curvadas o en forma de «U»; resultan imprescindibles para hacer flores; también sirven para dibujar hermosos volantes y diseños de bordes.

5. TEJIDO DE ESTERILLA: Denominada así por su diseño más común, esta boquilla también sirve para hacer líneas, guirnaldas y bordes de volantes, utilizando tanto el lado recto como el lado rugoso.

6. TEJIDO DE ESTERILLA EXTRAGRANDE: Sirve para hacer bandas anchas y puede cubrir rápidamente toda la superficie de un pastel.

7. ESTRELLA: Las boquillas de estrella abiertas y cerradas son muy versátiles y sirven para hacer bordes festoneados, explosiones de estrellas y espirales decorativos. Las de estrella cerradas poseen rugosidades más profundas que permiten un resultado más definido. También pueden emplearse para hacer rosetas.

8. ESTRELLA EXTRAGRANDE: Una estrella de tamaño generoso permite hacer espectaculares remolinos de gran tamaño, rosetas y también picos grandes.

Adornos de fruta confitada

Para dar un poco de brillo y fulgor a tus pasteles, prueba alguna de estas sencillas decoraciones que puedes preparar con antelación. Los cítricos confitados se hacen con un almíbar de azúcar y agua a partes iguales (el suficiente para cubrir completamente la fruta); hiérvelo hasta que el azúcar se disuelva y luego déjalo a fuego lento hasta que la fruta quede translúcida. Si es necesario, mantén la fruta sumergida con un redondel de papel de hornear (asegúrate de utilizar cítricos orgánicos, sin pesticidas). Los frutos secos solo hay que mojarlos rápidamente en un recipiente con caramelo. A las flores, las bayas pequeñas o las hierbas solo hay que darles un brillo con azúcar refinado, empleando clara de huevo diluida a modo de «pegamento». Los tres métodos son bastante versátiles: deja que los sabores de tu pastel decidan cuál es la mejor opción.

RODAJAS DE CÍTRICOS CONFITADAS
Hierve agua y azúcar a partes iguales (suficiente para cubrir las rodajas) y deja cocer hasta disolver el azúcar. Añade rodajas de limón de 3 mm de grosor y cúbrelos con un redondel de papel de hornear. Déjalos cocer a fuego bajo sin remover hasta que la piel blanca esté translúcida, unos 30 minutos. Deja enfriar las rodajas (retíralas del fuego) en el almíbar. Deja secar las rodajas en una sola capa sobre una rejilla antes de usarlas.

PIEL DE CÍTRICOS CONFITADA
Cubre tiras de unos 6 mm de grosor (sin la piel blanca) con agua fría en una cacerola y llévalas a ebullición. Escúrrelas. Hazlo dos veces. Lleva a ebullición agua y azúcar a partes iguales (suficiente para cubrir las

tiras) y deja cocer la mezcla hasta disolver el azúcar. Añade las tiras y déjalo a fuego medio/bajo hasta que la piel esté translúcida, aprox. 1 hora. Retira el almíbar sobrante de cada tira, rebózalas en azúcar y déjalas secar sobre una rejilla.

FRUTOS SECOS CARAMELIZADOS

Calienta 150 g ($^3/_4$ de taza) de azúcar y 3 cdas de agua a fuego alto, removiendo hasta que el azúcar se disuelva. Déjalo hervir a fuego lento, removiendo de vez en cuando, hasta alcanzar el color ámbar claro, unos 4 minutos. Añade 150 g (1 taza) de frutos secos tostados y $^1/_2$ cda de sal gruesa, y remueve para caramelizarlos. Vierte la mezcla en una bandeja de horno y separa los frutos secos mediante dos tenedores. Déjalos enfriar.

ADORNOS AZUCARADOS

Utiliza esta receta para flores pequeñas, pétalos de rosa, bayas, pasas de Corinto y ramitos de hierbas. Bate 1 clara de huevo y 1 cda de agua. Sujeta un pétalo de rosa u otro adorno con unas pinzas y píntalo con una capa de la mezcla de clara de huevo. Espolvorea la superficie con azúcar refinado. Déjalo secar sobre una rejilla enfriadora hasta que esté crujiente, unas 8 horas.

RODAJAS DE PIÑA CONFITADA

Escurre 2 latas de piña en rodajas y reserva 360 ml (1 $^1/_2$ tazas) del jugo. Lleva a ebullición el jugo, 500 g (2 $^1/_2$ tazas) de azúcar y 60 ml ($^1/_4$ de taza) de sirope de maíz claro; cuécelo a fuego medio 4 minutos. Añade las rodajas; cuécelas a fuego bajo, volteándolas con frecuencia, 45 minutos o hasta que queden translúcidas. Traslada a una rejilla situada sobre una bandeja de horno y hornéalas a 90 °C hasta que la piña se caramelice y esté menos pegajosa (60-90 minutos). Déjalas enfriar sobre la rejilla.

RODAJAS DE MANZANA O DE PERA SECAS

Rocíalas con zumo de limón para que se empapen. Lleva a ebullición agua y azúcar a partes iguales (suficiente para cubrir las rodajas) y déjalo cocer hasta que el azúcar se disuelva. Añade las rodajas y cuécelas a fuego medio 2 minutos. Engrasa una bandeja forrada con papel de hornear con espray para cocinar y coloca las rodajas escurridas a 1 cm de distancia entre sí. Hornea a 90 °C hasta que se sequen, 2 horas. Gíralas y hornéalas hasta que estén secas y crujientes (pero no doradas), unos 20 minutos más.

Adornos de chocolate

Las cualidades moldeables y fundibles del chocolate lo convierten en un medio ideal para formar pepitas y rizos, o bien para recubrir frutos secos y fruta. Funde el chocolate picado en un bol resistente al calor situado encima (no dentro) de un recipiente de agua hirviendo, o bien usa el microondas a intervalos de 30 segundos, removiendo el chocolate tras cada intervalo. Guarda los adornos de chocolate (excepto las trufas) a temperatura ambiente, en un recipiente hermético y en capas separadas con papel de hornear si es necesario. Los dulces comprados (como por ejemplo, bolas de leche malteada o bombones con cobertura) constituyen también ornamentos fáciles y divertidos.

RIZOS DE CHOCOLATE

Con una espátula acodada, extiende el chocolate fundido en una capa lisa e uniforme sobre una bandeja de horno con borde; déjalo hasta que cuaje. Sujeta una rasqueta de panadero en un ángulo de 45 grados y raspa el chocolate, formando rizos. También puedes utilizar un pelador de verduras para hacer rizos con una barra de chocolate.

CÍTRICOS RECUBIERTOS DE CHOCOLATE

Moja rodajas o tiras de piel de cítricos confitados en chocolate fundido semiamargo o amargo. Colócalas sobre una bandeja de horno forrada de papel de hornear hasta que cuaje el chocolate.

ALMENDRAS GARRAPIÑADAS RECUBIERTAS DE CHOCOLATE
Lleva a ebullición 200 g (1 taza) de azúcar y 60 ml ($^1/_4$ de taza) de agua y hiérvelo hasta que el azúcar se disuelva. Deja cocer sin remover hasta que el termómetro de dulces marque 113 °C, unos 3 minutos. Añade 375 g (2 $^1/_2$ tazas) de almendras tostadas. Cuece removiendo hasta que el azúcar empiece a cristalizar, 1 minuto. Incorpora 1 $^1/_4$ cucharaditas de sal. Sigue cociendo y removiendo hasta que el azúcar forme una capa fina y arenosa sobre los frutos secos (2-3 minutos). Vierte las almendras sobre una bandeja de horno y deja que se enfríen durante 30 minutos. Criba las almendras con un colador para eliminar el azúcar sobrante y pásalas a un cuenco. Úsalas inmediatamente, o bien añade 170 g de chocolate fundido semiamargo para formar una cobertura. Viértelo sobre una bandeja de horno y separa las almendras mediante dos tenedores. Refrigéralas 30 minutos. Reboza las almendras con 25 g de cacao en polvo sin azúcar.

TRUFAS
Introduce 230 g de chocolate negro picado fino y una pizca de sal en un cuenco resistente al calor. Lleva a ebullición 240 ml (1 taza) de nata para montar y viértela sobre el chocolate. Déjalo reposar 10 minutos sin remover. Mézclalo, raspando los lados y el fondo del cuenco con una espátula flexible hasta que la mezcla esté suave y brillante. Tapa la mezcla y refrigérala hasta que esté firme, mínimo 4 horas, o bien durante toda la noche. Utiliza una cuchara de helado pequeña o una cucharilla para formar las trufas, y hazlas rodar formando bolas. Reboza cada bola con cacao en polvo sin azúcar y refrigéralas 30 minutos, o máximo 4 días.

HOJAS DE CHOCOLATE Y MENTA
Pinta con una capa gruesa de chocolate fundido el reverso con relieve de las hojas de menta. Colócalas sobre papel de hornear, o si quieres darles forma, pliega cada hoja, con el lado del chocolate hacia arriba, sobre el mango de una cuchara de madera. Refrigéralas hasta que cuajen, unos 10 minutos. Sujeta cuidadosamente la capa de chocolate de cada hoja con unas pinzas de cocina, y agarrándola por el tallo, retira la hoja con los dedos.

Glaseados

El modo más sencillo de decorar un pastel normal y corriente es una capa de glaseado. Las opciones más sencillas de estas páginas apenas requieren ninguna receta: solo tienes que mezclar azúcar glas con un líquido, como leche o zumo de limón, y ajustar las proporciones hasta alcanzar el espesor deseado. Puedes añadir un poquito de cáscara de cítricos, licor, extracto de vainilla o algún otro sabor. Otros glaseados proporcionan mayor suculencia mediante la mantequilla, la nata, el chocolate o el caramelo. Todas estas opciones deberían utilizarse inmediatamente después de prepararlas, y dejar transcurrir algunos minutos para que se asienten antes de servir.

GLASEADO BÁSICO DE LECHE
Bate 200 g (2 tazas) de azúcar glas y 60 ml (¼ de taza) de leche hasta obtener una mezcla homogénea. Añade más leche si es necesario para conseguir la consistencia deseada. **Para unos 180 ml (³/₄ de taza).**

GLASEADO DE AZÚCAR MORENO
Calienta 90 g de mantequilla sin sal y 90 g (½ taza) de azúcar moreno compacto en una olla a fuego medio, removiendo hasta que el azúcar se haya disuelto. Añade 2 cdas de nata, 1 cdta de extracto de vainilla, ½ cdta de sal y llévalo a ebullición. Retíralo del fuego y déjalo enfriar hasta que espese. **Para unos 240 ml (1 taza).**

GLASEADO DE LIMÓN

Bate 200 g (2 tazas) de azúcar glas con 2 cdas de ralladura de limón y 60 ml (1/4 de taza) de zumo de limón (de 2 limones) recién exprimido hasta ligarlo. Para obtener una variante con semillas de amapola (véase pág. 272), añade 2 cdtas de semillas de amapola. **Para unos 240 ml (1 taza).**

GLASEADO DE EXPRESO

Introduce 85 g de chocolate amargo picado, 20 g de mantequilla sin sal y 2 cdtas de extracto de vainilla en un cuenco resistente al calor. Lleva a ebullición 80 ml (1/3 de taza) de nata para montar, 65 g (1/3 de taza) de azúcar, 1 cda de café expreso instantáneo en polvo y 1/4 de cdta de sal gruesa en una olla pequeña, remueve todo y vierte la mezcla de chocolate por encima. Déjalo reposar 2 minutos y bátelo hasta ligarlo. **Para unos 240 ml (1 taza).**

GLASEADO DE CHOCOLATE

Introduce 85 g de chocolate semiamargo picado en un cuenco resistente al calor. Lleva a ebullición 120 ml (1/2 taza) de nata para montar en una olla pequeña y vierte encima el chocolate. Déjalo reposar 2 minutos. Añade 30 g de mantequilla sin sal y mézclalo bien. Déjalo reposar, removiendo de vez en cuando, hasta que haya espesado un poco. **Para unos 240 ml (1 taza).**

GLASEADO DE CARAMELO

Calienta 200 g (1 taza) de azúcar y 60 ml (1/4 de taza) de agua en una olla a fuego medio/alto, removiendo de vez en cuando, hasta que el azúcar se disuelva y obtengas un almíbar claro. Déjalo cocer sin remover hasta que el almíbar llegue a ebullición, limpiando las paredes del recipiente con un pincel mojado para evitar que se formen cristales. Déjalo hervir suavemente hasta alcanzar un tono ámbar medio. Retíralo del fuego. Vierte 60 ml (1/4 de taza) de ron añejo si lo deseas, y 2 cdas de nata. Déjalo enfriar, removiendo hasta que espese. **Para unos 180 ml (3/4 de taza).**

GLASEADO DE RON

Bate 200 g (2 tazas) de azúcar, 2 cdas más 1 cdta de ron y 2 cdas más 1 1/2 cdta de leche hasta conseguir una mezcla homogénea; añade más ron si es necesario hasta alcanzar la consistencia deseada. **Para unos 180 ml (3/4 de taza).**

Acompañamientos

Estas versátiles salsas, compotas y demás acompañamientos han sido concebidos para servirlos junto a los pasteles. Añaden exquisitez o sabores audaces a los pasteles más sencillos, y te permiten transformar tus recetas favoritas como más te apetezca. Normalmente los sabores más fuertes casan bien con los más suaves: piensa en una cucharada de brillante curd de limón o de fruta del tiempo sobre una rebanada de bizcocho o de pastel de ángel, o en una cucharada de nata montada sobre un pastel de chocolate relleno de fruta. Y lo mejor es que algunos de estos acompañamientos se pueden preparar con antelación, por lo que resultan perfectos cuando hay invitados.

CURD DE LIMÓN

Bate 2 huevos grandes y 4 yemas grandes de huevo. Incorpora 150 g ($^3/_4$ de taza) de azúcar y 120 ml ($^1/_2$ taza) de zumo de limón recién exprimido (de 4 limones) en una olla pequeña de fondo grueso. Caliéntalo a fuego bajo, removiendo constantemente (12-14 minutos), hasta que la mezcla cubra el dorso de una cuchara. Cuélalo en un cuenco pequeño y añade 115 g de mantequilla sin sal, a cucharadas, mezclándolas de forma homogénea. Añade 1 cda de ralladura de limón (de 2 limones). Presiona con papel de hornear o con film transparente directamente sobre la superficie del curd para evitar que se forme una corteza en la superficie. Déjalo enfriar completamente antes de usarlo: guárdalo en la nevera máximo 2 días. **Para 480 ml (2 tazas).**

COMPOTA DE NARANJA SANGUINA
Pela la cáscara de una naranja dejando la piel blanca. Corta la cáscara en palitos y llena con ellos 2 cucharadas. Corta los gajos de 6 naranjas retirando la membrana. Corta los gajos por la mitad y colócalos en un cuenco con los palitos de piel de naranja. Incorpora 60 ml ($^1/_4$ de taza) de miel. **Para 320 ml (1 $^1/_3$ tazas).**

NATA MONTADA
Con una batidora eléctrica (o manual), bate 240 ml (1 taza) de nata para montar fría en un cuenco bien refrigerado hasta formar picos suaves. Añade hasta 2 cucharadas de azúcar glas (omite el azúcar si no la quieres azucarada), y bate hasta formar picos medianos. Para obtener una variante con limón, reduce el azúcar a 1 cda y añade 2 cdtas de ralladura de limón fina. Para obtener una variante al bourbon (véase la receta en la pág. 264), añade 2 cdas de bourbon. **Para unos 480 ml (2 tazas).**

FRUTAS DEL BOSQUE MACERADAS
Mezcla 350 g (2 $^1/_4$ tazas) de frutas del bosque frescas, 2 cdas de azúcar y 1 cdta de zumo de limón recién exprimido, y déjalo macerar durante una hora. **Para unos 370 g (2 $^1/_4$ tazas).**

SALSA DE CHOCOLATE Y LICOR DE CAFÉ
Calienta 170 g de chocolate semiamargo picado, 5 cdas de licor de café Kahlúa, 1 cda de extracto de vainilla y 1 cda de sirope de maíz claro en un cuenco resistente al calor situado encima (no dentro) de un recipiente de agua hirviendo a fuego lento. Bate bien hasta que el chocolate se haya fundido completamente. **Para unos 180 ml ($^3/_4$ de taza).**

SALSA DE CARAMELO
Lleva a ebullición 120 ml ($^1/_2$ taza) de agua, 200 g (1 taza) de azúcar y 200 ml ($^2/_3$ de taza) de sirope de maíz claro en una olla pequeña, removiendo hasta que el azúcar esté completamente disuelto, limpiando las paredes del recipiente con un pincel de repostería mojado. Cuécelo a fuego medio/alto hasta conseguir un tono ámbar medio, aproximadamente 10 minutos. Retíralo del fuego. Incorpora 165 ml ($^1/_2$ taza más 3 cdas) de nata para montar y 1 cdta de extracto de vainilla. Déjalo enfriar ligeramente antes de servir. **Para unos 240 ml (1 taza).**

Recetas

COBERTURA BÁSICA DE CREMA DE MANTEQUILLA

PARA APROX. 1 L (4 TAZAS)

- 345 g (1 ½ tazas) de mantequilla sin sal, a temperatura ambiente
- 450 g (unas 4 tazas) de azúcar glas, tamizada
- ½ cucharadita de extracto de vainilla

1. Con una batidora eléctrica a velocidad media/alta, bate la mantequilla hasta que esté blanca y cremosa, unos 2 minutos. Reduce a velocidad media. Añade el azúcar glas en tandas de 100 g (½ taza), batiendo bien después de cada tanda, y raspando las paredes del cuenco si es necesario; después de cada 2 tandas, sube a velocidad alta y bate 10 segundos para airear la cobertura, luego vuelve a velocidad media/alta. Este proceso debería llevar unos 5 minutos. La cobertura debería quedar muy blanca y esponjosa.

2. Añade la vainilla y bate hasta que la cobertura esté homogénea. La cobertura se puede guardar en la nevera máximo 10 días en un recipiente hermético. Llévala a temperatura ambiente y bátela a velocidad baja antes de utilizarla.

COBERTURA CREMOSA DE VAINILLA

PARA APROX. 1 L (3 ¾ TAZAS)

- 115 g (½ taza) de mantequilla sin sal, a temperatura ambiente
- 113 g de queso crema, a temperatura ambiente
- 500 g (5 tazas) de azúcar glas
- 60 ml (¼ de taza) de leche
- ½ cucharadita de extracto de vainilla

1. Con una batidora eléctrica a velocidad media/alta, bate la mantequilla y el queso crema hasta conseguir una consistencia blanca y cremosa, más o menos 1 minuto. Reduce a velocidad media. Añade el azúcar glas en tandas de 100 g, batiendo bien después de cada tanda.

2. Añade la leche y la vainilla y bate hasta que quede homogénea, unos 2 minutos. Si no la vas a usar de inmediato, coloca film transparente presionando directamente sobre la superficie de la cobertura, y refrigérala en un recipiente hermético máximo 1 semana. Llévala a temperatura ambiente y bátela a velocidad baja antes de usarla.

COBERTURA DE QUESO CREMA

PARA APROX. 1,5 L (6 TAZAS)

- 450 g de queso crema, a temperatura ambiente
- 2 cucharaditas de extracto de vainilla
- 230 g (1 taza) de mantequilla sin sal, a temperatura ambiente
- 900 g de azúcar glas tamizada

1. Con una batidora eléctrica a velocidad media, bate el queso crema y la vainilla hasta conseguir una mezcla blanca y cremosa, unos 2 minutos. Añade la mantequilla batiendo bien para incorporarla.

2. Reduce a baja velocidad. Añade gradualmente el azúcar glas en tandas de 100 g y bate hasta conseguir una mezcla esponjosa y homogénea. La cobertura puede refrigerarse en un recipiente hermético máximo 3 días. Llévala a temperatura ambiente y bátela a baja velocidad antes de utilizarla.

COBERTURA DE QUESO CREMA Y CREMA AGRIA

Hemos desarrollado esta versión de cobertura de queso crema para acompañar el Pastel de especias y melaza (pág. 148), pero también combina muy bien con pasteles de chocolate, como el Pastel de chocolate de un cuenco (pág. 275), el Pastel Red Velvet (pág. 268) y el Pastel doble de chocolate (pág. 296). **PARA 0,72 L (3 TAZAS)**

- 340 g de queso crema, a temperatura ambiente
- 115 g (½ taza) de mantequilla sin sal, a temperatura ambiente
- 60 ml (¼ de taza) de crema agria
- 50 g (½ taza) de azúcar glas, tamizada
- ⅛ de cucharadita de sal

Con una batidora eléctrica a velocidad media/alta, bate el queso crema y la mantequilla hasta conseguir una mezcla ligera y cremosa (3-4 minutos). Incorpora la crema agria y a continuación el azúcar glas y la sal, hasta conseguir una mezcla homogénea. La cobertura se puede guardar en la nevera en un recipiente hermético máximo 1 día. Llévala a temperatura ambiente y bátela a baja velocidad hasta que esté homogénea antes de utilizarla.

COBERTURA DE QUESO CREMA Y QUESO DE CABRA

La inesperada incorporación del queso de cabra convierte esta cobertura en algo extraordinariamente exquisito, el acompañamiento perfecto para el Pastel de capas de calabaza (pág. 279). Úsala también con el Pastel de compota de manzana (pág. 135), o con el Pastel de arce (pág. 120). **PARA 0,80 L (3 ½ TAZAS)**

- 560 g de queso crema, a temperatura ambiente
- 115 g de queso de cabra tierno, a temperatura ambiente
- 75 g (¾ de taza) de azúcar glas, tamizada

Con una batidora eléctrica a velocidad media/alta, bate el queso crema y el queso de cabra hasta conseguir una mezcla esponjosa, unos 4 minutos, raspando las paredes del cuenco si es necesario. Añade el azúcar glas y bátelo hasta mezclar todo bien y conseguir una mezcla cremosa, unos 4 minutos. La cobertura se puede guardar en la nevera en un recipiente hermético máximo 3 días. Llévala a temperatura ambiente y bátela a baja velocidad hasta que esté homogénea antes de utilizarla.

COBERTURA DE LOS 7 MINUTOS

PARA APROX. 1,2 L (5 TAZAS)

- 300 g (1 ½ tazas) de azúcar
- 5 claras de huevo grandes
- 1 cucharada de sirope de maíz claro
- 2 cucharaditas de extracto de vainilla

1. Bate el azúcar, las claras de huevo y el sirope de maíz en un recipiente resistente al calor situado encima (no dentro) de una olla de agua hirviendo a fuego lento. Bate hasta que esté caliente y el azúcar se haya disuelto (la mezcla debería quedar completamente homogénea al frotarla entre los dedos), 2-3 minutos. Retira la mezcla del fuego.

2. Con una batidora eléctrica a velocidad alta, bate la mezcla hasta que se formen picos firmes y brillantes, unos 7 minutos. Incorpora la vainilla y utiliza la cobertura inmediatamente.

CREMA DE MANTEQUILLA DE MERENGUE SUIZO

Considera esta receta como tu cobertura de referencia: es extraordinariamente sabrosa y exquisita, posee una textura suave y sedosa, y combina muy bien con gran variedad de pasteles de diferentes sabores. También se extiende de maravilla con la manga pastelera, como puedes ver en las flores del Pastel de ron y rosas (pág. 291) y en el Pastel de capas de naranja y almendra (pág. 304). La crema de mantequilla de merengue suizo se conserva muy bien en la nevera o el congelador; solo hay que mezclarla un poco antes de utilizarla. Si estás buscando una cobertura para un pastel de cumpleaños, es un buen comienzo. **PARA APROX. 2,16 L (9 TAZAS)**

- 250 g (1 ¼ tazas) de azúcar
- 9 claras de huevo grandes
- 690 g (3 tazas) de mantequilla sin sal, a temperatura ambiente, cortada a trozos
- 1 ½ cucharaditas de extracto de vainilla

1. Bate el azúcar y las claras de huevo en un cuenco resistente al calor situado encima (no dentro) de un recipiente de agua hirviendo fuego lento. Bátelo hasta que esté caliente y el azúcar se haya disuelto (la mezcla debería quedar completamente homogénea al frotarla entre los dedos), 2-3 minutos. Retíralo del fuego.

2.Con una batidora eléctrica a velocidad media, bate la mezcla de claras de huevo durante 5 minutos. Aumenta a velocidad media/alta, y bate hasta que se formen picos firmes y brillantes y el merengue se haya enfriado (pruébalo tocando la parte inferior del cuenco), unos 7 minutos.

3. Reduce la velocidad a media/baja. Añade la mantequilla en tandas de varias cucharadas, batiendo bien después de cada tanda. Añade la vainilla y sigue batiendo hasta que la cobertura esté suave y esponjosa (3-5 minutos). Si la cobertura parece separarse después de haber añadido toda la mantequilla, bátela a velocidad media/alta hasta que vuelva a homogeneizarse. La crema de mantequilla se puede guardar en la nevera, máximo 3 días, o bien congelarse hasta 3 meses, en un recipiente hermético. Llévala a temperatura ambiente y bátela a baja velocidad antes de utilizarla.

CREMA DE MANTEQUILLA DE MOCA

Hemos utilizado esta cobertura para rellenar, cubrir y decorar el popular Pastel de chocolate de un cuenco (pág. 275), pero también combina bien con otros pasteles de chocolate (consulta en el índice diferentes opciones) así como nuestro Pastel de capas de vainilla (pág. 283). **PARA APROX. 1 L (4 ½ TAZAS)**

- 15 g (¼ de taza) de café expreso instantáneo en polvo
- 120 ml (¼ de taza más 2 cdas) de agua caliente
- 6 claras de huevo grandes
- 350 g (1¾ tazas) de azúcar
- 520 g (2¼ tazas) de mantequilla sin sal cortada en trozos, a temperatura ambiente
- 340 g de chocolate semiamargo picado, fundido y enfriado

1. En un cuenco pequeño, mezcla el café expreso en polvo y el agua caliente; remueve bien hasta disolverlo. En un cuenco resistente al calor situado encima (no dentro) de un recipiente de agua hirviendo a fuego lento, bate las claras de huevo y el azúcar hasta que el azúcar se disuelva y la mezcla esté caliente al tacto (2-3 minutos).

2. Con una batidora eléctrica a velocidad alta, bate la mezcla de claras hasta que se enfríe y forme picos firmes y brillantes (7-10 minutos).

3. Reduce a velocidad media/baja. Añade la mantequilla en tandas de varias cucharadas a la vez, batiendo bien después de cada tanda. Continúa batiendo hasta que la mezcla esté suave y esponjosa (3-5 minutos). Si la cobertura parece que se separa después de añadir la mantequilla, bátela a velocidad media/alta hasta que se homogeneíce otra vez. Con la batidora a velocidad baja, añade el chocolate, a continuación, la mezcla de café expreso, y bate todo hasta conseguir una mezcla suave, alrededor de 1 minuto. Luego bate a baja velocidad para eliminar todas las burbujas de aire unos 2 minutos. La cobertura se puede guardar en la nevera, máximo 5 días, en un recipiente hermético. Llévala a temperatura ambiente y bátela a baja velocidad antes de utilizarla.

COBERTURA DE CHOCOLATE SABROSO

La combinación del cacao en polvo y el chocolate semiamargo fundido otorga a esta cobertura un profundo sabor de chocolate negro. Nos encanta ver lo bien que se puede manejar y formar remolinos con él, tal como se muestra en el Pastel de trufa con chocolate (pág. 271). Otras de las grandes opciones son el Pastel de chocolate de un cuenco (pág. 275) y el Pastel de fuente de hornear de vainilla (pág. 123). **PARA 1,08 L (4½ TAZAS)**

- 60 g (½ taza más 1 cucharada) de cacao en polvo sin azúcar
- 135 ml (½ taza más 1 cucharada) de agua caliente
- 345 g (1 ½ tazas) de mantequilla sin sal, a temperatura ambiente
- 75 g (¾ de taza) de azúcar glas
- 2 ¼ cucharaditas de sal gruesa
- 675 g de chocolate semiamargo cortado, fundido y enfriado

Bate el cacao y el agua caliente en un cuenco hasta que el cacao se disuelva. Con una batidora eléctrica a velocidad media, bate la mantequilla, el azúcar glas y la sal hasta que la mezcla esté blanquecina y esponjosa (3-5 minutos). Incorpora gradualmente el chocolate fundido, luego la crema agria y sigue batiendo hasta mezclar bien todo. Esta cobertura se puede guardar en la nevera máximo 5 días en un recipiente hermético. Llévala a temperatura ambiente y bátela a baja velocidad antes de utilizarla.

COBERTURA DE CHOCOLATE CON LECHE

Los amantes del chocolate con leche desearán utilizar esta cobertura en todo tipo de pasteles, no solo en el Pastel doble de chocolate (pág. 296). Piensa en el Pastel del diablo (pág. 288), el Pastel de suero de leche (pág. 259) y el Pastel de plátano y nueces pecán (pág. 160; solo necesitarás la mitad de la receta en ese caso). **PARA 1,25 L (5 TAZAS)**

- 460 g (2 tazas) de mantequilla sin sal, a temperatura ambiente
- 100 g (1 taza) de azúcar glas
- Una pizca de sal gruesa
- 450 g de chocolate con leche picado, fundido y enfriado
- 240 ml (1 taza) de crema agria

Con la batidora eléctrica a velocidad media/alta, bate la mantequilla, el azúcar y la sal hasta obtener una mezcla blanquecina y esponjosa, unos 5 minutos. Incorpora gradualmente el chocolate mientras bates, luego la crema agria, y bátelo todo hasta que se haya mezclado bien. La cobertura debería scr fácil de extender. Si la cobertura está demasiado líquida, refrigérala, removiendo de vez en cuando hasta que espese. La cobertura se puede guardar en la nevera en un recipiente hermético máximo 3 días. Llévala a temperatura ambiente y bátela a velocidad baja hasta que quede homogénea antes de utilizarla.

COBERTURA DE COCO Y NUECES PECÁN

PARA UN PASTEL DE CAPAS DE 23 CM

- 3 yemas de huevo grandes
- 1 lata (340 g) de leche evaporada
- 225 g (1 1/4 tazas) de azúcar moreno claro compacto
- 200 g (3/4 de taza más 2 cdas) de mantequilla sin sal, cortada a trocitos y a temperatura ambiente
- 1 cucharadita de extracto de vainilla
- 1/4 de cucharadita de sal
- 150 g (2 tazas) de coco en copos y azucarado
- 210 g (1 3/4 taza) de nueces pecán, tostadas (véase la pág. 344) y picadas toscamente

1. Mezcla las yemas de huevo, la leche evaporada y el azúcar moreno en una olla. Añade la mantequilla y ponlo a fuego medio, removiendo constantemente hasta que espese (la mezcla debería recubrir el dorso de una cuchara), unos 10 minutos. Pásalo a un cuenco mediante un colador fino.

2. Incorpora la vainilla, la sal, el coco y las nueces pecán. Déjalo enfriar completamente. Esta cobertura se puede guardar en la nevera en un recipiente hermético 1 día como máximo. Llévala a temperatura ambiente antes de utilizarla.

GANACHE DE CHOCOLATE CON LECHE

PARA UN PASTEL DE 23 CM

- 675 g de chocolate con leche de la mejor calidad, bien picado
- 510 ml (2 tazas más 2 cucharadas) de nata para montar
- 1 cucharadita de sirope de maíz claro

1. Prepara un baño María inverso. Introduce el chocolate en un recipiente resistente al calor de tamaño medio. Lleva a ebullición la nata en una olla pequeña; vierte encima el chocolate, incorporándolo mediante movimientos envolventes hasta cubrir la nata completamente. Déjalo reposar hasta que el chocolate se haya fundido completamente, unos 5 minutos. Añade el sirope de maíz y bate hasta conseguir una mezcla homogénea.

2. Vierte 240 ml (1 taza) de ganache en un cuenco dentro del baño María inverso; mézclalo hasta que espese y se pueda extender. Guarda el resto de ganache a temperatura ambiente, removiendo cada 15 minutos hasta que esté lo suficientemente espesa para cubrir el dorso de una cuchara (12-15 minutos). Utilízala inmediatamente.

GANACHE MONTADA DE CHOCOLATE SEMIAMARGO

Además de utilizarse para rellenar los pisos del Pastel de trufa y chocolate (pág. 271), esta ganache montada también constituye una cobertura excelente. Pruébala con el Pastel de chocolate de un cuenco (pág. 275) o en cualquier momento que desees un exquisito relleno o cobertura de chocolate que no sea demasiado dulce.

PARA APROX. 1 L (4 TAZAS)

- 450 g de chocolate semiamargo bien picado
- 600 ml (2 ½ tazas) de nata para montar

1. Introduce el chocolate en un cuenco grande resistente al calor. Lleva a ebullición la nata a fuego medio/alto; vierte el chocolate, mezclándolo con movimientos envolventes hasta cubrir la nata por completo. Déjalo reposar 10 minutos. Con una espátula flexible o una batidora pequeña, remueve suavemente el chocolate y la nata hasta que estén bien mezclados.

2. Refrigera la ganache, removiendo cada 5 minutos, hasta que la mezcla esté fría al tacto. Bate la ganache hasta que empiece a tomar forma y consiga un color ligeramente más pálido. No batas en exceso, o la mezcla se volverá granulosa (la ganache seguirá espesando después de que dejes de batir). Utilízala inmediatamente.

VARIANTE DE GANACHE PARA ROCIAR: Omite el paso 2. Al final del paso 1, deja fraguar la ganache a temperatura ambiente, hasta que empiece a espesar, unos 15 minutos. La ganache espesará a medida que fragüe; debería servir para rociar el pastel, pero también quedar lo suficientemente espesa para cubrirlo por completo.

CREMA PASTELERA

PARA APROX. 0,36 L (1 ½ TAZAS)

- 1 huevo grande más 1 yema de huevo grande
- 75 g (¼ de taza más 2 cdas) de azúcar
- 3 cucharadas de harina de maíz
- 240 ml (1 taza) de leche
- 25 g de mantequilla sin sal cortada a trocitos
- ¾ de cucharadita de extracto de vainilla

1. Prepara un baño María inverso. Con una batidora eléctrica a velocidad media/alta, bate el huevo, la yema y 50 g (¼ de taza) de azúcar hasta conseguir una mezcla espesa y de color amarillo pálido (2-3 minutos). Tamiza la harina de maíz y bate a velocidad media/baja hasta que esté bien mezclado.

2. Mientras tanto, lleva a ebullición la leche y las 2 cucharadas de azúcar restante en una olla. Batiendo constantemente, incorpora lentamente la mitad de la mezcla de leche a la mezcla de huevo. Sigue batiendo hasta conseguir una mezcla homogénea. Vierte la mezcla de nuevo en la olla. A fuego medio, bate otros 2-3 minutos, hasta que la mezcla espese y cubra el dorso de una cuchara de madera (debería tener la consistencia de la mayonesa).

3. Pasa la mezcla a un cuenco más grande. Añade los trocitos de mantequilla de 1 en 1, removiendo hasta que se deshagan tras cada incorporación. Colócala en el baño María inverso hasta que esté fría. Incorpora la vainilla. Recubre la mezcla con film transparente y guárdala en la nevera mínimo 2 horas, o bien durante toda la noche, antes de utilizarla.

RELLENO DE CREMA DE COCO

PARA 0,42 L (1 ¾ TAZAS)

- 1 huevo grande más 1 yema de huevo grande
- 75 g (¼ de taza) de azúcar
- 2 cucharadas de harina de maíz
- Una pizca de sal
- 360 ml (1 ½ tazas) de leche
- 60 g (¾ de taza) de copos de coco azucarado
- ¾ de cucharadita de extracto de vainilla
- Mantequilla sin sal para el film transparente

1. Bate el huevo y la yema en un cuenco grande. Mezcla el azúcar, la harina de maíz y la sal en una olla mediana. Añade gradualmente la leche, batiendo constantemente. Calienta a fuego medio/alto, removiendo hasta que la mezcla espese y empiece a burbujear (2-3 minutos). Retíralo del fuego.

2. Bate 60 ml (¼ de taza) de la mezcla de leche caliente con los huevos para templarlos. Vierte lentamente los huevos templados en la olla, removiendo constantemente. Calienta la mezcla a fuego medio/alto, removiendo hasta que empiece burbujear, alrededor de 1 minuto. Retíralo del fuego. Incorpora el coco y la vainilla.

3. Pasa la mezcla a un cuenco mediano. Engrasa ligeramente con mantequilla un trozo de film transparente y presiónalo directamente sobre la superficie del relleno para evitar que se forme una corteza. Refrigéralo hasta que esté frío y firme, mínimo 1 hora, o máximo 1 día.

COMPOTA DE MANZANA Y SIDRA

PARA 360 L (1 ½ TAZAS)

- 450 g de manzanas jugosas, por ejemplo, de la variedad McIntosh, peladas, descorazonadas y a cuartos
- 180 ml (¾ de taza) de sidra
- 1 cucharada de azúcar, y más si es necesario
- Una pizca de sal

1. Lleva a ebullición las manzanas y la sidra en una olla a fuego medio/alto. Tapa la olla y reduce el fuego. Déjalo cocer a fuego lento hasta que las manzanas estén muy blandas, unos 12 minutos. Retira la tapa, añade el azúcar y la sal.

2. Calienta a fuego medio/bajo hasta que las manzanas se rompan y la mayoría del líquido se haya evaporado, unos 15 minutos. Déjalo enfriar un poco. Mézclalo en un procesador de alimentos hasta conseguir una mezcla homogénea. Añade más azúcar si lo deseas. Refrigera la mezcla en un recipiente hermético máximo 2 días.

COMPOTA DE MEMBRILLO Y JENGIBRE

PARA APROX. 3 ½ TAZAS (0,84 L)

- 360 ml (1½ tazaa) de vino blanco seco, tipo Riesling
- 180 ml (¾ de taza) de agua, y más si es necesario
- 150 g (¾ de taza) de azúcar
- 6 rodajas finas de jengibre fresco pelado (de una pieza de aprox. 2,5 cm)
- 675 g de membrillo maduro, pelado, descorazonado y cortado en rodajas de 1,30 cm
- 1 ½ cdtas de zumo de limón fresco

1. Hierve lentamente el vino, el agua, el azúcar y el jengibre en una olla mediana a fuego alto. Remueve durante la cocción hasta que el azúcar se disuelva por completo, unos 5 minutos. Añade el membrillo. (Añade más agua si es necesario para cubrir la fruta). Reduce el fuego y déjalo hervir suavemente hasta que el membrillo esté tierno (25-45 minutos) en función de la madurez de la fruta.

2. Traslada el membrillo a un cuenco con la ayuda de una cuchara ranurada. Deja hervir lentamente el líquido de la olla hasta que se vuelva un almíbar ligero, unos 5 minutos. Retíralo del fuego y desecha el jengibre. Incorpora el zumo de limón. Vierte el almíbar sobre el membrillo. Déjalo reposar hasta que se enfríe.

ALMÍBAR DE RON

PARA UNOS 420 L (1 ⅓ TAZAS)

- 200 g (1 taza) de azúcar
- 240 ml (1 taza) de agua
- 2 cucharadas de ron blanco

Lleva a ebullición el azúcar y el agua en una olla, removiendo constantemente hasta que el azúcar se haya disuelto. Reduce el fuego y déjalo hervir lentamente sin remover durante 5 minutos. Retira del fuego y añade el ron. Déjalo enfriar por completo.

MASA DE GALLETAS DE PAN DE ESPECIAS Y MELAZA

Usa esta receta para la Tarta helada de pan de especias de la página 219 y para el Pastel de queso y pan de especias de la página 189. Solo necesitarás la mitad de la receta para el pastel de queso; utiliza la masa restante para hacer recortes de galleta (véase la variante) o bien resérvala para otro uso; si la congelas aguantará hasta 1 mes. Para hacer una variante de pan de especias y miel (como la que recubre el pastel de queso), sustituye 120 ml (½ taza) de melaza por 120 ml (½ taza) de miel, y sustituye el azúcar granulado por azúcar moreno.

- 330 g (2 ¾ tazas) de harina normal
- ½ cdta de bicarbonato sódico
- ¾ de cdta de sal
- 2 cdtas de jengibre molido
- 2 cdtas de canela molida
- ¾ de cdta de clavo molido
- ½ cdta de nuez moscada recién rallada
- 115 g (½ taza) de mantequilla sin sal, a temperatura ambiente
- 90 g (½ taza) de azúcar moreno oscuro «compacto» (véase la pág. 320)
- 1 huevo grande
- 180 ml (¾ de taza) de melaza sin clarificar

1. Mezcla la harina, la levadura, la sal y las especias en un cuenco mediano.

2. Con una batidora eléctrica a velocidad media/alta, bate la mantequilla y el azúcar moreno hasta que quede una mezcla esponjosa. Añade el huevo, batiendo bien. Incorpora la melaza. Reduce a velocidad baja y añade gradualmente la mezcla de harina, batiendo hasta que esté bien mezclado. Divide la masa en dos partes y envuélvelas en film transparente. Refrigéralas hasta que estén listas para su uso, mínimo 1 hora.

VARIANTE DE HOMBRES DE JENGIBRE: Precalienta el horno a 180 °C. En un trozo de papel de hornear generosamente enharinado, extiende la masa a un grosor de apenas 0,65 cm y congélala durante 15 minutos. Corta hombres de jengibre con un cortador de galletas de 5 cm. Congela las formas sobre bandejas de hornear forradas de papel de hornear durante 15 minutos y luego hornéalas 6 minutos. Retira las bandejas del horno y golpéalas con firmeza sobre el mostrador. Devuélvelas al horno y hornéalas hasta que estén crujientes, entre 6 y 8 minutos. Traslada las bandejas a unas rejillas enfriadoras y deja que se enfríen por completo. Si lo deseas, dibuja con la manga pastelera botones de glasa real (véase la receta a continuación) sobre las galletas.

GLASA REAL

PARA APROX. 0,6 L (2 ½ TAZAS)

- 400 g (4 tazas) de azúcar glas
- 50 g (¼ taza más 1 cucharada) de polvo de merengue
- 120 ml (½ taza) escasa de agua, añadir más si es necesario

Con la batidora eléctrica a velocidad baja, bate todos los ingredientes hasta conseguir una mezcla homogénea, unos 7 minutos. Si la mezcla es demasiado espesa, añade más agua por tandas, batiendo hasta que el glaseado forme una franja sobre la superficie durante unos segundos al levantar el batidor. Si la mezcla es demasiado líquida, continúa mezclando 2-3 minutos más. Utilízala de inmediato, o refrigérala en un recipiente hermético máximo 1 semana. Mézclala bien con una espátula flexible antes de utilizarla.

SEMIFRÍO DE MORAS Y LIMÓN

PARA APROX. 1,44 L (6 TAZAS)

- 2 huevos enteros, 8 yemas y 3 claras de huevo grandes, a temperatura ambiente
- 240 g (1 taza, 3 cucharadas y 1 cucharadita) de azúcar
- 1 cucharada más 1 cucharadita de ralladura fina de limón, 180 ml (3/4 de taza) de zumo de limón recién exprimido (de aprox. 10 limones)
- 30 g de mantequilla sin sal
- 2 cucharadas de agua
- 340 g de queso mascarpone, a temperatura ambiente
- 470 g de moras frescas

1. Mezcla los huevos enteros, las yemas, 150 g (3/4 de taza) de azúcar y el zumo de limón en un cuenco resistente al calor situado encima (no dentro) de una olla de agua hirviendo a fuego lento. Bate la mezcla hasta que esté muy espesa y suave, y la temperatura marque 73 °C en un termómetro de lectura inmediata, unos 5 minutos. Retíralo del fuego e incorpora la mantequilla, batiendo hasta que quede todo bien mezclado. Pásalo por un colador fino a otro cuenco y cúbrelo con film transparente, presionando directamente sobre la superficie del curd para evitar que se forme una capa. Refrigéralo hasta que esté frío y firme, 1 hora aproximadamente.

2. Con una batidora eléctrica a baja velocidad, bate las claras de huevo hasta que estén esponjosas. Entretanto, lleva a ebullición 65 g (1/3 de taza) de azúcar y el agua en una olla pequeña y a fuego alto. Remueve con movimientos envolventes el contenido hasta disolver el azúcar. Limpia las paredes de la olla con un pincel de repostería mojado para evitar que se formen cristales. Déjalo hervir hasta que el almíbar marque 120 °C en un termómetro de lectura inmediata. Aumenta a velocidad media/alta y bate la mezcla hasta que las claras estén a punto de montar picos firmes. Con la batidora en marcha, incorpora lentamente el almíbar; bate hasta que el merengue esté frío y se hayan formado picos firmes y brillantes, unos 4 minutos.

3. Con la ayuda de una espátula flexible, mezcla el queso mascarpone en un cuenco de material no reactivo (es decir, que no afecte al sabor o la textura) hasta suavizarlo. Incorpora el curd de limón y la ralladura de limón. Añade delicadamente el merengue. Tritura las moras y las 2 cucharadas de azúcar restante en un procesador de alimentos hasta que las moras estén desmenuzadas. Incorpóralo a la mezcla de limón con movimientos envolventes. Congélala hasta que esté un poco firme, unos 20 minutos, y úsala de inmediato.

Consejos y técnicas para las recetas

MEDIR INGREDIENTES SECOS: Mide los ingredientes secos (como la harina y el azúcar) y los ingredientes semisólidos (como la manteca de cacahuete y la crema agria) en tazas graduadas para medir ingredientes secos. Para la harina, incorpora cucharadas de harina en la taza, llenándola hasta arriba y luego nivélala con un borde recto, como un cuchillo. (No muevas la taza ni la golpees sobre el mostrador para nivelarla, o las medidas serán imprecisas). Si en la receta se habla de «harina tamizada», tamiza la harina primero y luego mídela; si se habla de «harina, tamizada», mídela primero y luego tamízala. Cuando midas azúcar moreno, presiónalo firmemente en un taza seca.

MEDIR INGREDIENTES LÍQUIDOS: Mide los ingredientes líquidos, como la leche, con una taza para medir líquidos; para leer la medida, deja el recipiente sobre una superficie plana y observa la medida a la altura de la vista.

ABLANDAR MANTEQUILLA: La mantequilla a temperatura ambiente se pone cremosa más rápidamente, el pastel queda más esponjoso. La mantequilla está a la temperatura correcta cuando la barra de mantequilla es tan blanda que puedes hacer una hendidura fácilmente si la presionas con el dedo, pero sin llegar a perder totalmente su forma. Nunca pongas en el microondas la mantequilla para acelerar el proceso; corta la mantequilla fría en rodajas para que se ablande más rápidamente.

ABLANDAR AZÚCAR MORENO: Para ablandar azúcar moreno que se ha quedado duro, introduce una rodajas de manzana en la bolsa y vuelve a cerrarla; déjalas ahí un día o dos, hasta que el azúcar esté lo suficientemente blando, luego retira la manzana.

TOSTAR Y PICAR FRUTOS SECOS: Para tostar frutos secos como nueces pecán, nueces y almendras, extiéndelos en una sola capa sobre una bandeja de horno con borde y hornéalos a 180 °C hasta que estén fragantes, unos 10 minutos. (Empieza a controlarlos transcurridos 6 minutos si se trata de frutos secos fileteados o picados). Tuesta avellanas en el horno a 190 °C hasta quebrarse la piel (10–12 minutos); luego déjalas enfriar lo suficiente para poderlas manipular. Frota los frutos secos calientes con un paño de cocina limpio para retirar las pieles. Pica los frutos secos fríos a trozos grandes o finos con un cuchillo de cocinero, o mételos en un procesador de alimentos para picarlos. No los piques en exceso, o formarán una pasta.

TOSTAR COCO: Extiende el coco en una sola capa sobre una bandeja de horno con borde y hornéalo a 180 °C hasta que empiece a dorarse, removiéndolo de vez en cuando (5–10 minutos).

ALMACENAR ESPECIAS: Guarda las especias en un lugar fresco y oscuro durante un máximo de un año. Si etiquetas los botes con la fecha de compra, eso te ayudará a recordar cuándo es el momento de reponerlas.

RALLAR NUEZ MOSCADA: La nuez moscada tiene un aroma a nueces y especias que complementa extraordinariamente bien otras especias aromáticas como la canela y el jengibre. Al rallar nuez moscada fresca, se obtiene un aroma más complejo y lleno de matices; y la nuez moscada entera también posee una vida útil más prolongada que la nuez moscada molida. Utiliza un rallador especial para nuez moscada o un rallador normal. Si quieres sustituir la nuez moscada molida por nuez moscada recién rallada, utiliza la mitad de la cantidad indicada.

FUNDIR CHOCOLATE: Funde chocolate en un cuenco de metal situado encima (no dentro) de una olla con agua hirviendo a fuego lento, o en un hervidor de doble pared. Otra opción es fundir el chocolate en el microondas: en un cuenco resistente al microondas, calienta el chocolate en tandas de 30 segundos, removiéndolo tras cada tanda, hasta que esté casi fundido. Retíralo del microondas y remuévelo hasta que se funda por completo.

RALLAR CÍTRICOS: Utiliza un rallador (como Microplane) para retirar la ralladura aromática de los cítricos, dejando la piel blanca. Un rallador de cítricos (un pequeño utensilio con una hilera de agujeros pequeños y afilados en un extremo) sirve para hacer decorativos rizos para adornar los pasteles.

Proveedores

A continuación te ofrecemos una lista de los proveedores de confianza a los que solemos recurrir más habitualmente, además de información específica sobre las fuentes de las recetas y las fotografías en las páginas indicadas. Todas las direcciones, números de teléfono y páginas web han sido verificadas en el momento de la publicación, pero ten en cuenta que esta información está sujeta a cambios

UTENSILIOS DE COCINA Y EQUIPO

ABLEKITCHEN.COM
877-268-1264
Mini moldes de corona antiadherentes y otros utensilios

BRIDGE KITCHENWARE
973-884-9000
bridgekitchenware.com
Utensilios básicos de repostería

BROADWAY PANHANDLER
866-266-5927
broadwaypanhandler.com
Utensilios básicos de repostería

CANDYLAND CRAFTS
877-487-4289
Moldes de repostería, bolsas y boquillas de manga pastelera

JOANN
888-739-4120
joann.com
Plantillas para magdalenas y pasteles de Martha Stewart Crafts

MACY'S
800-289-6229
macys.com
Colección de moldes para pasteles de Martha Stewart, expositores de pasteles, espátulas y utensilios básicos de repostería

NORDIC WARE
877-466-7342
nordicware.com
Moldes Bundt y otros moldes especiales

WILLIAMS-SONOMA
877-812-6235
williams-sonoma.com
Rodillos, bolsas y boquillas para manga pastelera, espátulas, batidoras, sopletes de cocina

INGREDIENTES ESPECIALES

BEECHWOOD WINE AND LIQUORS
908-277-0202
budgetbottle.com
Especialidad en licores, incluido el Nocello

ECONOMY CANDY
212-254-1531
economycandy.com
Golosinas surtidas, incluidos bombones, gominolas y regaliz

KALUSTYAN'S
800-352-3451
kalustyans.com
Frutos secos, especias, coco en copos, piel de naranja confitada, *marrons glacés*

MY M&M'S
888-696-6788
mymms.com
Golosinas personalizadas y de colores especiales

PENZEYS SPICES
800-741-7787
penzeys.com
Especias, extractos, vainas de vainilla

SUGARCRAFT
513-896-7089
sugarcraft.com
Gránulos, fideos y miniperlas de azúcar

THE SWEET LIFE
800-692-6887
sweetlifeny.com
Golosinas surtidas, incluidos bombones y bolas de leche malteada

Créditos fotográficos

SANG AN: págs. 35,118, 138, 172, 186-88, 214-15, 218, 262, 320 (arriba derecha), 321 (arriba derecha)

IAIN BAGWELL: pág. 210

JAMES BAIGRIE: pág. 242

CHRISTOPHER BAKER: pág. 230

STEVE BAXTER: pág. 204

EARL CARTER: pág. 141

CHRIS COURT: págs. 74, 150, 217

BEATRIZ DA COSTA: págs. 153, 170

KATIE QUINN DAVIES: págs. 43, 247

JOSEPH DE LEO: pág. 47

TARA DONNE: págs. 244, 281

DANA GALLAGHER: págs. 27, 82, 105, 179

BRYAN GARDNER: págs. 208, 312, 314, 317-18, 320 (arriba izquierda y arriba centro), 321 (todas excepto arriba derecha), 322-25

GENTL + HYERS: págs. 28, 238

RAYMOND HOM: pág. 195

LISA HUBBARD: págs. 132, 158

DITTE ISAGER: págs. 192, 194

RICHARD GERHARD JUNG: pág. 97

JOHN KERNICK: págs. 66, 196-97

YUNHEE KIM: págs. 31, 39, 80-81, 249

DAVID LOFTUS: págs. 32, 113, 162

JONATHAN LOVEKIN: cubierta frontal, págs. 2, 5-10, 12, 36, 44-45, 77,85, 89, 90, 94, 122, 125, 137, 145-46, 154, 161, 164, 173, 176, 222, 229, 234, 241, 252, 256, 258, 266, 270, 274, 278, 285-86, 289-91, 294, 297, 305, 326-33, cubierta posterior

KATE MATHIS: pág. 226

DAVID MEREDITH: pág. 23

JAMES MERRELL: pág. 114

JOHNNY MILLER: págs. 48, 101, 157, 182, 224, 243, 255, 265, 282

MINH + WASS: pág. 24

AMY NEUNSINGER: pág. 251

NGOC MINH NGO: pág. 309

MARCUS NILSSON: págs. 61, 261

CON POULOS: págs. 14, 16, 18-19, 50, 56, 59-60, 62-63, 70, 92, 98, 102, 106, 110, 116, 121, 126, 129, 134, 149, 169, 174-75, 180, 183-84, 198, 201, 205-06, 209, 213, 220, 225, 248, 269, 277, 293, 301-2

DAVID PRINCE: pág. 202

JOSÉ MANUEL PICAYO RIVERA: pág. 69

MARIA ROBLEDO: págs. 142, 191, 273, 298, 306

CHARLES SCHILLER: págs. 124, 130, 166

BRETT STEVENS: pág. 52

KIRSTEN STRECKER: pág. 78

CLIVE STREETER: págs. 20, 40, 65, 233

SIMON WATSON: pág. 310

ANNA WILLIAMS: págs. 55, 73, 109, 133, 237

ROMULO YANES: págs. 86, 320 (abajo izquierda, centro y derecha)

Índice

Nota: Las referencias de página en *cursiva* indican las fotografías.

E

F

G